[특수교육학개론]

INTRODUCTION TO SPECIAL **EDUCATION**

김이영 권미영 김영란 김태강 김현정 문은주 정종화 공저

양 성 원

머리말

우리나라는 1890년대 로제타 셔우드 홀(Rosetta Sherwood Hall) 여사에 의해 근대식 특수교육이 시작되었으며, 특히 2000년대 특수교육에 대한 법적·제도적 정비가 이루어지면서 획기적인 변화를 가져오게 되었다. 구체적으로 2007년 「장애인 등에 대한 특수교육법」이 제정되었고, 정부와 학교, 사회 전체가 장애인의 자아실현과 사회통합을 위해 특수교육에 대한 지원을 강화하게 되었다. 그 결과 2023년 현재 특수 교육대상자 10만 9,703명이 특수학교 194교, 특수학급(학급수) 1만 3,287곳에서 교육서비스를 제공받고 있다.

특수교육의 목적은 장애학생을 대상으로 일반학교에 준하는 교육목표를 달성함과 동시에 실생활에 필요한 지식과 기술을 함양시키는 데 있다. 즉, 특수교육을 받은 장애학생이 독립적이고 생산적인 생활 그리고 통합된 생활을 할 수 있도록 교육과 서비스를 제공하고 지원하는 것이다.

그러나 장애학생에 대한 잘못된 지식과 인식 부족으로 질 높은 교육과 서비스를 제공받지 못하고 있으며, 졸업 후 사회인으로서 당당하게 살아가도록 도와주는 데는 여전히 한계점을 지니고 있다. 이와 같은 한계점을 극복하기 위해 다양한 요인에 대한 변화가 필요하겠지만 변화의 첫걸음은 장애학생에 대한 정확한 지식을 가지는 것이다.

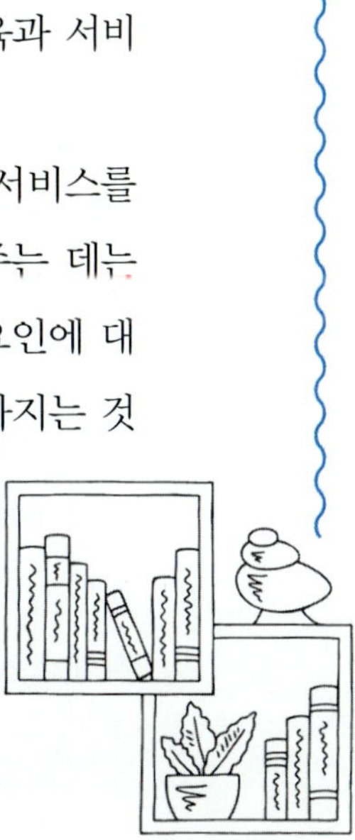

따라서 본 책은 장애학생에 대한 정확한 지식을 바탕으로 특수교사로서 자질을 갖추는 데 도움이 되었으면 하는 동기에서 시작되었다. 즉, 본 책은 특수교육에 관심이 있는 예비교사와 일반인 및 현재 학교현장에서 근무하고 있는 교사들이 장애학생을 올바르게 이해하고, 학습방법에 적용할 수 있는 다양하고 구체적인 기법을 익힘으로써 효율적인 교육이 이루어질 수 있도록 하는 데 초점을 두었다.

이를 위해 본 책은 총 12장으로 구성되어 있으며, 각 장의 내용을 요약해 보면 다음과 같다. 1장 특수교육의 이해에서는 특수교육의 정의 및 개념, 특수교육의 역사 및 발전과정, 특수교육의 목적 및 원리, 특수교육의 현황 및 우리나라 특수교육의 발전방안에 대해 소개하였고, 2장 장애학생 통합교육에서는 통합교육의 이해, 통합교육의 접근방법, 통합교육의 당위성 및 요소, 통합교육의 효과 및 통합교육의 실제에 대해 기술하였으며, 3장 시각장애에서는 시각장애의 정의, 눈의 구조와 기능, 시각장애 원인 및 교육적 가치, 시각의 발달 및 예방, 시각장애 특성 및 지도방법과 시각장애아동의 교육에 대해 소개하였고, 4장 청각장애에서는 청각장애의 정의와 분류, 귀의 구조와 기능, 청각장애의 원인, 청각장애의 진단과 평가, 청각장애의 특성 및 청각장애아동의 교육에 대해 기술하였으며, 5장 지체장애에서는 지체장애의 정의, 지체장애의 원인, 지체장애의 유형, 지체장애의 특성 및 지체장애아동의 교육에 대해 소개하였고, 6장 지적장애에서는 지적장애아동의 개념과 특성, 지적장애의 진단기준과 판별방법, 지적장애의 현황 및 원인, 지적장애의 예방 및 교육적 조치에 대해 기술하였으며, 7장 정서 · 행동장애에서는 정서 · 행동장애의 정의와 분류, 정서 · 행동장애의 유형별 특성, 정서 · 행동장애의 원인과 출현율, 정서 · 행동장애의 진단평가와 사정, 정서 · 행동장애아동의 교육적 지원에 대해 소개하였고, 제8장 자폐스펙트럼장애에서는 자폐스펙트럼장애의 이해, 자폐스펙트럼장애의 현황 및 원인, 자폐스펙트럼장애의 특성, 자폐스펙트럼장애아동의 교육에 대해 기술하였으며, 9장 의사소통장애에서는 의사소통 및 의사소통장애의 정의, 말 언어기관의 생리, 의사소통장애 유형별 특성 및 절차, 의사소통장애의 교육적 접근에 대해 소개하였고, 10장 학습장애에서는 학습장애의 정의와 분류, 학습장애의 원인과 출현율, 학습장애의 진단과 판별 및 학습장애의 교육적 지원에 대해 기술하였으며, 11장 영재아동에서는 영재아동의 정의 및 판별, 영재아동의 특성, 영재아동에 대한 교육적 접근에 대해 소개하였고, 12장 장애아동가족 지원의 이해에서는 장애아동가족 지원의 개념, 장애인가족에 대한 다면적 이해, 장애인가족의 장애태도에 대한 접근, 장애인가족 지원서비스의 사례 및 장애아동가족 지원의 향후 과제에 대해 구체적으로 기술하였다.

본 책은 그동안 많은 연구자들에 의해 쓰여진 내용들을 정리하면서 저자들의 생각을 덧붙인 것에 지나지 않는다. 그리고 공동 집필에서 오는 내용의 중복을 피하고 용어와 표현의 일관성을 유지하려고 노력하였으나 미비한 점들이 많을 것으로 생각한다. 하지만 미비한 점에 대해 독자들의 비판과 조언을 경청하면서 앞으로 수정 · 보완할 수 있다는 점에 위안을 삼아 본다.

마지막으로 출판을 위해 애써 주신 모든 분에게 감사드리며, 특히 책이 출판되기까지 많은 수고와 노력을 아끼지 않은 양성원 강철원 사장님 이하 관계 직원 여러분께 진심으로 감사의 마음을 전한다.

2024년 8월

저자 일동

차 례

Chapter

01

특수교육의 이해

배울 내용

1. 특수교육의 정의 및 개념
2. 특수교육의 역사 및 발전과정
3. 특수교육의 목적 및 원리
4. 특수교육의 현황
5. 우리나라 특수교육의 발전 방안

학습목표

특수교육의 정의, 개념, 역사, 목적, 원리, 현황 및 발전 방안을 살펴봄으로써 예비교사로서 특수교육을 올바르게 이해할 수 있다.

개 요

특수교육의 정의와 개념을 예방적 중재, 교정적 중재, 그리고 보상적 중재의 측면에서 살펴본다. 특수교육의 역사는 조선시대부터 일제 강점기 특수교육, 한국 전쟁 이후의 현대 특수교육, 그리고 2000년 이후의 특수교육으로 나누어 살펴볼 수 있다. 특수교육의 목적은 특수교육을 받는 장애아동이 독립된 생활과 생산적인 생활, 그리고 통합된 생활을 할 수 있도록 하는 데 있으며, 이러한 목적을 달성하기 위한 원리들에 대해 살펴본다. 마지막으로 특수교육의 현황을 구체적으로 알아보고, 우리나라 특수교육의 문제점을 통해 창의적인 발전 방안을 모색해 보고자 한다.

01 Chapter
특수교육의 이해

1. 특수교육의 정의 및 개념

1) 특수교육의 정의

특수교육(special education)의 어원적 정의를 살펴보기 위해서는 먼저 '특수'와 '교육'으로 나누어서 살펴보는 것이 필요하다. 특수교육과 관련하여 사용되는 '특수'라는 개념에는 세계보건기구(World Health Organization: WHO)에서 분류하고 있는 손상, 무능력, 불이익 또는 사회적 불리[1] 등과 같이 장애의 다양한 의미가 포함되어 있다. 그리고 교육은 '가르친다', '알도록 한다', '지식을 지니게 하다', '할 수 있도록 지도한다' 등 여러 가지 의미를 가지고 있다. 한문 '敎育'은 '미성숙자를 가르쳐 기른다'를 의미한다. 영어 'education'은 라틴어 'educare'에서 비롯된 것으로 이는 'e(밖으로)'와 'ducare(끌어내다)'의

1) 장애를 손상(impairment)이라는 관점에서 바라보면 인간의 심리적, 신체적 또는 해부학적 조직이나 기관에 결함이 생겨 나타나는 일시적 혹은 영구적인 병리상태를 의미한다. 장애를 무능력(disability)이라는 관점에서 보면 손상으로 인해 특정 과제를 수행할 때 다른 사람이 보편적으로 수행하는 방법으로 수행하기 어렵거나 일상생활의 기능적 능력이 감소된 상태를 의미한다. 장애를 불이익 또는 사회적 불리(handicap)라는 관점에서 바라보면 손상이나 무능력으로 인하여 지적, 심리적, 신체적, 사회적 등 다양한 분야에서 개인이 문제나 불이익을 경험하여 불리하게 된 상태를 의미한다.

합성어이다(김미숙, 김향지, 2014; 김이영 외, 2020; 이미숙 외, 2016; 이소현, 박은혜, 2011). 따라서 특수교육의 어원적 정의는 "손상, 무능력, 불이익 또는 사회적 불리 등과 같은 다양한 장애의 의미를 가르쳐 알도록 하는 것"으로 정의할 수 있을 것이다.

그리고 특수교육은 '학습 차이에 따른 맞춤형 교육'이라고도 불린다. 특수교육은 발달상의 장애, 학습장애, 정신 및 신체적 장애, 감각적 장애, 언어장애 등 다양한 장애를 가진 학생들에게 맞춤형 교육 서비스를 제공하는 교육 분야이다. 이러한 학생들은 일반적인 교육환경에서 학습과 발달에 어려움을 경험하기 마련이다. 보통의 학생들과 한 교실에서 학습할 경우, 수업을 따라가지 못하거나 다른 학생들의 학습을 방해하기도 한다. 따라서 학교는 특수학교, 특수학급 등에서 진행하는 특수교육을 통해 학생들의 다양한 학습능력 수준을 고려하여 교육 프로그램을 구성하고 제공하는 것이다.

이러한 특수교육은 신체적 · 정신적으로 특별한 아동과 장애나 두드러진 재능으로 특별한 교육적 조치가 필요한 아동에게 특별한 교과 혹은 환경적 수정을 가하여 행해지는 교육을 의미한다. 2007년 제정된 이후 현재 2024년 일부 개정된 「장애인 등에 대한 특수교육법」에서 사용하는 '특수교육'이란 특수교육대상자의 교육적 요구를 충족시키기 위하여 특성에 적합한 교육과정 및 특수교육 관련 서비스 제공을 통하여 이루어지는 교육을 말한다. 이 정의에서 언급한 '특수교육대상자'란 교육장 또는 교육감에 의해 시각장애와 청각장애, 지적장애, 지체장애, 정서 · 행동장애, 자폐성장애(이와 관련된 장애를 포함), 의사소통장애, 학습장애, 건강장애, 발달지체 그리고 그 밖에 대통령령으로 정하는 장애 가운데, 어느 하나에 해당하는 사람 중 특수교육을 필요로 하는 사람이라는 진단평가 결과를 기초로 하여 선정된 사람들이다. 또한 '특성에 적합한 교육과정'은 일반적인 교육과정이 아니라 장애아동을 고려하여 특별히 설계된 특수교육 교육과정이나 일반교육 교육과정을 장애아동의 특성에 맞게 수정하여 적용하는 교육과정 등과 같이 장애아동의 특성을 고려하여 마련된 교육과정이라고 할 수 있다. 그리고 '특수교육 관련 서비스'란 특수교육대상자의 교육을 효율적으로 실시하기 위하여 필요한 인적·물적 자원을 제공하는 서비스이다. 이를 구체적으로 살펴보면, 상담지원, 가족지원, 치료지원, 보조인력 지원, 보조공학기기 지원, 학습보조기기 지원, 통학지원 및 정보접근 지원 등을 말한다.

2) 특수교육의 개념

특수교육의 주요 개념은 다양성과 포용성에 기초한다. 즉, 이는 각 학생의 고유한 학습스타일과 필요에 따라 교육을 받아야 한다는 철학을 반영한 것이다. 따라서 특수교육은 개인차를 인정하고 학습자가 자신의 능력과 잠재력을 극대화할 수 있도록 지원하는 것이다.

이러한 특수학생들에 대한 학습지원의 핵심적 기능은 중재라고 할 수 있다. 즉, 학교현장 및 사회에서의 학습과 참여에 장애가 발생하지 않도록 예방하고, 제거하고, 극복하는 형태의 개입을 의미한다. 이러한 중재는 **그림 1-1**과 같이 예방적 중재, 교정적 중재 및 보상적 중재의 세 가지 형태로 구분할 수 있다.

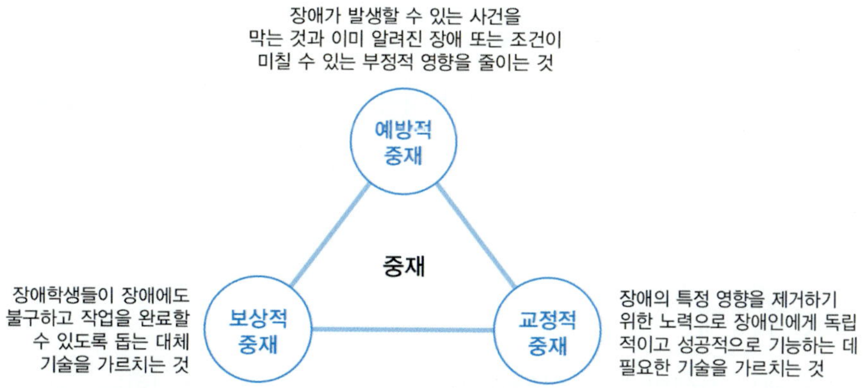

[그림 1-1] 특수교육의 중재

(1) 예방적 중재

예방적 중재는 장애가 발생할 수 있는 사건을 막는 것과 이미 알려진 장애 또는 조건이 미칠 수 있는 부정적 영향을 줄이는 것을 포함한다. 이러한 예방적 중재는 표 1-1과 같이 세 단계로 이루어지게 된다.

〈표 1-1〉 예방적 중재의 구분과 내용

구분	내용
1차 예방	장애가 발생하지 않도록 관련된 모든 사람에게 있어서의 위험요소를 제거하는 것이다. 이것은 위험요소를 제거하거나 줄이려고 노력함으로써 학생들에게 장애가 생기지 않도록 하는 것이다. 따라서 교육자들은 중재 목표가 되는 문제행동에 의해 영향을 받을 수 있는 모든 사람을 위해 1차 예방을 하게 되는 것이다.
2차 예방	현재 존재하고 있는 위험요소의 부정적인 영향을 제거하거나 최소화하는 것으로, 특정 위험에 노출되어 있는 학생들을 대상으로 실시하게 된다. 행동장애를 방지하기 위한 학교 차원의 2차 예방은 문제행동의 초기 신호를 보이는 학생을 위한 특화된 중재라고 할 수 있다.
3차 예방	장애의 영향을 최소화하는 것으로, 이미 장애가 있는 학생들을 대상으로 실시하게 된다. 예를 들어, 정서 · 행동장애가 발생된 것으로 판별된 학생들을 위해 집중적인 중재를 제공하는 것을 의미한다.

이처럼 예방적인 중재 노력은 출생 전과 같이 가능한 빨리 시작되었을 때 가장 효과적이고 예후가 좋다. 불행하게도 1차 예방과 2차 예방 프로그램은 장애의 정도와 발생률에 2000년에 들어서 영향을 미치기 시작하였다. 따라서 장애학생들이 최대한 독립적으로 살도록 돕기 위해서는 교정적 중재와 보상적 중재가 중요한 역할을 담당하였다고 할 수 있다.

(2) 교정적 중재

교정적 중재는 장애의 특정 영향을 제거하기 위한 노력을 의미한다. '교정'이라는 단어는 교육용어이고, '재활'이라는 단어는 정신보건 영역에서 더 많이 사용된다. 하지만 이 두 용어 모두 장애인에게 독립적이고 성공적으로 기능하는 데 필요한 기술을 가르치기 위한 것이다. 즉, 교정적 중재의 경우 학교 환경에서 요구되는 기술에는 학업 기술(예로, 읽기, 쓰기, 세기 등), 사회적 기술(예로, 의사소통의 시작, 유지 및 마무리 등), 자기관리 기술(예로, 먹기, 옷 입기, 도움 없이 화장실의 이용 등) 또는 직업적 기술(예로, 취업을 위해 준비해야 하는 직업 및 직업기술 등)이 포함될 수 있다. 이처럼 교정적 중재의 기본 가정은 장애학생이 특정 상황에서 성공하려면 특수교육이 필요하다는 것을 전제로 하고 있는 것이다.

(3) 보상적 중재

보상적 중재는 장애학생들이 장애에도 불구하고 작업을 완료할 수 있도록 돕는 대체 기술을 가르치는 것이다. 예를 들어, 교정적 중재는 손을 사용하는 데 어려움이 있는 뇌성마미 아동에게 손을 사용하여 컴퓨터 작업을 수행하는 방법을 가르치는 반면, 보상적 중재는 손 사용이 제한된 아동을 돕기 위해 헤드 스틱이나 컴퓨터 키보드와 같은 기술을 제공하는 것이다. 다시 말해 보상적 중재는 특수교육 훈련이나 시각장애 아동을 위한 이동 및 방향 보조 장치와 같이, 장애가 없는 사람에게는 필요하지 않는 것을 제공해 주는 것을 말한다.

2. 특수교육의 역사 및 발전과정

우리나라의 특수교육 역사와 발전과정은 국가의 교육 체계가 형성되고 특수교육에 대한 이해가 높아지면서 점진적으로 진행되어 왔다. 이러한 과정은 사회적 환경의 변화, 법률의 제정, 교육 철학의 변화 등 다양한 측면에서 영향을 받아 진행되었다고 할 수 있다.

1) 최초의 특수교육

우리나라의 장애인에 대한 기록[2)]은 삼국시대부터 나타나기 시작하지만 우리나라의 특수교육의 시초는 조선시대로 보는 관점이 일반적이다. 조선시대에는 체계적인 특수교육 시스템은 없었지만, 불의로 인해 시각 또는 청각장애를 가진 사람들에 대한 배려와 지원이 있었던 것으로 기록되어 있다. 그리고 조선시대에는 경제적 이유로 인해 장애를 자진 자녀들을 집에서 돌보는 경우가 많았다. 주로 가정 내에서 가족 구성원 간에 서로 돌봄과 배려가 이루어졌고, 생활기술을 가르쳐 준 것으로 보고되고 있다.

또한 조선시대에는 한국 전통 의학이 수준급으로 발달하여, 일부 장애에 대한 치료나 관리방법이 시도되기도 하였지만 이는 현대적인 특수교육 시스템이나 치료방법과는 거리가 있었다. 일부 장애를 가진 사람들은 종교적인 공동체에서 특별한 자리나 역할을 찾을 수 있었는데, 즉 불교 사원 등 종교 시설에서 사회적으로 소외된 개인들에 대한 도움과 배려가 이루어지기도 하였다.

그러나 조선시대 사회에서는 장애를 가진 사람들에 대한 편견과 차별도 존재하였다. 즉, 사회적으로 일정 수준 이상의 장애를 가진 사람들은 주로 가난하거나 소외된 환경에서 살았으며, 그들이 사회적으로 차별받는 경향이 있었다.

2) 일제 강점기의 특수교육

일제 강점기(1920년~1945년)에는 일본의 교육제도가 도입되면서, 특수교육 역시 일본식 모델로 조직화되었다. 일본은 평준화정책을 통해 교육의 평등을 강조함으로써 장

2) 역사상 장애인에 대한 기록은 삼국시대부터 나타나기 시작한다. 대부분 시각장애인과 관련된 내용이고, 선행이나 포교를 목적으로 한 기록이었다. 고려시대부터는 점복업에 종사하기 시작한 시각장애인에 대한 기록이 나타난다.

애를 가진 학생들에게도 어느 정도의 교육 기회가 부여되었으며, 특수학교가 설립되거나 특수교육이 이루어지게 되었다.

그러나 이 당시에는 특수교육이 주로 신체적, 정신적 장애를 가진 학생들에 대한 것으로 한정되어 있었다. 또한 이 시기의 특수교육은 주로 노동력을 양성하기 위한 목적에서 교육이 강조되었다. 더불어 장애학생들이 가질 수 있는 직업 탐색이나 일자리에 대한 교육이 강화되기도 하였다.

3) 한국 전쟁 이후의 현대 특수교육

한국 전쟁 이후, 우리나라는 교육에 대한 재건과 혁신을 위해 노력하였다. 즉, 1950년대부터 1960년대 초까지는 교육 기반 확충과 학교 건립에 중점을 두게 됨으로써 특수교육에 대한 전문성은 매우 미흡한 상태였다.

1960년대 중반 이후, 특수교육에 대한 관심이 증가하였는데, 정부는 특수학교의 설립 및 국가적 교육정책에 특수교육을 포함시키는 등의 노력을 시작하였다. 이로써 신체장애 및 정신장애 등 다양한 특수교육이 시행되기 시작하였다.

1980년대 국제적 흐름에 따라 특수교육의 방향이 변화되기 시작하였다. 1981년에는 「특수교육법」이 제정되어 특수교육에 대한 기본적인 원칙과 체계를 마련하게 되었는데, 이 법률은 학생의 특성에 맞춘 교육을 강조하고, 일반 교육체계와의 조화를 추구하는 내용을 담고 있다.

1990년대 이후, 대한민국은 특수교육의 사회적 통합과 학습자중심의 교육에 더 많은 관심을 기울이게 되었다. 즉, 특수학교뿐만 아니라 일반학교에서의 통합교육이 강조되었으며, 이를 위한 교육 인프라와 교육자들의 자격 향상에도 많은 노력을 기울이게 되었다.

4) 2000년대 이후의 특수교육

2007년 「장애인 등에 대한 특수교육법」(약칭: 특수교육법)이 제정됨으로써 우리나라 특수교육은 통합교육을 기초로 한 장애아동의 학습권을 보장하기 시작하였다(김종현, 2016). 이와 같이 법적 · 제도적 정비가 이루어지면서 2000년 이후의 특수교육은 양적 변화와 함께 질적 변화를 가져왔다. 우리나라 특수교육의 역사가 어떻게 변화되어 왔는지 '2023 특수교육통계' 자료를 살펴봄으로써 알 수 있다.

(1) 특수학교의 현황

우리나라 설립별 특수학교 수에 대한 현황을 연도별로 살펴보면 **그림 1-2**와 같다.

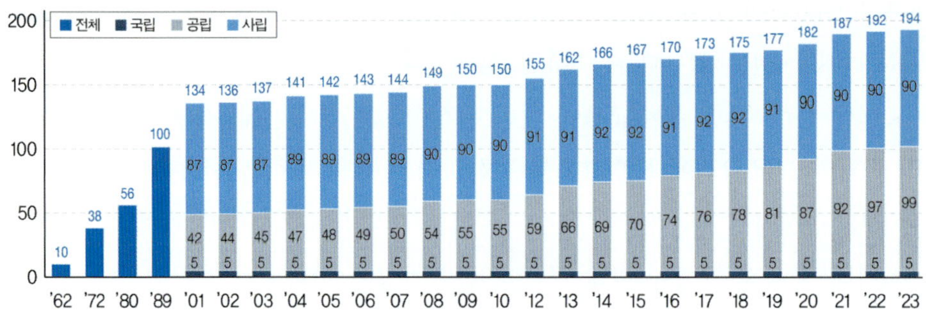

[그림 1-2] 설립별 특수학교 수

2023년 설립된 특수학교의 수는 194개이며, 설립유형별로 살펴보면, 공립 특수학교 99개, 사립 특수학교 90개, 국립 5개 순서로 나타났다. 특수학급에 대한 현황은 **그림 1-3**과 같다.

[그림 1-3] 특수학급

특수학급의 수는 2001년 3,846학급에서 해마다 꾸준하게 증가하여 2023년 13,287학급으로 증가한 것으로 나타났다.

(2) 특수교육대상 학생의 현황

우리나라 특수교육대상 전체 학생 수의 연도별 현황을 살펴보면 그림 1-4와 같다.

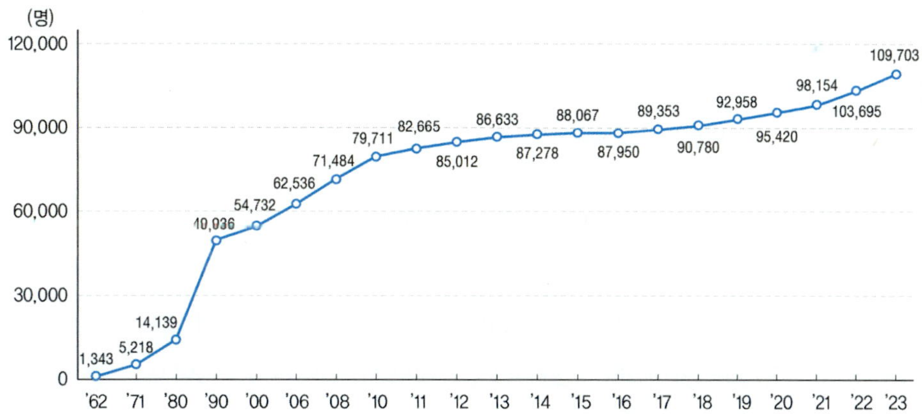

※ 전체 학생 수 = 특수학교 학생 수(1962년~) + 특수학급 학생 수(1971년~) +
일반학급 학생 수(2000년~) + 특수교육지원센터 장애영아 수

[그림 1-4] 특수교육대상 전체 학생 수

특수교육대상 전체 학생 수는 2000년 54,732명에서 해마다 꾸준하게 증가하여 2023년 109,703명으로 나타났다. 구체적으로 2023년 특수학교 학생 수는 28,942명이었고, 특수학급 학생 수는 61,993명, 일반학급 학생 수(전일제 통합학급)는 18,474명으로 나타났다.

(3) 특수교육 교원의 현황

우리나라 특수교육 전체 교원 수의 연도별 현황을 살펴보면 그림 1-5와 같다.

※ 전체 교원 수 = 특수학교 교원 수(1962년~) + 특수학급 교원 수(1994년~) + 특수교육지원센터 정규 교원 수(괄호, 2009년~)

[그림 1-5] 특수교육 전체 교원 수

특수교육 전체 교원 수는 2000년 8,201명에서 해마다 증가하여 2023년 25,599명이었으며, 특수교육 지원인력 수는 2009년 257명에서 2023년 1,565명으로 증가한 것으로 나타났다. 구체적으로 특수학교 교원 수는 10,146명이었고, 특수학급 교원 수는 13,888명으로 나타났다.

2000년 이후의 특수교육 현장에서 일어난 특수학교, 특수학급, 특수교육대상 학생,

특수교육 교원의 변화와 발전은 인권존중에 대한 인식의 변화와 더불어 다 함께 살아가기 위한 노력으로 통합교육을 더욱 앞당기게 될 것이며, 또한 정부의 앞서가는 정책 마련과 적절한 예산지원 노력이 뒷받침되면 특수교육의 정상화는 더욱 빨리 이루어질 것으로 예상되고 있다(김이영 외, 2020).

3. 특수교육의 목적 및 원리

특수교육은 일반학교에 준하는 교육목적을 달성함과 동시에 실생활에 필요한 지식과 기술을 함양하는 데 있다. 즉, 특수교육을 받는 장애아동은 독립된 생활, 생산적인 생활, 그리고 통합된 생활을 할 수 있도록 해야 한다. 다시 말해 특수교육은 학생들이 지닌 어려움을 극복하고 학생의 잠재력을 최대한으로 발휘할 수 있도록 지원하여 이러한 학생들이 학습에 참여할 수 있는 교육환경을 조성하는 것을 목표를 한다. 특수교육의 구체적인 목적은 표 1-2와 같다.

〈표 1-2〉 **특수교육의 목적**

- 다양한 영역에서의 자원을 확인하여 양육지원에 대한 능력을 강화받고자 하는 장애아동 가족의 목적이 성취되도록 돕는 것이다.
- 특수아동의 참여와 독립성, 그리고 새로운 기술의 습득을 촉진하는 것이다.
- 결함을 보이는 지체된 발달 영역만을 교정하는 차원이 아니라 전인적 발달을 촉진하는 것이다.
- 전 생애에 걸쳐 중요한 기술인 사회성 발달을 지원하는 것이다.
- 습득된 기술이 실제 상황에서 유용하게 사용될 수 있도록 기술의 일반화를 촉진하는 것이다.
- 통합된 환경에서의 적응능력을 기르기 위해 정상화된 생활경험을 제공하고 준비시키는 것이다.
- 기술습득이 이루어지지 않았을 때 발생하게 될 미래의 문제나 장애를 예방하는 것이다.

이러한 특수교육의 목적을 달성하기 위한 특수교육의 원리는 **그림 1-6**과 같다. 특수교육의 원리는 평등한 교육기회를 제공하고, 학생들이 최고의 학문적 성공을 달성할 수 있도록 돕고, 미래를 준비하도록 하는 것이다. 이를 위해 교육기관에서는 학생들의 장애유형, 학습장애 여부 등을 고려하여 맞춤형 교육 프로그램과 서비스를 개발하여 제공하여야 한다.

[그림 1-6] 특수교육의 원리

1) 다양성과 포용성의 추구

특수교육은 모든 학생이 서로 다른 학습스타일과 능력을 가지고 있음을 인정하고, 이러한 다양성을 존중하며 교육에 반영해야 한다. 특수교육은 일반교육에서 뒤처지거나 배제된 학생들을 위해 맞춤형 지원을 제공하여, 그들이 학교생활을 성공적으로 이끌어 나갈 수 있도록 도움을 주어야 한다.

2) 포괄적인 지원과 협력

특수교육은 학생중심의 개별화된 접근을 통해 학습자의 특별한 능력, 장애유형에 맞춤형 교육계획을 수립해야 한다. 즉, 교사, 가족, 전문가, 지역사회와의 긴밀한 협력을 통해 종합적인 지원 시스템을 구축하여 학생들이 교육과정에 적응하고 성공적으로 발전할 수 있도록 도와야 한다는 것이다.

3) 평등한 기회 제공과 자립성 강화

특수교육은 모든 학생들에게 평등한 교육기회를 제공하여, 그들이 자신의 능력을 최대한으로 발휘하고 자립성을 키울 수 있도록 지원해야 한다. 즉, 개별적인 학습수준, 능력을 고려하여 교육환경을 조절하고, 필요한 추가 지원을 제공하여 학생들이 학업에서 성공할 수 있도록 도와야 한다.

4) 지속적인 발전과 확장

특수교육은 지속적인 연구와 혁신을 통해 학문적인 지식을 증진시키며, 교육방법과 프로그램을 지속적으로 발전시켜 나가야 한다. 사회적 환경의 변화와 함께 특수교육도 발전하며, 다양한 상황을 고려한 현대적이고 효과적인 교육방법을 지속적으로 탐구하고 구현해야 한다는 것이다.

4. 특수교육의 현황

우리나라는 특수교육대상자에 대해 유치원, 초등학교, 중학교 및 고등학교 과정의 교육을 의무교육으로 하고 있다. 전공과와 만 3세 미만의 장애영아교육은 무상교육이다. 그리고 의무교육 및 무상교육에 드는 비용은 국가 또는 지방자치단체가 부담한다(김이영 외, 2020). 특수교육에 대하여 좀 더 깊이 있게 이해하기 위해서 최근 우리나라의 특수교육 현황에 대해 살펴볼 필요가 있는데, 특수교육 현황에 대한 자료는 매년 교육부에서 발간하는 '특수교육통계'를 참고해 볼 수 있다.

우선 2023년 특수교육 현황은 특수교육대상자 현황과 특수교육대상자 배치 현황을 살펴보면 알 수 있다. 구체적으로 장애영역별 특수교육대상자 현황과 교육환경별 특수교육대상자 배치 현황, 학교급별 특수교육대상자 배치 현황을 살펴볼 수 있다. 2023년 특수교육 주요 현황(조사기준일: 2023년 4월 1일)은 표 1-3과 같다.

〈표 1-3〉 2023년 특수교육 주요 현황

배치별			특수학교	일반학교		특수교육 지원센터	계
				특수학급	일반학급 (전일제 통합학급)		
특수교육대상자 수			28,942	61,993	18,474	294	109,703
학생 수	장애영역별	시각장애	1,079	207	458	1	1,745
		청각장애	560	689	1,646	12	2,907
		지적장애	14,540	35,855	5,457	15	55,867
		지체장애	3,905	3,232	2,326	59	9,522
		정서 · 행동장애	68	1,186	577	–	1,831
		자폐성장애	7,781	10,183	1,307	4	19,275
		의사소통장애	206	1,396	1,042	1	2,645
		학습장애	10	628	399	–	1,037

배치별		특수학교	일반학교		특수교육 지원센터	계
			특수학급	일반학급 (전일제 통합학급)		
	건강장애	13	109	1,834	–	1,956
	발달지체	780	8,508	3,428	202	12,918
	계	28,942	61,993	18,474	294	109,703
학교과정별	장애영아	113	–	–	294	407
	유치원	956	5,676	2,149	–	8,781
	초등학교	9,876	33,121	8,588	–	51,585
	중학교	6,461	12,425	4,119	–	23,005
	고등학교	6,522	10,585	3,618	–	20,725
	전공과	5,014	186	–	–	5,200
	계	28,942	61,993	18,474	294	109,703
학교 및 센터 수		194	12,190		197	12,581
			9,288	8,366		
학급 수		5,443	13,287	17,497	61	36,288
특수학교(급) 교원 수		10,146	13,888	–	1,565	25,599
특수교육 지원인력 수		5,192	10,313	280	–	15,785

출처: 교육부(2023). 2023 특수교육통계.

1) 장애영역별 특수교육대상자의 현황

장애영역별 특수교육대상자의 현황은 그림 1-7과 같다.

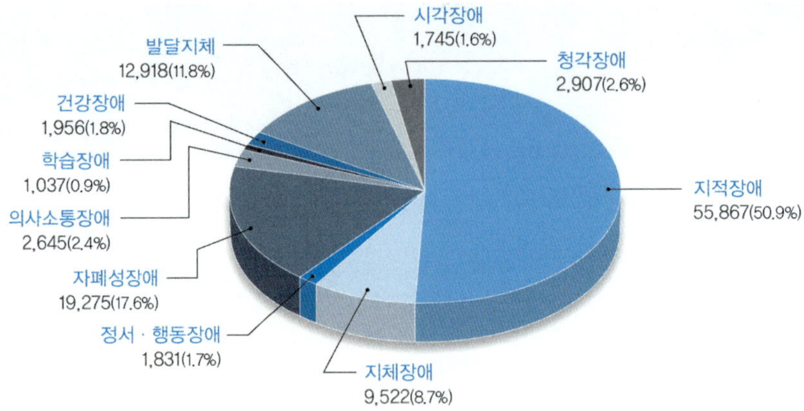

[그림 1-7] 장애영역별 특수교육대상자의 현황

출처: 교육부(2023). 2023 특수교육통계.

2023년 특수교육대상자는 전체 109,703명으로 나타났으며, 장애영역별 특수교육대상자를 구체적으로 살펴보면, 지적장애가 55,867명(50.9%)으로 가장 많았으며, 자폐성장애 19,275명(17.6%), 발달지체 12,918명(11.8%), 지체장애 9,522명(8.7%), 청각장애 2,907명(2.6%), 의사소통장애 2,645명(2.4%), 건강장애 1,956명(1.8%), 정서 · 행동장애 1,831명(1.7%), 시각장애 1,745명(1.6%), 학습장애 1,037명(0.9%) 순으로 나타났다.

2) 교육환경별 특수교육대상자의 현황

교육환경별 특수교육대상자의 현황은 **그림 1-8**과 **표 1-4**와 같다.

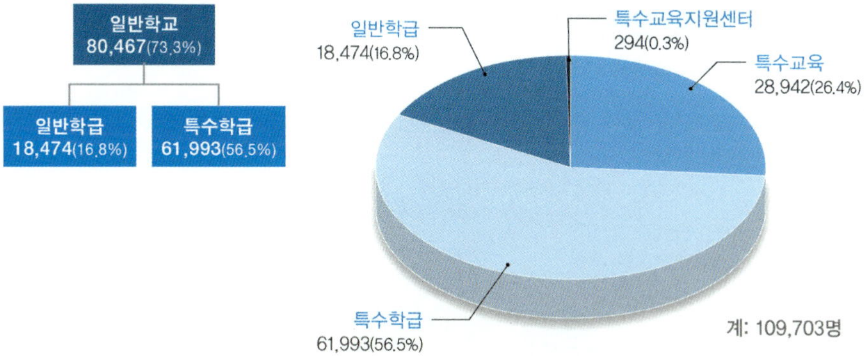

[그림 1-8] 교육환경별 특수교육대상자의 현황

출처: 교육부(2023). 2023 특수교육통계.

〈표 1-4〉 연도별 특수교육대상자의 배치 현황 (단위: 명, %)

연도	특수학교 및 특수교육지원센터	일반학교	전체
2019	26,459(28.5)	66,499(71.5)	92,958(100)
2020	26,615(27.9)	68,805(72.1)	95,420(100)
2021	27,288(27.8)	70,866(72.2)	98,154(100)
2022	28,233(27.2)	75,462(72.8)	103,695(100)
2023	29,236(26.7)	80,467(73.3)	109,703(100)

출처: 교육부(2023). 2023 특수교육통계.

교육환경별 특수교육대상자의 현황은 2023년 전체 특수교육대상자 109,703명 중에서 특수학급이 61,993명(56.5%)으로 가장 많았으며, 특수학교 28,942명(26.4%), 일반학급 18,474명(16.8%) 순으로 나타났으며, 일반학교는 80,467명(73.3%), 특수학교 및 특수교육지원센터는 29,236명(26.7%)이 이용하는 것으로 나타났다.

3) 학교급별 특수교육대상자의 현황

학교급별 특수교육대상자 현황은 **그림 1-9**와 **표 1-5**와 같다.

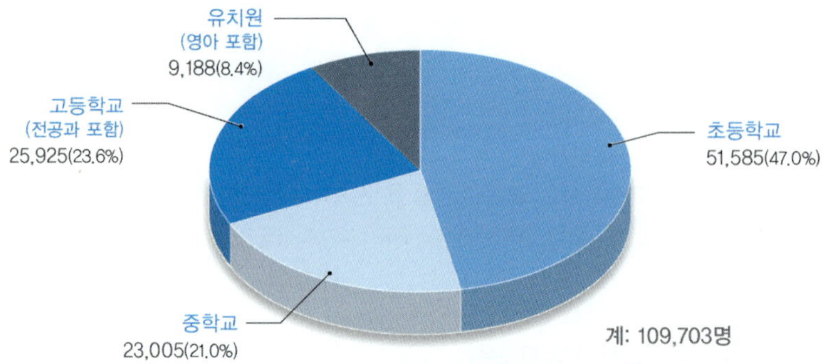

[그림 1-9] 학교급별 특수교육대상자의 현황

출처: 교육부(2023). 2023 특수교육통계.

〈표 1-5〉 연도별 장애영역별 학생 수 (단위: 명, %)

연도	시각 장애	청각 장애	지적 장애	지체 장애	정서·행동 장애	자폐성 장애	의사소통 장애	학습 장애	건강 장애	발달 지체	전체
2019	1,937 (2.1)	3,225 (3.5)	49,624 (53.4)	10,200 (11.0)	2,182 (2.3)	13,105 (14.1)	2,204 (2.4)	1,409 (1.5)	1,763 (1.9)	7,309 (7.8)	92,958 (100)
2020	1,908 (2.0)	3,132 (3.3)	50,693 (53.1)	9,928 (10.4)	1,993 (2.1)	13,917 (14.6)	2,404 (2.5)	1,226 (1.3)	1,785 (1.9)	8,434 (8.8)	95,420 (100)
2021	1,826 (1.9)	3,026 (3.1)	51,788 (52.8)	9,695 (9.9)	1,874 (1.9)	15,215 (15.5)	2,450 (2.5)	1,114 (1.1)	1,799 (1.8)	9,367 (9.5)	98,154 (100)
2022	1,753 (1.7)	2,961 (2.9)	53,718 (51.8)	9,639 (9.3)	1,865 (1.8)	17,024 (16.4)	2,622 (2.5)	1,078 (1.0)	1,948 (1.9)	11,087 (10.7)	103,695 (100)
2023	1,745 (1.6)	2,907 (2.6)	55,867 (50.9)	9,522 (8.7)	1,831 (1.7)	19,275 (17.6)	2,645 (2.4)	1,037 (0.9)	1,956 (1.8)	12,918 (11.8)	109,703 (100)

출처: 교육부(2023). 2023 특수교육통계.

학교급별 특수교육대상자의 현황을 구체적으로 살펴보면, 2023년 특수교육대상자 109,703명 중 초등학교 51,585명(47.0%), 고등학교(전공과 포함) 25,925명(23.6%), 중학교 23,005명(21.0%), 유치원(영아 포함) 9,188명(8.4%) 순으로 나타났다. 설립별 특수학교 수와 특수학교 현황은 **그림 1-10**과 **표 1-6**과 같다.

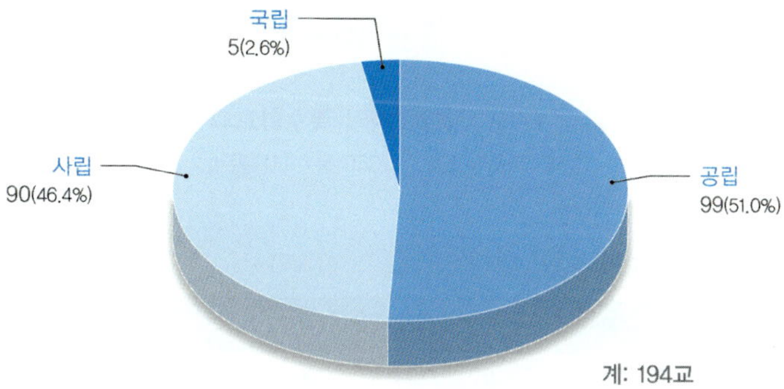

[그림 1-10] 설립별 특수학교의 수

출처: 교육부(2023). 2023 특수교육통계.

〈표 1-6〉 설립별 특수학교의 현황

구분	학교 수	학급 수	학생 수	교원 수
계	194	5,443	28,942	10,146
국립	5	165	837	320
공립	99	3,292	17,575	6,092
사립	90	1,986	10,530	3,734

출처: 교육부(2023). 2023 특수교육통계.

설립별 특수학교 수와 현황을 살펴보면, 특수학교 수는 전체 194개교에서 공립이 99개(51.0%)로 가장 많았으며, 사립 90(46.4%)개, 국립 5(2.6%)개로 나타났으며, 학급 수, 학생 수 및 교원 수는 공립이 가장 많았고, 사립, 국립 순으로 나타났다. 장애영역별 특수학교 수와 특수학교 현황은 **그림 1-11**과 **표 1-7**과 같다.

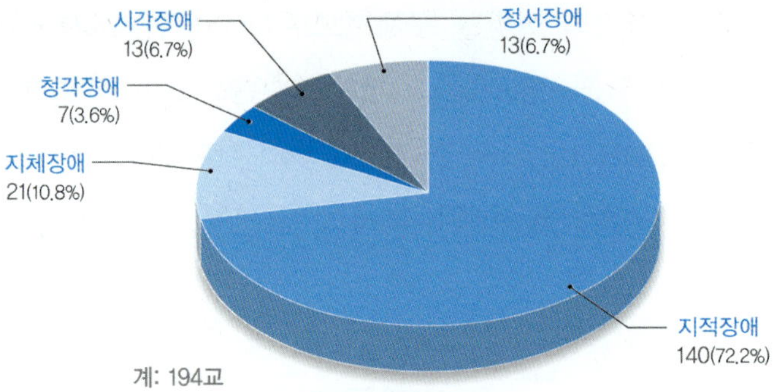

[그림 1-11] 장애영역별 특수학교의 수

출처: 교육부(2023). 2023 특수교육통계.

〈표 1-7〉 장애영역별 특수학교의 현황

시각장애	청각장애	지적장애	지체장애	정서장애	계
13	13	140	21	7	194

출처: 교육부(2023). 2023 특수교육통계.

장애영역별 특수학교의 수는 전체 194개교에서 지적장애 140교(72.2%), 지체장애 21교(10.8%), 시각장애와 청각장애 13교(6.7%), 정서장애 7교(3.6%) 순으로 나타났다.

4) 일반학교 특수학급 및 일반학급 현황

일반학교 특수학급의 현황은 **그림 1-12**와 **표 1-8**과 같다.

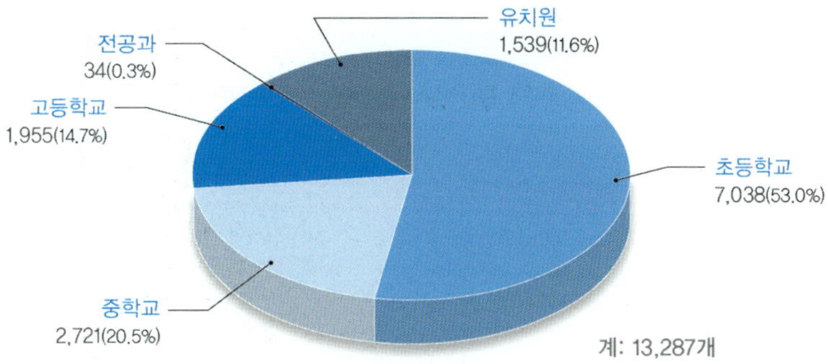

[그림 1-12] 특수학급의 수

출처: 교육부(2023). 2023 특수교육통계.

〈표 1-8〉 특수학급의 현황

과정별	학교 수	학급 수	학생 수	교원 수
계	9,288	13,287	61,993	13,888
유치원	1,195	1,539	5,676	1,559
초등학교	4,856	7,038	33,121	7,160
중학교	2,077	2,721	12,425	2,804
고등학교	1,142	1,955	10,585	2,301
전공과	18	34	186	64

출처: 교육부(2023). 2023 특수교육통계.

일반학교 특수학급의 수는 전체 13,287개 중 초등학교가 7,038개(53.0%)로 가장 많았으며, 중학교 2,721개(20.5%), 고등학교 1,955(14.7%), 유치원 1,539개(11.6%), 전공과 34개(0.3%) 순으로 나타났다. 일반학급(전일제 통합학급) 현황은 **그림 1-13**과 **표 1-9**와 같다.

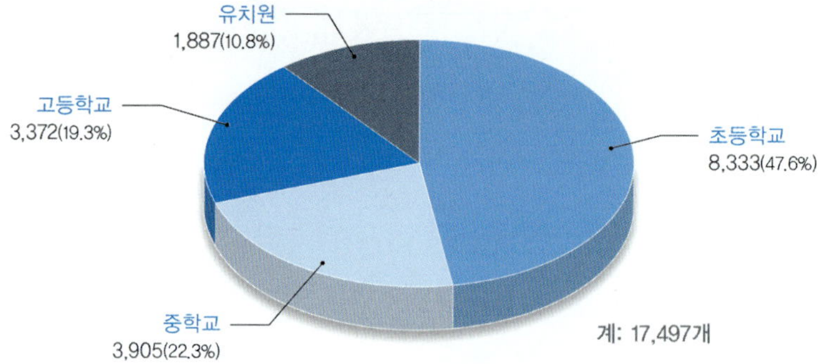

[그림 1-13] 전일제 통합학급의 수

출처: 교육부(2023). 2023 특수교육통계.

〈표 1-9〉 일반학급(전일제 통합학급)의 현황

학교급	학교 수	학급 수	학생 수
계	8,366	17,497	18,474
유치원	1,407	1,887	2,149
초등학교	3,625	8,333	8,588
중학교	1,948	3,905	4,119
고등학교	1,386	3,372	3,618

출처: 교육부(2023). 2023 특수교육통계.

일반학급(전일제 통합학급)의 현황을 살펴보면, 전일제 통합학급 수는 전체 17,497개 중 초등학교가 8,333개(47.6%)로 가장 많았으며, 중학교 3,905개(22.3%), 고등학교 3,372개(19.3%), 유치원 1,887개(10.8%) 순으로 나타났다.

5) 순회교육 현황

2023년 특수교육 순회교육[3)]에 대한 현황은 표 1-10과 같다.

〈표 1-10〉 **순회교육**

구 분	학생 수											학급 수			교사 수			
	기관					학교과정												
	가정	시설	병원	일반학교	계	장애영아	유치원	초등학교	중학교	고등학교	계	순회	파견	계	순회	파견	겸임	계
계	1,749	377	94	2,513	4,733	131	1,194	1,856	829	723	4,733	496	46	542	2,134	49	16	2,199
특수학교	855	137	49	–	1,041	41	142	433	191	234	1,041	261	46	307	264	49	–	313
특수학급	493	182	6	30	711	–	62	305	149	195	711	235	–	235	235	–	16	251
특수교육지원센터	401	58	39	2,483	2,981	90	990	1,118	489	294	2,981	–	–	–	1,635	–	–	1,635*

* 센터 순회 강사 169명 포함
출처: 교육부(2023). 2023 특수교육통계.

2023년 현재 313명의 교사가 특수학교 1,041명의 학생에게 307개 학급에서 순회교육을 실시하고 있고, 251명의 교사가 특수학급 711명의 학생에게 235개 학급에서 순회교육을 실시하고 있으며, 1,635명의 교사가 특수교육지원센터 2,981명의 학생에게 순회교육을 실시하고 있는 것으로 나타났다.

향후 중도·중복장애로 생활이 곤란한 가정·병원·시설 내 특수교육대상자를 위한 학교교육을 제공하기 위한 지원 확대가 필요하다. 또한 순회교육을 더욱 내실 있게 하기 위해 순회교육 전담 특수교육 교사에 대한 연수교육을 강화해야 할 필요성이 있다(김이영 외, 2020).

3) 「장애인 등에 대한 특수교육법」에서 순회교육(itinerant education)은 "특수교육 교원 및 특수교육 관련 서비스 담당인력이 각급 학교나 의료기관, 가정 또는 복지시설(장애인복지시설, 아동복지시설 등) 등에 있는 특수교육대상자를 직접 방문하여 실시하는 교육"을 말한다.

5. 우리나라 특수교육의 발전 방안

앞에서 살펴본 2023 특수교육통계를 살펴보면, 1962년부터 2023년까지 우리나라의 특수교육은 지속적인 발전을 거듭해 왔다고 할 수 있다. 구체적으로 특수교육을 실시할 수 있는 특수학교 및 특수학급 등의 양적인 변화가 꾸준히 증가되었으며, 이에 따른 질적인 변화, 즉 국가 차원에서는 특수교육뿐만 아니라 일반학교에서의 특수교육 프로그램을 지원하여 다양한 교육과정, 교육자료, 보조기기 등을 활용하여 학습자중심의 교육이 이루어지도록 노력해 왔다.

이와 같이 우리나라의 특수교육은 지속적으로 발전해 오면서 많은 성과를 거두었지만 아직도 다양한 문제점과 과제가 존재하는데, 이러한 문제점은 정책, 시스템, 사회적 태도 등에서 다양하게 나타나고 있다. 현재 우리나라 특수교육에서 보이는 문제점을 통해 앞으로의 발전방안을 모색해 보면, 표 1-11과 같다.

〈표 1-11〉 우리나라 특수교육의 문제점과 개선방안

구분	내용
평등한 교육기회의 부족	아직까지도 특수학교와 일반학교 간의 교육기회의 불평등이 존재한다. 일부 지역이나 학교에서는 특수학교가 더 활성화되어 있지만 지역에 따라 특수교육의 수준이 상이하게 나타나고 있다.
교육환경 및 시설 문제	특수학교나 통합교육 시설에서 교육을 받는 학생들을 위한 적절한 교육환경 및 시설의 부족이 문제이다. 예를 들어, 적절한 교육지원, 보조기기, 교구 등이 부족하거나 지역에 따라 차이가 발생하고 있다.
교사 및 전문가 부족	특수교육을 담당할 수 있는 전문 교사나 전문가의 부족이 문제점으로 지적되고 있다. 따라서 교육기관에서는 특수교육전문가의 교육과 지속적인 전문성 강화가 필요하다.
사회적 편견과 인식문제	특수교육에 대한 사회적 편견과 인식이 부족한 현실이다. 이로 인해 학생들이 사회에서 편견에 직면할 수 있고, 이는 특수교육대상자의 자아존중감과 사회참여에 부정적인 영향을 미칠 수 있다.
학생의 다양성에 대한 고려 부족	학생들의 다양성을 충분히 고려하지 못한 교육방법과 프로그램이 존재한다. 특수교육에서도 학생의 소질과 능력에 따라 다양한 교육방법이 적용되어야 하지만 이에 대한 노력이 충분하지 않는 경우가 있다.

구분	내용
가족지원의 부족	특수교육을 받는 학생들의 가족에 대한 지원이 부족하다. 가족은 학생의 교육에 큰 영향을 미치며, 가족들에게 특수교육에 대한 충분한 정보와 지원이 필요하다.
정책의 일관성 부족	특수교육에 대한 정책이 일관성 없이 운영되고 있다. 교육의 다양한 측면에서의 정책 일관성 강화가 필요하며, 정책수립과 시행에 있어 효과적인 협력과 의사소통이 필요하다.

따라서 **표 1-11**과 같은 우리나라 특수교육의 문제들을 해결하기 위해서는 교육체제의 혁신과 함께 특수교육에 대한 사회적 태도의 변화, 특수교사와 전문가들의 교육 강화, 특수교육에 대한 지속적인 연구 및 정보제공, 지역사회와의 협력 등 다양한 차원에서의 노력이 필요하다고 할 수 있다. 더불어 특수교육은 지속적인 개선과 혁신을 통해 모든 학생이 편안하게 교육을 받고 사회에서 평등한 기회를 누릴 수 있도록 하는 지원 노력도 함께 동반되어야 할 것이다.

Chapter

02

장애학생 통합교육

배울 내용

1. 통합교육의 이해
2. 통합교육의 접근방법
3. 통합교육의 당위성 및 요소
4. 통합교육의 효과
5. 통합교육의 실제

학습목표

통합교육의 정의와 목적의 이해를 바탕으로 통합교육을 위한 교수전략을 익히고 나아가 통합교육의 실제를 통해 통합교육의 구체적인 방법을 익힌다.

개 요

오늘날 우리 사회는 모든 면에서 급격한 변화에 직면하고 있으며, 교육도 시대적 흐름에 따른 다양한 변화를 모색하고 있다. 특히, 특수교육 분야에서 장애를 포함한 모든 학생의 교육권 보장에 대한 철학적 기초 위에 물리적 · 사회적 · 교수적 통합을 강조하며 질적 성장에 초점을 둔 완전통합교육을 지향하고 있다. 따라서 이 장에서는 통합교육의 정의와 목적, 그리고 논의를 통해 장애학생 통합교육의 일반적인 이해를 돕고 교육기관에서의 통합교육 실제를 살펴봄으로써 통합교육을 실행하기 위한 교육실제의 구상과 적용에 중점을 둔 통합교육의 이론과 실제에 접근하고자 한다.

Chapter 02

장애학생 통합교육

1. 통합교육의 이해

1) 통합교육의 정의

통합교육은 많은 전문가들에 의해 다양하게 정의되어 왔으나, 공통적으로 일반교육과정에 장애아동을 포함시키는 것과 사회적 영역에서의 통합을 진정한 통합으로 보는 관점을 포함하는 개념이다. 이와 같은 총체적인 접근은 통합교육을 전체 학급의 책무성으로 여기는 분위기를 형성하였고, 장애아동을 포함한 모든 학생에게 높은 수준의 학업을 성취하도록 보장할 것을 명시한 미국의 NCLB(No Child Left Behind)의 비탕이 되었으며, 통합교육의 정의에서 장애의 정도나 유형에 의한 차별 없이 개별화된 교육제공과 모든 학생을 일반교육과 사회에 통합하여 지원하기 위한 접근, 참여, 지원을 강조하도록 하는 근거가 되었다(Division for Early Childhood of the Council for Exceptional Children: DEC, National Association for the Education of Young Children: NAEYC, 2009).

이러한 변화에 따라 우리나라도 장애학생의 수월성 교육을 위한 배려와 형평성을 추구해 왔으며, 2007년 제정된 「장애인 등에 대한 특수교육법」 제2조에서는 통합교육을 특수교육대상자가 일반학교에서 장애유형 · 장애정도에 따라 차별을 받지 아니하고 또래와 함께 개개인의 교육적 요구에 적합한 교육을 받는 것으로 정의하게 되었다.

이처럼 통합교육은 특수교육뿐만이 아니라 교육 전체의 변화를 요구하며, 개별화교육의 한 방향으로 변화하고 있음을 알 수 있으며, 통합교육의 교육적 성과에 대한 사회적 책임을 점차 강화하고 있음을 확인할 수 있다.

다시 말해 통합교육(inclusive education)은 일반적으로 장애아와 비장애아가 포함되어 있는 통합학급에서 일반교사가 다른 전문가 혹은 동료교사의 지원 및 다양한 자원을 활용하여 함께 지도하고 학습하는 교육적 활동이라고 정의된다. 이러한 정의는 다양한 능력과 개성을 가진 학생들이 함께 학습하고 생활하는 것을 의미하기 때문에 장애아뿐만 아니라 비장애아에게도 상호혜택이 주어질 것을 가정하고 있다.

오늘날의 통합교육은 분리에서 통합을 지향하는 주류화(mainstreaming)와는 다른 것으로, 비분리가 전제되며 장애학생을 일반교육환경에서 교육을 시키고 불가능할 경우 필요한 만큼 일반교육환경에서 분리시켜 특수교육적 조치를 취하는 통합(inclusion)을 의미한다. 완전통합(full Inclusion)의 개념을 이해하기 위해 다양한 정의를 살펴보면 다음과 같다(김이영 외, 2020).

〈표 2-1〉 **완전통합 이해를 위한 정의들**

- 일반적으로 받아들여지는 완전통합교육의 개념에 대하여 학교 재구조화와 완전통합 국제센터에서는 다음과 같이 정의하고 있다. "완전통합은 최중도 장애아동을 포함한 장애아동이 이웃 학교에서 나이에 맞는 일반학급에 포함되어 충분한 지원서비스를 받으면서 아동의 독특한 학업적 · 행동적 그리고 사회적인 요구를 충족시켜 주는 것을 보장할 뿐만 아니라 사회의 구성원으로서 기여할 수 있도록 아동으로 하여금 준비하게 하는 것을 말한다".
- 완전통합이란 다양한 학생, 가족, 교사, 지역사회의 모든 구성원을 수용하고, 모든 사람이 소속감을 가지고 지역사회에서 생활할 권리를 가진다는 철학이다. 또한 모든 학생이 일반학급 내에서 적절한 교육을 받고, 의미 있고 경쟁적인 학생이 되도록 하며 장애학생의 특별한 교육적 강점과 요구에 맞는 차별화된 교수기법으로 혜택을 받게 하는 것이다.

- 완전통합은 모든 학생에게 각자의 개별 차이점으로부터 학습을 시작하고 존중을 받으면서 성공을 위해 필요한 서비스와 수정을 제공하는 것을 토대로 학습자를 위해 협력적이고 지원적이며 동질성보다는 공정성을 강조한다.
- 전문가들이 협력해서 학생을 분리하기보다는 통합된 상황에서 개인의 특성에 맞는 교육방법을 우선 모색해야 한다.

이상에서 살펴본 바와 같이 완전통합을 이루기 위해서는 장애학생에게 초점을 맞추고 모든 학생의 경험, 다양한 강점, 요구를 수렴하고 수정할 수 있는 더 많은 서비스를 제공해야 한다는 것을 의미한다.

2) 통합교육의 목적

18세기 후반 내과의사 필리 피넬(Phillippe Pinel)이 '장애인도 보통 사람이다'라고 제안한 이래 일반인과 가능한 한 동일한, 최대로 비슷한 환경에 놓여야 한다는 '정상화' 개념[1)]이 통합교육의 기본 개념이며 전제가 되어 왔다. 이러한 통합교육의 목적은 표 2-2와 같다.

1) 정상화의 개념은 덴마크의 지적장애인이자 서비스 권위자인 미켈슨(Bank Mikkelsen)에 의해 처음으로 공표되었는데, 그는 정상화를 '지적장애인이 가능한 한 정상에 가까운 생활양식을 얻도록 해 주는 것'이라고 주장하였다. 즉, 다른 모든 시민들이 가지고 있는 주거, 보육, 일, 취미활동 등을 포함한 인간의 기본권을 지적장애인들에게 제공하는 것을 의미하는 개념이다. 그리고 정상화의 개념을 체계적으로 정리하고 설명한 뉴리에(Nirje, 1980)에 의하면, 정상화는 '모든 지적장애인의 생활양식과 하루하루의 생활이 그 사회의 일반적인 환경과 생활방식에 가깝도록 만드는 것'이라고 주장하였다. 즉, 모든 장애인이 가능한 보통의 환경과 삶의 양식 및 사회적 양식에 근접한 삶과 사회적 패턴을 누릴 수 있도록 하자는 것이다. 또한 미국의 울펜스버거(Wolfensberger)는 개인의 행동과 특성을 가능한 문화적 규범에 일치하도록 설정하고 유지하기 위해, 문화적 규범에 최대한 일치하는 수단을 활용하는 것이라고 정의하였다. 이처럼 정상화란 장애인들이 비장애인들과 같이 '보통의 삶을 영위할 수 있도록 해야 한다'는 것이다. 이는 장애인뿐만 아니라 차별이나 권리의 침해가 있는 모든 영역에서 보편적으로 적용되어야 할 중요한 원리로 대두되고 있다.

〈표 2-2〉 통합교육의 목적

- 교육을 통한 인간으로서의 권리와 사회정의를 실현하는 것이다.
- 모든 어린이에게 인간으로서의 교육받을 권리와 기본적인 의무를 이행하는 것이다.
- 교수 · 학습의 질을 개선하고 실현하는 것이다.
- 인간 삶에서 진보, 관용 그리고 변화의 기초로서 문화적 · 사회적 조직의 차이에 대해 이해하는 것이다.
- 다양한 범위의 개인, 집단과의 사회적 상호작용을 통한 긍정적 가치와 태도를 형성하는 것이다.
- 가정, 지역사회, 경제 그리고 사회에 대한 활동적 참여를 통한 사회구성원의 잠재가능성을 개발하는 것이다.

다시 말해 통합교육이란 장애아와 비장애아의 학습 및 생활을 가능한 함께함으로써 더불어 살아갈 수 있도록 하는 것이며, 장애아나 비장애아에게 공식적으로 혹은 비공식적으로 공동생활에 필요한 다양한 능력과 심리적 준비를 습득할 수 있도록 기회를 주는 것으로부터 시작된다(물리적 통합). 더 나아가 장애아와 비장애아가 학급 · 학교 내의 생활에서 공동체 의식을 갖고 공동의 목표를 향해 자신의 능력이나 교육적 요구를 달성하기 위해 협동하고 상호작용하는 것으로 발전되며(사회적 통합), 스스로 정한 학습목표에 도달하고자 하는 가운데 공통의 기본적인 교육과정을 재구성하고 새로운 지식을 창출해 내는 학습활동으로 이어지며(교육과정적 통합), 궁극적으로는 건강한 사회인으로서 갖추어야 할 사회적 능력과 태도를 배워 건강한 사회를 건설하는 민주시민으로 육성되는 것을 의미한다.

3) 통합교육과 관련된 용어들

통합교육에 대한 명확한 이해를 위해 통합교육과 관련된 용어들을 살펴보면 표 2-3과 같다(김이영 외, 2020).

〈표 2-3〉 **통합교육과 관련된 용어**

- 정상화: 장애를 가진 아동도 일반아동과 동일한 삶의 환경과 기회를 선택할 수 있는 자유를 부여하는 것이다.
- 탈수용시설화와 지역사회 통합: 장애아동을 대단위 시설이 아닌 가족이나 지역사회 소규모 시설에 거주하게 하는 것이다.
- 최소제한환경: 장애아동이 일반아동들과 최대한 상호작용할 수 있는 최소로 제한적인 환경 속에서 교육을 제공해야 한다는 개념이다.
- 주류화(mainstreaming): 최소제한환경의 원리에 기초한 개념이다. 학교의 교육 프로그램을 재구조화하여 장애아동이 가능한 한 일반학교, 일반학급에서 교육을 받아야 한다는 개념이다. 즉, 장애아동을 가능한 한 일반아동의 생활 흐름 속에 포함시키는 것이다. 장애학생과 일반학생을 분리해서 교육하다가 비학업적인 시간에 장애학생을 일반학급에 통합하는 시간제 특수학급의 개념이다.
- 합쳐지는 통합(integration): 특수학급의 장애아동이 일반학급에 와서 교육을 받는다는 개념이다.
- 포함되는 통합(inclusion): 장애아동이 원래 일반학급의 구성원으로 편성되어 교육받음을 의미한다.
- 완전통합(full inclusion): 장애아동들이 장애의 유형, 정도와 무관하게 일반학급에 완전히 포함되는 것이다. 즉, 완전참여로 의미 있는 혜택을 받도록 하는 것을 의미한다.
- 역통합: 장애아동학급에 일정 비율의 일반아동을 포함하여 교육하는 것이다.
- 부분통합: 장애아동을 부분적으로 일반학급에 통합하는 것이다.
- 물리적 통합: 장애학생을 일반학생과 같은 학급에 포함하되 필요한 경우만 분리하는 것이다.
- 사회적 통합: 장애학생이 또래 친구와 성인과의 관계를 형성하도록 하는 것이다.
- 교수적 통합: 일반학생의 교육과정과 동일하게 교수하되, 교수학습 과정이 고안되고 평가되는 방법을 수정하여 성공적인 학습이 이루어지도록 하는 것이다.

2. 통합교육의 접근방법

장애인 정상화의 한 부분으로서 학교에서의 통합교육이 성공적으로 이루어지기 위해서는 교육과정, 평가체제, 일반 교사교육, 특수교사의 위상 등에 대한 논의가 활발하게 이루어진 다음 어떤 함의점을 찾아내고 그 함의점을 바탕으로 통합교육이 실시되어야 한다.

장애학생의 통합은 비교적 최근의 일이다. 처음에는 단순히 장애학생을 통합된 환경으로 보내는 물리적 배치에 그쳤다. 그러나 장애학생들의 학교환경에 통합되기 위해서는 체계적인 노력이 필요하다. 슈츠(Schutz, 1994)는 학교 통합적 접근이 통합의 기회가 점점 많아지는 위계적 양상을 가지고 있다고 주장하였다. 즉, 가장 제한적인 환경에서부터 가장 정상적인 환경에 이르기까지 위계적으로 구성되는데, 그 단계는 물리적 통합, 체계적 통합, 참여적 통합, 호혜적 통합 및 연합적 통합으로 구분할 수 있다(곽행숙, 2003).

첫째, 물리적 통합은 통합기회의 위계상 가장 낮은 수준으로 일반학생들과 아주 근접한 곳에 장애학생을 배치하고, 그곳에서 가르치고 상호작용을 위한 프로그램을 실시하는 것이다. 두 집단의 각 교실은 나란히 배치되며, 수업 이외의 활동 · 식당 · 학교버스 · 운동장 등 물리적으로 근접한 상황에서 이루어지도록 조직된다. 그럼에도 불구하고 두 집단 간의 실제적인 접촉은 이루어지지 않는 최소한의 사회적 상호작용만을 제공하는 통합방식이다.

둘째, 체계적 통합은 두 집단 간의 상호작용이 수업활동에 제한되는 것으로 일반학생들이 장애학생들을 직접 가르치거나 도와주도록 하는 것이다. 이러한 보조적 역할의 기본을 가르치는 것이지만 사회적 학습이론에서 말하는 모델로서의 역할도 수행할 수 있다. 그 외 모든 활동은 물리적 통합의 수준에서 이루어진다.

셋째, 참여적 통합은 일반학생들이 장애학생들을 수업 시에 직접 가르치고, 일반생활에서는 보조적 역할로서 지원활동을 하도록 한다. 지원활동은 식당에 데리고 가고, 휠체어를 밀어 주고, 야외활동에 함께 참여하고, 옷 입는 것을 도와주는 것 등을 포함한다.

넷째, 호혜적 통합은 장애학생들이 일반학생들로 구성된 정규학급에서 수업을 받는 것이다. 따라서 일반학생들과 장애학생들이 학교에서 사회적으로 상호작용하도록 한다. 즉, 점심식사 · 집회참여 · 학교버스 · 특별활동 등과 같은 활동들이 학교 내에서 어느 정도 동등한 입장에서 상호작용을 하도록 함으로써 서로 간에 이익을 주고받을 수 있도록 하는 것을 원칙으로 한다.

다섯째, 연합적 통합은 일반학생들과 장애학생들이 수업 중에는 물론이고, 수업 전이나 수업 후에도 사회적으로 상호작용하도록 하는 것이다. 즉, 장애학생은 방과 후에 컴퓨터 게임을 위해 어떤 친구의 집에 초청을 받을 수도 있다. 이와 같이 통합수준이 매우 완벽하여 장애학생은 모두 다른 학생들과 똑같이 다루어진다.

3. 통합교육의 당위성 및 요소

1) 통합교육의 당위성

통합교육으로의 변화에 대한 당위성을 사회 · 윤리적 근거, 법률상의 근거, 교육 · 심리적 근거로 분류하여 살펴보면 다음과 같다(유수옥, 2005).

첫째, 사회 · 윤리적 관점에서 볼 때, 통합교육을 통해 장애아동에 대한 사회적 태도를 변화시킬 수 있다. 일반아동과 장애아동의 다름에 대한 개념은 사회적으로 부여된 것이기 때문에 모든 아동은 개별적인 특성과 관심, 능력과 교육적 요구가 있으므로 교육기관이 아동의 다양성을 수용할 필요가 있다. 또한 통합교육은 분리교육이 장애아동에게 미칠 수 있는 부정적인 영향을 막고 정상적인 측면을 확장할 수 있는 기회를 제공한다. 분리교육은 다양성을 경험할 기회를 빼앗아 사회에서의 적응에 문제가 생길 수 있으므로, 어려서부터 일반아동과 장애아동의 통합교육이 필수적이다. 즉, 사회 · 윤리학적 관점에서 본 통합교육은 장애에 대한 태도를 변화시키고 장애아동에게 교육의 기회를 제공한다는 점에서 그 당위성을 찾을 수 있다.

둘째, 법률상의 관점에서 볼 때, 장애아동을 정상적인 환경에서 교육해야 한다는 법적 규정은 통합교육에 대한 필연성을 부여한다. 통합교육에 대한 정부 차원의 관리는 평등, 인권 등의 다른 정책과 맞추어 기능하며, 교육 시스템 전체에 걸친 통합교육 정책을 시행하도록 하는 데 중요한 역할을 한다. 지금 세계 여러 나라는 장애아동을 일반교육 환경에 최대한 접근시키려는 노력을 지속적으로 시행하고 있으며, 우리나라에서도 2006년부터 특수교육지원대상자의 평생교육 보장, 통합교육 확대, 절차적 권리 보장, 관련 서비스의 확대, 교원의 특수교육 전문성 및 책무성을 제고하는 방향으로 법개정을 추진하였다. 이에 따라, 2007년 「장애인 등에 대한 특수교육법」이 제정되어 조기 특수교육과 특수교육대상자 의무교육체제가 구축되고 통합교육 체제의 내실화를 위한 지원 및 노력이 강화되었다. 이처럼 법률상의 관점에서 본 통합교육은 통합교육을 지지하는 정책과 제도들을 통해 그 당위성을 확인할 수 있다.

셋째, 교육 · 심리적 관점에서 볼 때, 통합교육 환경은 일반아동과 장애아동 모두의 행동발달을 지속적으로 도울 수 있는 환경이라는 것이다. 2001년 미국에서 시작된 NCLB(No Child Left Behind) 정책은 '모든 학생들'이 안전한 교실에서 잘 준비된 우수한 교사에게 교육받아 중요한 교육적 목표를 달성하는 것을 목적으로 한다. 이와 같은 교육의 책무성은 교육제도에 있어 중요성이 점차 높아지는 요소로, 장애아동교육 또한 전체 학교의 책무성에 속한 과제로 보고 있다. 중증장애를 지닌 학생도 조건이 갖춰져 있으면 일빈학교에 들어갈 수 있고, 장애학생과 일반학생 모두에게 부정적인 영향을 끼치지 않음을 밝힌 외국의 사례와 통합교육 환경이 모든 아동들에게 가장 적합한 교육적, 치료적 환경이라는 것을 주장하는 수많은 연구결과들은 이와 같은 관점을 뒷받침한다. 즉, 교육 · 심리적 관점에서 본 통합교육은 모든 학생의 교육성과를 강조하는 책무성을 통해 당위성이 드러난다.

실제로 통합학급 경험을 통해 장애아동은 인지, 언어, 사회성, 운동, 신변처리능력뿐 아니라 학습태도, 생활태도에 긍정적인 영향을 받게 되며, 일반아동은 감성지능 발달과 친사회적 행동, 공감, 장애아동에 대한 긍정적인 태도 형성에 도움을 받는다. 통합교육 환경에서의 협력놀이 활동은 학급에 속한 아동들의 사회성을 증진하고 유지시키며, 사회적 상호작용을 촉진하게 된다. 다시 말해 통합교육을 통해 일반아동과 장애아동 모두 긍정적인 영향을 받게 된다는 점은 통합교육을 정당화하는 중요한 근거가 된다.

이처럼 통합교육은 사회 · 윤리적으로 장애에 대한 태도를 변화시켜 다양성의 차원에서 수용하게 하고, 정책적으로 교육 시스템이 추구하고 있는 방향과 일치하며, 교육 · 심리적으로 일반아동과 장애아동 모두에게 유익하다. 그렇기 때문에 통합교육은 교육의 공급자와 수요자 모두에게 매우 타당한 교육방식으로 여겨질 수 있다는 것이다.

2) 통합교육의 요소

통합교육이 타당하고 보편적인 방식으로 여겨짐에 따라 어떻게 하면 통합교육을 성공적으로 시행할 수 있을 것인지에 대한 논의도 다양하게 이루어져 왔다. 살렌드(Salend, 2005)는 아동의 성공적인 통합을 위한 요인으로, 장애아동의 준비, 일반아동의 준비, 교사들의 준비와 의견교환, 장애아동의 발달수준 평가 및 교사연수를 들었으며, 유수옥(2005)은 성공적인 장애아동 통합교육 실천을 위한 요인으로 프로그램, 교사, 일반아동, 장애아동, 부모 및 교실환경을 제시하였다. 또한 콜과 찬(Cole & Chan, 1990)은 통합교육의 요소를 아동요인, 또래요인, 교사와 교수적 요인, 행정적 요인, 부모와 지역사회의 태도 등 다섯 가지 요인이라고 주장하였다. 즉, 아동요인은 장애아동의 능력이나 발달수준, 또래요인은 일반아동의 태도, 교사와 교수적 요인은 교사의 태도나 교육의 질, 행정적 요인은 정책과 서비스, 마지막으로 부모와 지역사회의 태도는 통합교육과 장애아동에 대한 부모와 지역사회의 태도에 관한 것이다. 통합교육의 요소를 구체적으로 살펴보면 표 2-4와 같다.

〈표 2-4〉 **통합교육의 요소**

• 장애아동은 통합교육에 필요한 최소한의 기본적인 사회적 기술을 가지고 있어야 한다. 장애아동은 사회적 기술이 부족하고 문제해결을 위한 전략 사용이 미숙하여 또래와 적절한 사회적 관계를 형성하기 어려울 수 있다. 따라서 장애아동의 사회적 상호작용 촉진을 통해 장애아동을 일반학급에 성공적으로 통합시키려는 노력이 필요하다. • 통합되어 있는 일반아동들의 태도 또한 통합교육의 중요한 요인 중의 하나이다. 일반아동은 차이에 대한 편견, 학업수행능력, 신체적 특징, 사회 · 경제적 지위, 접촉 경험 등에서 장애아동에 대한 부정적 인식을 형성할 수 있으므로 장애를 이해할 수 있는 여러 가지 교육 프로그램을 제공하여 일반아동이 긍정적인 태도를 형성하도록 도와야 한다. 통합교육을 위한 장애 반편견 아동교육은 일반아동으로 하여금 장애아동에 대한 편견 없는 사고를 갖도록 하는 좋은 기회가 된다. 따라서 통합교육은 일반아동과 장애아동이 가능한 같은 공간에서 생활할 뿐 아니라 심리 · 사회적으로도 통합될 수 있는 기회를 제공하여야 한다. • 통합학급의 운영에 있어 교사의 전문성은 매우 중요한 요인이다. 아동이 가진 학습형태의 다양성에 대해 교사가 가진 교수방식이 적절하게 배합되어야 하며, 교사 양성과정에서 장애에 관한 직접적이고 구체적인 경험과 현직 교사의 교사교육의 기회가 마련되어야 한다. 통합교육의 확대는 학생의 다양성에 대한 개별적인 지원의 확대를 의미하므로, 개별적인 지원이 가능한 교사를 양성하고 지원하기 위한 노력이 수반되어야 한다. • 통합교육은 정부의 관리 방법에 변화를 요구하며 교사양성과 직무연수에 따른 교사와 다른 전문가들의 변화를 포함한다. 현재 우리나라의 통합교육은 분리교육이 필요한 장애유형이 있다는 자조적인 생각과 일반학급에 통합되는 것만으로도 장애학생에게 이익이 된다는 낙관적인 생각이 공존하고 있으나, 학교의 책무성을 무시하거나 통합교육에 대한 관념적인 측면에만 머무르는 태도들은 지금 시대가 추구하려는 통합교육 철학과는 거리가 멀다. 준비 없는 물리적 통합은 통합교육의 질을 저하시키는 결과를 야기할 수 있으므로, 통합교육의 성공적인 시행을 위해서는 행정적으로도 체계적인 지원과 프로그램 운영이 보장되어야 한다. • 부모와 지역사회의 태도는 통합교육에 필수적인 요소이다. 최근 특수교육의 패러다임이 '아동집중교육'에서 '가족중심특수교육'으로 이동함에 따라, 가족의 참여와 협력이 자녀의 태도 형성, 곧 통합교육의 성공에 미치는 영향은 더욱 중요시되고 있다. 따라서 기관에서는 자녀에게 미칠 영향에 대해 일반아동 부모가 가지고 있는 염려를 진정시키고, 가정과 교사, 행정가, 특수교사 간에 책임감 이상의 유대감을 형성하여야 한다. 통합교육의 시행에서 가정의 적극적인 참여는 선택적 요인이 아닌 필수적 요인에 속한다.

이처럼 장애아동 통합교육의 성공에는 여러 요인이 복합적으로 작용하며, 사전 준비와 계획의 뒷받침, 다양성과 차이에 대한 민감한 반응이 필요하다. 브란디(Brandi, 2010)는 분리교육에서 통합교육으로의 전환 과정에서 새롭게 인식되는 문제점으로 일반교사의 장애아동 교수지식 부족, 보조원을 고용하기 위한 재정이나 지원 문제, 일

반아동에게 장애아동을 이해시켜야 하는 문제 등 세 가지를 제시하였는데, 여기에서도 통합교육이 여러 요인의 협력으로 이루어지게 되는 것임을 확인할 수 있다. 따라서 일반아동과 장애아동 모두에게 적합한 교육을 실시하기 위해서는 환경적 요인과 인적 요인이 모두 긍정적으로 준비되어야 할 것이다.

4. 통합교육의 효과

통합의 개념은 특히 교육학적 입장에서 일반학교의 수업에서 장애아와 비장애아의 전반적인 분야에서 공동적인 최선의 수업 및 교육을 의미한다. 이러한 통합교육은 여러 측면에서 그 효과성이 보고되고 있다. 통합교육의 장애아동, 비장애아동, 부모 및 사회의 교육 효과에 대해 구체적으로 살펴보면 다음과 같다(오연호, 2008).

1) 장애아동에 대한 효과

통합교육의 주요 성과는 장애아동에게 즉각적인 행동적 효과를 가져온다는 것이다. 몇몇 연구들에서 장애아동은 분리된 환경에서 얻는 것보다 통합된 환경에서 더 많은 이득을 얻는다고 하였다. 오돔과 맥어보이(Odom & Mcevoy, 1990)의 연구에 의하면, 장애아가 전형적인 발달을 보이는 아동들과 함께 교육받음으로써 나이에 적절한 행동을 관찰할 수 있으며, 또한 그러한 행동을 자연스럽게 수행하는 또래들과 상호작용을 할 수 있다고 주장한다. 특히, 의사소통 및 사회성 영역의 발달은 정상적인 또래들과의 통합을 통해서 얻을 수 있는 가장 큰 혜택이라고 할 수 있다.

통합교육 경험이 있는 장애아는 분리교육만을 경험한 장애아에 비해 전반적으로 높은 사회적응력을 보이며, 더 수용적이고 긍정적인 정서를 형성한다는 사실이 많은 연구들을 통해 입증되고 있으며, 장애아의 비장애아와 상호작용을 통해 이들의 생활연령과 일치되는 행동을 자연스럽게 습득하게 된다고 주장한다. 종합하면 통합교육 현장의 장애아들은 발달과 학습에 있어서 적어도 분리교육에서 받을 수 있는 정도 이상의 교육적 성과를 보이는 것으로 결론지을 수 있다.

2) 비장애아동에 대한 효과

통합교육을 실시함에 있어서 크게 부딪치게 되는 문제 중 하나가 바로 장애아와 함께 교육받아야 할 비장애아에게 혹시나 부정적인 영향을 미치지 않을까 하는 것이다. 그러나 여러 연구에서 통합교육이 비장애아들에게 부정적인 영향을 미치지 않았으며, 오히려 통합된 환경의 참여가 양질의 교육과정과 교수전략으로 인해 발달적으로 혜택을 얻었다는 결과들을 제시하고 있다.

통합된 환경에서 교육받은 비장애아와 일반 교육환경에서의 비장애아의 수행을 비교하였을 때 지능, 언어발달, 학업 전 기술, 사회능력 부분에서 통합으로 인한 부정적인 영향을 발견하지 못했다. 또한 통합교육이 장애아에게만 이점이 있는 것은 아니다. 몇몇 연구들에서는 비장애아가 얻게 되는 이점에 대해서도 보고하고 있으며, 장애아를 위해 고안된 통합교육은 모든 어린이들의 교육기회에 방해가 되는 것이 아니라 오히려 더 강화시킨다고 주장한다.

모건과 요크(Morgan & York, 1981)는 통합교육 프로그램에서 비장애아가 얻을 수 있는 효과를 다음과 같이 제시하였다. 첫째, 비장애아가 장애아와 긍정적인 조기 경험을 할 때 인간은 개인차가 있다는 것을 알고 수용하는 태도를 보였고, 둘째, 도와주고 돌보아 주는 것을 학습할 수 있고, 셋째, 적절하게 돕는 방법을 배우게 된다. 또한 에스포소토와 리드(Esposoto & Reed, 1986)는 유치원에서 통합교육을 받은 비장애아들은 통합교육을 받기 전보다 장애아에 대해서 더 긍정적인 태도를 보인 것으로 보고하였다.

결론적으로 많은 연구결과들을 종합해 보면, 비장애아들이 통합환경에서 장애아와 함께 교육받음으로 해서 부정적인 영향을 받는 것은 아니며, 오히려 주의 깊은 계획과 배려로 인하여 발달적, 행동적, 태도적인 측면에서 긍정적인 영향을 받을 수 있음을 시사하고 있다.

3) 부모에 대한 효과

베일리와 윈턴(Bailey & Winton, 1987)은 장애아와 비장애아의 부모가 조기 통합교육을 통해 얻는 혜택을 다음과 같이 정리하였다. 장애아의 부모들은 통합교육을 통해서, 첫째, 비장애아를 위한 환경에서 성공적으로 기능하는 자신의 자녀들을 통해 장애아에 대한 긍정적인 태도를 갖게 되고, 둘째, 장애아의 성취를 특수한 사회가 아니라 현실 속에서 파악할 수 있고, 셋째, 비장애아의 발달에 대한 지식을 얻게 된다. 넷째, 장애아가 생활연령에 적절한 활동에 더 참여하도록 격려하게 되고, 다섯째, 부모 자신의 자아인식이 증진되는 효과를 얻는다. 끝으로 장애아와 비장애아 부모와의 상호작용 기회가 증가되어 사회적 고립감을 해소할 수 있다.

그리고 비장애아의 부모들은 통합교육을 통해서 장애아를 더 잘 이해할 수 있으며, 장애아 가족의 요구에 대한 관심이 증가하고, 장애아 부모와의 접촉을 통해 자녀양육과 관련된 문제에 대처할 수 있는 자극을 얻을 수 있다는 장점이 있다. 또한 통합된 교육환경의 부모들은 통합되지 않은 교육환경의 부모들과 비교하여 요구들의 많은 부분이 충족되었다고 느끼며, 자녀의 통합경험은 비장애아와 장애아 부모의 통합에 대한 인식을 긍정적으로 변화시켰다. 비장애아와 장애아의 부모들은 모두 자신의 자녀가 통합 프로그램에 참여한 것에 대해 만족하고 있으며, 분리된 환경보다 통합된 환경을 선호한다고 보고하고 있다.

4) 사회에 대한 효과

통합교육은 장애아나 비장애아 그리고 부모들에게도 긍정적인 영향을 미칠 뿐 아니라 사회적인 측면에서도 장기적으로 긍정적인 효과를 가져온다고 볼 수 있다. 먼저 통합교육에 참여한 비장애아들이 장애아와의 상호작용의 기회를 갖게 됨으로써 이들이 성인이 되어 사회의 한 구성원이 되었을 때 장애인에 대하여 더 큰 이해와 존중의 태도를 지니게 된다는 점에서 긍정적으로 볼 수 있다.

일반적으로 대부분의 어린이들은 성인들에 의해서 부적절한 영향을 받지 않는 한 장애아들이 지니고 있는 개별적인 차이에 대해서 자연스럽게 수용하는 경향을 보이며, 발달상의 지체로 나타나는 차이에 대해서 부정적인 편견을 지니거나 비교를 하지 않는 것으로 보고되고 있다.

그러므로 장애아 통합교육은 장애를 자연스럽게 받아들이는 어린 시기에 통합교육을 경험함으로써 장래의 사회구성원이 될 아이들이 장애에 대한 올바른 인식을 갖게 하고 더불어 사는 바람직한 형태의 사회를 만들기 위한 기초적인 역할을 할 수 있도록 해 준다.

통합교육의 효과는 비용측면에서도 나타난다. 장애아들을 위한 교육 프로그램을 새롭게 구성하는 대신에 기존의 교육 프로그램 구조 내에서 운영될 수 있다는 측면에서 경제적인 것으로 평가되고 있다. 실제로 조기 교실 형태의 분리된 유아특수교육과 일반 유치원 통합교육의 비용을 분석하여 비교한 연구에 의하면, 통합교육이 비용적인 측면에서 훨씬 더 효과적인 것으로 나타났다.

5. 통합교육의 실제

통합교육의 실제에서는 곽행숙(2003)이 지적장애청소년과 일반청소년들을 대상으로 특수학교 재량활동 시간에 이루어진 통합교육에 대해 구체적으로 살펴보고자 한다.

글상자 2-1

◈ 프로그램 명: 통합교육을 위한 재량활동 프로그램 개발 및 평가

1) 프로그램의 개발

(1) 프로그램의 목표

- 지적장애 학교의 재량활동 시간과 일반학교의 특별활동 시간을 연계한 프로그램을 개발한다.
- 장애에 대한 긍정적 참여활동을 하고 있는 청소년을 대상으로 통합교육을 실시함으로써, 장애에 대한 올바른 가치관 형성과 이를 수용하는 자세를 배우게 하고 더 나아가 학부모와 일반교사들의 이해를 도와 긍정적인 사회적 상호작용을 도모한다.
- 장애청소년에게 비장애청소년과의 통합교육을 실시함으로써 사회적응력과 발달능력 향상, 다양한 사회환경 제공과 공동체 의식을 확장시킬 수 있는 사회적 상호작용을 도모한다.

(2) 통합프로그램 구안

- **특별활동 프로그램**
  특별활동은 교과와 상호보완적 관련 속에서 학생의 심신을 조화롭게 발달시키기 위하여 실시하는 교과 이외의 활동으로 근본적으로는 집단활동의 성격을 지니고 있으나 집단에 소속한 개인의 개성, 자율성, 창의성도 아울러 고양시키려는 교육적 노력을 포함한다.

■ **특수학교에서의 재량활동**

특수학교에서는 재량활동을 교과재량과 창의적 재량으로 나누고, 교과재량은 기본 교육과정 교과 및 치료교육활동의 심화보충학습을 위해, 창의적 재량활동은 다시 학교 단위(부별) 재량과 학급단위 재량활동으로 나누고 있다. 학교 단위 재량활동이나 부별 재량활동은 학교에서 추진하는 대로 따라서 하면 되지만 학급단위 재량활동은 교사의 적극적인 의지가 없으면 교과재량의 연장선상에서 진행될 수밖에 없다. 따라서 교사의 부담을 가중시키지 않으면서도 학급단위의 재량활동을 내실화 할 수 있는 프로그램의 개발이 필요하다.

■ **특별활동, 재량활동 및 통합교육의 조화**

이러한 문제점들이 대두되고 있는 상황에서 비장애청소년과 장애청소년이 각각 특별활동과 재량활동 시간을 활용하여 레크리에이션, 자원봉사활동, 체험활동, 캠프 등을 통합됨으로써 사회적응력과 발달능력 향상 등 다양한 사회적 상호작용을 도모할 수 있는 프로그램을 개발하는 것이 중요하다.

(3) 프로그램 구성과 실제

■ **프로그램의 구성**

프로그램은 3월부터 12월까지 10회에 거쳐 셋째 주 토요일 4시간에 걸쳐 자아인식 프로그램, 장애이해 프로그램, 장애지원 프로그램 그리고 사회통합 프로그램으로 나누어서 구성하였다.

〈표 2-5〉 **프로그램의 구성**

주제	부제	목표	적용 시기
자아인식 프로그램	누가 정상인가?	• 집단성원 간 친밀감 형성 • 집단성원 간 프로그램 전반에 대한 이해 • 집단성원의 신체 및 정신적 능력의 차이 발견을 통해 장애인과 비장애인 사이의 능력 비교가 큰 의미가 없다는 것을 강조	3월 4월
장애이해 프로그램	벽을 뚫고	• 장애의 고통과 적응에 대한 이해 • 성원 간 협동심 및 응집력 고취	5월 6월
장애지원 프로그램	서로 도와요	• 장애청소년과 비장애청소년 간의 상호협력 방안 모색 • 성원 간의 협동심 증진	7월 8월

주제	부제	목표	적용 시기
사회통합 프로그램	함께 살아요	• 장애청소년과의 실제적인 만남과 교제를 통한 상호이해 • 장애인과 함께 생활하면서 서로 돕는 방법습득 • 장애청소년과 비장애청소년이 함께 사회 환경을 개선하는 방안모색	9월 10월 11월 12월

2) 프로그램의 운영과 실제

각 프로그램은 계획에 의거하여 안내장 발송, 만나기, 활동하기 및 정리하기의 순서로 진행되었다. 각 프로그램의 세부 활동 내용은 표 2-6과 같다. 각 주제에 따른 프로그램을 구성하여 3월과 4월은 짝에 대해서 서로 친밀감을 가질 수 있도록 하였고, 5월과 6월은 상대방의 개성을 이해하는 계기가 되도록 했으며, 특수교사와 일반교사의 이해와 협조를 구하기 위해 매직풍선만들기 연수프로그램을 끼워 넣음으로써 만남의 시간을 가질 수 있도록 하였다. 7월과 8월은 가장 서로가 가깝게 갈 수 있는 활동내용으로 캠프활동에서는 공동체 의식의 확산을 가져왔다. 그리고 같은 또래집단으로 심리적·사회적 공간을 확보하기 위해 9월부터 12월 프로그램과 부모들의 통합의 기초적인 수용과 이해를 위해 초청강사를 모시고 부모교육 프로그램을 실시하였다.

〈표 2-6〉 프로그램의 실제

주제	기간	내용	장소	비고
자아 인식	3월	• 나눔반 학생 모집 – 자원봉사교육 – 향후 활동에 대한 사전교육	○○중	3회
	4월	• 특수학교 견학(1시간) • 오리엔테이션(1시간) – 레크리에이션, 마니또 정하기	특수학교	1회, 3시간
장애 이해	5월	• 특수학교 뒷산 산행 • 짝꿍 얼굴 그리기	특수학교	1회, 3시간
	6월	• ○○중 견학 • 체육대회	○○중	1회, 3시간
		• 교사 연수 – 손기능 향상을 위한 매직풍선 만들기	특수학교	1회, 3시간

주제	기간	내용	장소	비고
장애 지원	7월	• 자원봉사활동 – 자원봉사활동에 대한 교육 – 자원봉사활동(청소 및 목욕보조, 놀아 주기)	영신원	1회, 3시간
	8월	• 캠프 – 조별 장기자랑 – 공동작업(신문지 패션쇼) – 함께 배우기(호신술, 매직풍선)	캠프장	1박 2일
사회 통합	9월	• 영화감상 – 영화관에서 관람태도 익히기 – 영화줄거리 알려 주기	영화관	1회, 3시간
	10월	• 고구마 캐기 – 농촌에서 고구마 수확 체험하기	고구마밭	1회, 3시간
		• 자녀교육에 대한 부모교육 – 통합교육 사례 소개 – 자녀교육에 있어서의 부모역할 교육	○○학교	1회, 2시간
	11월	• 문화회관–우린 친구예요 – 조별 장기자랑–율동, 종이접기, 협동작업 – 조별 운동경기–농구, 배구, 배드민턴	교육 문화회관	1회, 3시간
	12월	• 성탄카드 직접 만들기 • 종결파티(다과회) – 복지관 조리실에서 직접 준비 • 선물교환	△△종합 사회복지관	1회, 3시간
		• 프로그램 결과 정리–자료발간		

자아인식의 프로그램에서는 우선 장애학생을 바라보는 관점을 이해하는 것이다. 장애의 이해를 높이기 위해 특수교사와 복지사가 장애학생의 특성을 알려 주고자 일반중학교를 방문하여 일회성인 봉사의 개념을 넘어서서 지속적인 만남을 통해 친구가 되는 것까지의 활동을 도모한다는 원칙에서 시작하였다. 그런 다음 특수학교를 방문하여, 학교의 시설안내를 통해 장애학생들을 위한 특별한 교육적 시설인 언어치료실, 운동치료실, 모래놀이장, 롤러장 등을 소개함으로써 특수학교에 대한 특징을 이해할 수 있도록 하였다. 그리고 레크리에이션을 통한 친근감 갖기와 장애를 가진 학생이 이해할 수 없는 행동, 예를 들어 큰 소리로 웃는다든지, 사람을 공격하는 행동들을 보이는 학생들을 이해하도록 도움을 주었다.

장애이해 프로그램 중 산행활동을 하면서 오히려 일반학생들이 체력적으로 어려움을 보여 장애학생들이 기다려 주고 도와주면서 서로를 이해할 수 있는 동기부여가 되었다. 공동 작품을 제작하는 과정은 눈높이를 맞춘 대화를 나누면서 각기 건강한 또래임이 돋보였고 협동작업에서 의외로 자신의 짝에 대하여 세밀하게 관찰하는 특징을 파악하고 있어 새로운 관심을 불러일으켰다. 또한 역통합으로 일반학교에서 장애인 친구들을 초대하여 열린 미니 운동회는 장애의 특성에 맞은 종목을 선택하고 준비하는 탁월함에서 장애친구를 이해하고 있다는 것을 보여 주었고 서로 간의 우애를 다지는 등 긍정적인 반응을 보이는 반면, 자신들이 주체가 되어야 한다는 점에서 프로그램에 부담을 느꼈는지 몇몇 학생들은 무단으로 프로그램에 불참하였지만 전반적으로 학생들의 체력 증진 및 협동의 장을 의도했었는데 비장애 학생들의 장애인에 대한 이해 증진에 크게 기여하였다.
장애지원 프로그램은 장애를 가진 입장의 아이들은 언제나 봉사를 받아들이는 처지인지라 누구를 돕는다는 개념이 아주 희박한데, 그러한 점에 착안하여 자신들보다 더 약하고 어려운 곳에서의 봉사활동을 건강한 친구들과 같이 해서 더 의미가 있었다. 그리고 1박 2일간의 캠프는 다양한 프로그램을 운영하여 학생들에게 많은 경험이 되었으며 처음에는 서먹서먹하여 같은 방 사용을 거부했던 학생들도 베개싸움이나 축구를 하는 동안 친구가 되어 장난을 하는 등 서로를 이해하는 데 많은 도움이 되었다.
사회통합 프로그램은 영화관람, 고구마 캐기, 문화공간활용, 요리실습 등으로 구성하였는데 영화관람에서는 자폐적 성향이 강한 학생이 반복적으로 소리를 지르자 뒤쪽의 빈 좌석으로 데리고 가 사탕을 주면서 자연스럽게 관심을 돌려 다른 일반인에게 장애친구가 방해가 되지 않도록 나름대로 지혜를 발휘하는 이면에 일반사람들과 같이 생활한다는 것이 장애 영역에서도 어려움이 많다는 것을 생생하게 느꼈다는 소감 기술에서 통합의 어려움을 몸소 느꼈다. 하지만 고구마를 캐는 자연과의 활동에서는 서로를 도와가면서 즐거움을 나누어 갖고 일반학생들이 도시에서 접하지 못한 환경에 훨씬 활발한 활동을 하는 것을 보여 주었다. 때로는 교사의 지시보다 친구들의 행동을 모방하여 자연스럽게 방법을 터득하는 경우가 있었고, 힘들고 어려워하는 점을 교사보다 더 잘 파악하여 친절하게 도와주었는데 간단한 언어적 지시와 함께 잘못된 점을 지적하고 도와주면 처음엔 친구의 지적을 몹시 못마땅하게 생각하지만 차츰 적응하면서 교사의 지적보다 친구의 지적을 더욱 긍정적으로 받아들였다. 즉, 교사의 정돈된 언어보다 친구들끼리 통하는 이해의 언어를 더욱 믿고 신뢰하는 경우이다. 또한 문화공간에서 서로가 공유되는 경기나 게임을 서로에 맞게 충분히 즐기면서 다른 장면인 복지관 활동에서는 요리를 통한 생활상의 지혜를 나누면서 같이 한다는 것 자체가 이미 사회의 한 단면의 연출임을 깨닫는 계기가 되었다.

3) 프로그램의 효과성

- 지적장애학생의 사회적 통합은 성취되어야 하는 통합교육의 중요한 목표로 간주되고 있다. 통합이란 공간의 통합만을 의미하는 것이 아니라 심리적 통합까지를 포함하고 있다. 즉, 지적장애청소년이 비장애청소년들에게 또래로서 받아들여지고, 지적장애청소년들과 비장애청소년들 간에 의미 있는 사회적 관계와 사회적 지원망이 형성될 때만이 사회적 통합이 되었다고 할 수 있다. 비장애청소년들이 지적장애청소년들을 긍정적으로 수용하지 못하는 이유들로는 지적장애청소년들의 비전형적인 행동을 이해하지 못한다거나, 의사소통이 어렵다거나, 자기와 다르다는 것에 대한 두려움 등이다. 비장애청소년들은 지적장애청소년들과 직접 어울릴 기회가 드물어서 지적장애청소년에 대한 편견을 시정할 기회가 적다. 그래서 이 프로그램의 운영에 관한 연구를 통해서 10회에 걸친 지속적인 만남을 가짐으로써 이러한 점을 불식시킬 수 있다는 자신감을 얻게 되었다.
- 정기적인 만남을 통해서 비장애학생들이 어려움을 통해 배운 것은 장애인이란 단지 생활하기가 다소 불편하고 어려울 뿐이라는 것이며, 누가 비장애인이고 장애인인지 구별이 가지 않을 정도로 서로에게 닮아 갔다. 일반인 학생들은 조금씩 친구들에게 양보하며 도와주고 그러면서도 프로그램이 실시되는 그 범위 내에서 자유롭게 활동하였다.
- 서로에게 또래학습을 통해 배우는 계기가 되었고, 장애인은 결코 격리되어 사회에서 외면당할 존재가 아니라는 사실과 이 기간 동안 돈독해진 우정을 통해 타인과 협력하고 도움을 줄 수 있다는 사실을 알게 되었다.
- 일반학교에서 다인수 학급에 따른 자기표현의 기회가 상실된 데에 따른 집단 내에서 자기발견 혹은 자기표현을 할 수 있는 기회를 가지게 함으로써 자신감을 갖고 잠재적인 지도력을 개발하며 많은 사람들과 인간관계를 맺음으로써 지도자적 인격을 함양하는 계기와 더불어 이들의 건강한 성장에 따른 사회통합의 작은 기대를 가질 수 있게 되었다.
- 사회가 필요로 하는 유익한 행위를 경험함으로써 불건전한 일탈행동을 예방하고 건전한 사회인의 방향설정과 물질만능주의로 팽배한 현대사회에서 자칫 이기주의로 흐르기 쉬운 비장애학생들에게 적극적으로 모든 일에 참여하는 자발정신과 협동정신을 일깨워 줌으로써 민주주의 사회에 기반이 되는 민주시민의 자질을 갖추는 밑거름이 되었다.

Chapter

03

시각장애

배울 내용

1. 시각장애의 정의
2. 눈의 구조와 기능
3. 시각장애 원인 및 교육적 조치
4. 시각의 발달 및 예방
5. 시각장애 특성 및 지도방법
6. 시각장애아동의 교육

학습목표

시각장애의 정의, 눈의 구조와 기능, 관련 용어, 원인, 특성 및 교수방법들을 익힘으로써 예비교사로서의 전문적 소양을 기를 수 있다.

개 요

시각장애는 다른 장애영역에 비해 출현율이 낮은 장애로 지적장애나 뇌성마비 등의 중복장애를 가지고 있는 경우를 제외하고는 인지능력의 장애가 없다는 특징을 지닌다. 따라서 우리나라에서는 시각장애학생이 교육현장에서 통합교육을 많이 받고 있다. 시각장애학생들에게 적절한 교육 동기와 교육방법이 부여된다면 성공적인 통합교육을 실시할 수 있다. 이 장에서는 시각장애의 정의를 비롯하여 눈의 구조와 기능, 원인, 유형, 특성 그리고 시각장애아동교육의 시각을 보완할 수 있는 보조공학기기 사용을 통해 시각장애아동을 올바르게 이해하고 교육 현장에서 이들에 대한 적절한 교육방법과 서비스를 지원할 수 있는 방법들을 모색해 보고자 한다.

시각장애

03 Chapter

1. 시각장애의 정의

시각 관련 용어 중에서 시각, 시력, 시야, 색각, 시효율성에 대해 살펴보고자 한다. 흔히들 시각장애인이라는 명칭은 영어의 'the visually handicapped'를 번역한 것으로서 공식적으로 사용된 것은 1970년대 초반부터이다. 즉, '시각'이라는 용어를 들으면 '눈'이라는 신체기관 중의 하나라고 생각한다. 그러나 '눈'은 보는 것을 담당하지만 뇌와 연결되어 지금 내가 보고 있는 것을 시상화하여 무엇인지를 알아내는 역할이 더 중요하다. 즉, '눈'을 신체기관으로만 인식하고 뇌와 연결되어 지각하는 것이 결여된다면 보는 것은 끝나는 것으로, 이것이 곧 손상이 된다. 색각은 물체의 색체를 구별하여 인식하는 능력이다(박순희, 2014).

시력(visual activity)은 사람이 볼 수 있는 명료도로 형태를 분명하게 구별하거나 특정 거리에서 작은 사물을 변별하는 능력이다. 즉, 시력은 물체의 존재가 보인다든가, 보이지 않는다든가 하는 물체 존재 유무를 판단하는 것은 물론 물체의 세부 판별능력도 포함된다(박순희, 2014).

시야(field of vision)는 마치 터널에 들어갔을 때 앞에 보이는 출구를 바라보는 것으로 눈으로 정면의 한 점을 주시하고 있을 때 그 눈으로 보이는 외계범위를 말한다. 정상 시력을 가진 사람은 고개를 돌리지 않더라도 180도 안의 사물을 볼 수 있지만 시야가 20도 이하인 사람은 주변시력이 매우 약하므로 터널을 들어갔을 때 보는 것과 같다.

시효율성(visual efficiency)은 교육적 목적에서 아동이 특정의 시각적 과제를 제한된 최소의 시간에 쉽고 안전하게 성취할 수 있는 정도를 말하는 것으로 시력, 시야, 안구움직임, 명암에 대한 적응, 색시(실제로는 빛깔이 없는 물건이 빛깔이 있는 것처럼 보이는 증상), 조절작용 등이 포함되고 있다(권기덕, 김동연, 1981).

〈표 3-1〉 시각 관련 주요 용어

구분	설명
시력	사람이 볼 수 있는 명료도 특정 거리에서 작은 사물을 변별하는 능력
시야	눈으로 정면의 한 점을 주시하고 있을 때 그 눈으로 보이는 외계범위
시각	시각기관을 통한 외부세계를 시상화(image)하여 묘사하는 정신과정
색각	물체의 색채를 구별하여 인식하는 능력
시효율성	아동이 특정의 시각적 과제를 제한된 최소의 시간에 쉽고 안전하게 성취할 수 있는 정도

1) 법적 정의

미국의 법적 정의는 두 눈 중 좋은 눈을 교정하고도 시력이 20/200(0.1) 이하이거나, 20/200 이상일 경우, 그리고 시야가 20도 이하인 경우를 법적인 맹인으로 말하고, 법적 저시력이란 교정시력이 20/200(0.1) 이상 20/70(0.3) 이하를 말한다. 유럽의 일부 국가에서는 시력이 0.05~0.3이고, 시야가 10도 미만을 저시력이라고 한다(임안수, 2008).

우리나라에서는 「장애인 등에 대한 특수교육법」과 「장애인복지법」에서 시각장애를 분류하고 있다. 「장애인에 대한 특수교육법 시행령」 제10조 관련 별표에서는 특수교육을 목적으로 학습의 주요 수단에 초점을 두고 시각장애를 지닌 특수교육대상자를 설명하고 있다.

> 시각계의 손상이 심하여 시각기능을 전혀 이용하지 못하거나 보조공학기기의 지원을 받아야 시각적 과제를 수행할 수 있는 사람으로서 시각에 의한 학습이 곤란하여 특정의 광학기구 · 학습매체 등을 통하여 학습하거나 촉각 또는 청각을 학습의 주요 수단으로 사용하는 사람

시각장애의 시각과 시야의 기준 및 복지를 목적으로 하고 있는 「장애인복지법 시행령」(제2조 관련 별표1)의 규정에 의한 시각장애인의 기준은 다음과 같다.

- 나쁜 눈의 시력(만국식 시력표에 따라 측정된 교정시력을 말한다. 이하 같다)이 0.02 이하인 사람
- 좋은 눈의 시력이 0.2 이하인 사람
- 두 눈의 시야가 각각 주시점에서 10도 이하로 남은 사람
- 두 눈의 시야 2분의 1 이상을 잃은 사람

〈표 3-2〉 우리나라 시각장애 장애인의 장애 정도(장애인복지법, 2019)

가. 장애의 정도가 심한 장애인
  1) 좋은 눈의 시력(공인된 시력표로 측정한 것을 말하며, 굴절이상이 있는 사람은 최대 교정시력을 기준으로 한다. 이하 같다)이 0.06 이하인 사람
  2) 두 눈의 시야가 각각 모든 방향에서 5도 이하로 남은 사람

나. 장애의 정도가 심하지 않은 장애인
  1) 좋은 눈의 시력이 0.2 이하인 사람
  2) 두 눈의 시야가 각각 모든 방향에서 10도 이하로 남은 사람
  3) 두 눈의 시야가 각각 정상시야의 50퍼센트 이상 감소한 사람
  4) 나쁜 눈의 시력이 0.02 이하인 사람

2) 교육적 정의

교육적 정의는 학습의 주된 수단으로 사용하는 능력에 초점을 둔 기준으로 '교육적 맹', '교육적 저시력'으로 구분한다(임안수, 2008). 따라서 광학적 기구(교정렌즈, 망원경, 확대경 등)의 도움을 받거나 도움 없이 보유시력을 활용하여 묵자(일반 활자)로 주로 학습한다면 '교육적 저시력'에 해당하며, 시각이 아닌 다른 매체로 청각과 촉각(점자) 등 다른 감각을 학습한다면, '교육적 맹'으로 본다.

2. 눈의 구조와 기능

시각장애의 시각손상을 이해하기 위해서는 눈의 구조와 시각의 정상적인 발생 경로, 눈과 관련된 질환에 대해 이해하는 것이 필요하다. 눈은 안구와 시신경 및 시로, 눈 부속기관으로 나눌 수 있다.

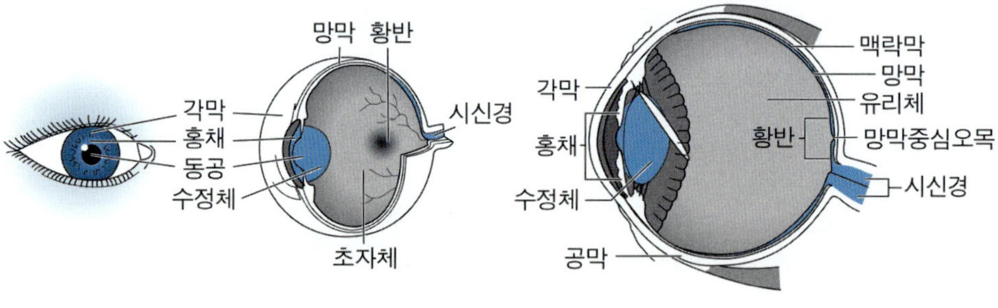

[그림 3-1] 눈의 기본 구조

출처: 네이버 건강백과(서울대학교 병원 신체기관 정보).

〈표 3-3〉 눈의 구조와 기능

구조	구성	세부 구성	기능
안구 (eyeball)	외막 (outer coat)	각막 (cornea)	• 안구 보호 • 광선을 굴절시켜 망막에 도달시킴
		공막 (sclera)	• 안구의 형태를 유지 • 외안근이 공막에 부착되므로 안구운동의 지주 역할
	중막 (middle coat)	홍채 (iris)	• 홍채 중심의 동공이 빛의 양에 따라 눈으로 들어오는 광선의 양 조절(조리개)
		모양체 (ciliary body)	• 홍채의 지붕을 형성하고, 그곳의 근섬유들을 조절하여 수정체의 크기 조절 • 방수의 생산 및 방출
		맥락막 (choroid)	• 망막의 바깥 1/3의 대사작용 주관 • 공막을 통하여 들어오는 광선을 차단/흡수하여 광선의 반사에 따른 시력 결손 방지
	내막 (inner coat)	망막 (retina)	• 시각에 가장 중요한 역할 • 빛의 파장 탐지, 색각기능 • 상을 시신경을 통해 대뇌로 보냄
	안내용물	수정체 (lens)	• 굴절기능 • 망막에 정확히 상을 맺도록 함
		유리체 (vitreous)	• 모양체와 맥락막으로부터 영양을 공급받음 • 내압에 의해 눈의 모양 유지
		방수 (aqueous humor)	• 일정한 안압유지 • 수정체, 각막후면, 섬유주의 대사에 필요한 영양공급
시신경 및 시로	시신경 (optical erve)	–	• 망막에 맺힌 상을 뇌로 전달
	시로 (visual pathway)		• 시신경에서 시각피질로 정보 전달 경로의 역할
눈 부속기관 (ocular adnexa)	안와 (orbit)		• 안구보호
	안검 (eyelid)		• 외부 자극으로부터 눈 보호 • 눈으로 들어가는 광선의 양 제한 • 안구 표면에 눈물이 고루 퍼지게 함 • 잠을 잘 때 안구를 보호

구조	구성	세부 구성	기능
	결막 (conjunctiva)		• 결막의 부누선에서 분비되는 점액과 누액이 결막 및 각막의 표면을 매끄럽게 만들어 안검운동과 안구운동이 잘 이루어지게 함
	눈물기관 (lacrimal apparatus)		• 결막낭 내의 습기 보존/건조 방지 • 각막 건조 방지/각막에 산소 공급 • 누액 속의 리소자임(lysozyme) 효소가 결막낭 내의 세균 분해/증식 억제 • 안검과 안구 사이의 마찰 감소시킴
	외안근 (extraocular muscle)		• 안구의 운동 조절

출처: 박순길 외(2014). 특수아동의 이해와 교육. 학지사. pp. 242-243.

3. 시각장애 원인 및 교육적 조치

1) 시각장애 원인

시각장애 원인은 환경이나 인종에 따라 다르며, 출현율 또한 나라마다 다양하다. 시각장애의 원인은 발생 시기를 기준으로 선천적 시각장애와 후천적 시각장애로 분류할 수 있다. 한국장애인개발원(2023)의 보고에 따르면, 국내 시각장애의 연령별 유병률을 살펴보면 영유아는 0.1%, 어린이와 청소년은 0.8%, 65세 이상은 42.7%, 75세 이상은 57.3%로 나타났다. 국내 시각장애의 연령이 높아질수록 시각장애 발생률이 급격히 증가하고 있으며, 특히 노인성 질환으로 인한 시각장애의 비율이 점차 증가할 것으로 예상된다는 점을 시사하였다. 따라서 조기 발견 및 예방을 통해 장애 발생률을 낮추는 의료적 대책의 필요함이 강조되었다(한국보건사회연구원, 2018).

또한 시각장애의 정도를 분석해 보면, 심각한 장애를 가진 사람은 21.1%, 심각하지 않은 장애를 가진 사람은 65.2%이며, 확인되지 않은 경우도 나타났다. 사고로 인한 시각장애 발생률이 가장 높아 0.7%를 차지하며, 진단 유보 결정이 2.6%로 분석되었다. 이는 사고 예방과 더불어, 적절한 의료 지원과 정책이 장애를 줄이는 데 중요한 역할을 할 수 있음을 보여 주었다. 이러한 통계는 우리 사회의 노인 인구 증가와 함께 노인성 질환에 의한 시각장애가 나타난 것으로 보인다. 따라서 노인성 질환 관련 정책 개발자와 의료 전문가들은 시각장애 예방 및 관리 방안을 모색해야 한다.

선천적 원인으로는 백색증, 미숙아망막병증, 시신경위축, 안구진탕, 피질시각장애 등이 있고, 후천적 원인으로는 녹내장, 당뇨증성 망막병증, 백내장, 사고 황반변성 등이 있다. 실명 원인을 구체적으로 살펴보면 다음과 같다(강위영, 나운환, 2001).

(1) 백내장

백내장은 수정체가 흐려지는 상태로 무색투명해야 할 수정체가 흐려지면서 새까맣게 빛나던 동공이 백색으로 변하고 광선이 통과할 수 없게 되어 극도로 시력이 저하되는 것을 말한다. 선천적 백내장의 근본적인 원인은 아직 밝혀져 있지 않으며, 가능한 한 조기에 수술하는 것이 좋다. 백내장 치료는 수정체가 부분적으로 혼탁해졌을 때 산동체를 점안하여 동공을 확대시켜 시력을 증진시키는 약물요법과 일상생활에 지장을 받을 만큼 수정체가 혼탁해졌을 때 수정체를 적출하는 수술요법이 있다.

(2) 녹내장

녹내장은 눈 내부의 압력인 안압이 높아져서 발생하는 질환으로 빠른 시간 내에 압력을 조절하지 못할 경우 시력이 손상되거나 실명할 수 있는 질병이다. 녹내장은 눈물이 만들어지고 배출되는 작용 사이의 균형이 깨질 때 나타난다. 즉, 눈물이 나가야 할 통로에 이상이 있으면 눈물이 빠져나가지 못하고 결국 안내압이 높아져 생기는 것이다. 40세 이후 중년기에 많이 발생하고, 진행될수록 보이는 장면 중 일부가 까만점으로 보이는 암점현상이 나타난다. 한쪽 눈이 녹내장에 걸릴 경우 다른 쪽 눈으로 녹내장이 전이될 염려가 있어 심한 경우 안구를 적출하는 경우가 있다. 따라서 조기치료가 필수적이다. 이를 예방하기 위해서 40세 이후에는 1년에 한 차례 정도 안압을 체크하는 것이 도움이 된다.

(3) 안구문제

무안구증은 눈꺼풀과 눈썹은 정상적으로 형성되어 있으나 안구가 없는 경우이며, 소안구증은 안구가 너무 작게 형성되어 발생하는 문제이다. 눈을 조절하고 움직이는 것을 담당하는 근육에 문제가 있을 경우 안구진탕증이 발생한다. 안구진탕증은 안구가 불수의적으로 반복 운동하는 질환이다. 안구진탕은 한 눈 또는 두 눈에 나타날 수 있으며, 떨림의 유형에 따라 좌우방향으로 움직이는 수평형과 상하로 움직이는 수직형, 빙글빙글 도는 회전형이 있다. 안구가 움직여도 물체가 고정되어 있는 것으로 인식하지만 물체에 초점을 맞추거나 글자를 읽는 데 어려움이 발생한다. 따라서 안구진탕이 있는 아동은 읽는 자세가 남과 다를 수 있고, 근거리 작업을 피하는 경향이 있다.

(4) 눈의 굴절

눈의 굴절과 관련된 문제에는 근시, 원시, 난시, 사시가 있다. 근시는 가까이 있는 것은 잘 보지만 멀리 있는 것을 잘 보지 못하며, 눈에 들어오는 평행광선이 각막이나 수정체를 통과하여 망막까지 도달하지 못하고 그 앞의 초자체 내에 초점을 맺는 것으로 오목렌즈로 교정이 가능하다.

원시는 멀리 있는 것은 잘 보이고 가까운 것은 잘 안 보이는 것으로 평행광선이 망막 뒤에 결상되는 것으로 볼록렌즈를 사용하여 교정할 수 있다.

난시는 각막을 통과한 모든 빛의 굴절력이 균일하지 않고, 눈의 경선에 따라 굴절력이 차이가 있어 평평하지 않거나 안구 모양이 적절하지 않을 경우 사물을 제대로 보지 못하는 것이다. 난시가 발생했을 경우에는 망막에 맺히는 상이 심하게 왜곡되는 문제가 발생하게 된다.

사시는 안구의 움직임을 조절하는 눈 주위 근육의 수축과 이완에 문제가 있어 발생하는 것으로서, 눈동자가 안쪽으로 몰리는 내사시와 바깥쪽으로 모이는 외사시가 있다. 최근에 사시는 조기에 발견할 경우 치료가 가능하다.

2) 시각장애 원인별 교육적 조치

시각장애 원인과 교육적 조치는 표 3-4와 같다.

[표 3-4] 시각장애 원인별 교육적 조치

원인	교육적 조치
무홍채증	① 근거리 작업을 하는 동안 눈의 피로, 두통 또는 불쾌감이 나타나므로 약 40~45분 동안 작업을 한 후에 10분 정도 쉬도록 한다. ② 글자와 종이의 대비가 잘되도록 학습 자료를 제작한다. ③ 무홍채증 학생에게 맞는 저시력 기구(핀홀, 콘택트렌즈, 색안경 등)를 사용하도록 지도한다. ④ 안구진탕이 있으면 의사에게 진료를 받도록 한다. ⑤ 차양이 있는 모자와 색안경을 착용하도록 한다. ⑥ 창문을 통해 들어오는 빛을 등지고 앉게 한다. ⑦ 밝은 조명보다 약간 어두운 조명이 좋다. ⑧ 유전성 질환으로 유전상담이 필요하다.
선천성 백내장	① 직사광선이나 광택이 있는 표면으로부터 눈부심을 피하게 한다. ② 글자와 종이의 색깔이 적절한 대비를 이룬 학습 자료를 사용한다. ③ 각 아동에게 알맞은 글자의 크기나 대비를 파악하기 위하여 학습매체 평가를 실시한다. ④ 근거리 · 원거리 활동에 저시력 기구를 제공하고 적절한 훈련을 실시한다. ⑤ 책을 읽을 때 독서대를 사용하도록 한다. ⑥ 시력은 백내장의 위치, 크기, 정도에 따라 다르므로 백내장이 수정체 가장자리에 있는 아동에게는 고도 조명을, 중심부에 혼탁이 있는 아동에게는 낮은 조명을 사용하도록 한다. ⑦ 안경을 착용하면 일반적으로 중심시력이 향상되지만 주변시력은 감소되어 보행에 영향

원인	교육적 조치
	을 주므로 보행교육을 실시한다. ⑧ 선천성 백내장의 약 1/3은 유전성이므로 유전상담이 필요하다.
선천성 녹내장	① 정상 안압을 유지하기 위하여 안약을 사용하도록 한다. 그러나 동공이 팽창되어 심한 고통을 느낄 수도 있으므로 세심한 관찰이 필요하다. ② 정확한 시간에 안약을 넣어야 하므로 교사는 수업 중에도 약을 넣도록 지도한다. ③ 약물을 복용하는 아동은 감각이 둔해질 수 있으므로 감각훈련을 실시한다. ④ 녹내장이 진행되어 시야가 좁아진 아동은 독서할 때, 읽은 줄을 자주 잃어버리므로 타이포스코프를 사용하도록 한다. ⑤ 시야가 좁은 경우, 보행에 어려움이 있으므로 보행지도를 실시한다. ⑥ 특히, 밝은 빛에는 눈부심을 호소하므로 책을 읽을 때 아동에게 맞게 빛의 양을 조절한다. ⑦ 피로와 스트레스로 안압이 상승할 수 있으므로 스트레스를 받지 않도록 주의시킨다.
당뇨망막병증	① 인슐린 의존형일 경우에는 매일 인슐인을 맞도록 격려한다. ② 점차 촉각이 둔해지므로 듣기 교재를 사용하도록 한다. ③ 화면 읽기 프로그램을 익혀 사용할 수 있도록 지도한다. ④ 의사와 상의하여 신장병과 말초혈관장애로 합병증이 있는가를 관찰, 지도한다. ⑤ 발에 감각이 없을 경우, 신발을 신을 때 이물질(모래 등)이 없는지를 살펴본 후 신도록 한다.
망막박리	① 학생이 고도근시일 경우 충격을 주는 체육활동을 피하게 하고, 의사와 상의하여 안정을 취하도록 한다. ② 시야검사를 실시하여 남은 시야로 학습할 수 있도록 지도한다. ③ 학습매체 평가를 실시하여 학생에게 적합한 읽기 매체를 선정한다.
황반변성	① 손잡이형 확대경 또는 CCTV를 사용하는 것이 좋다. ② 모든 과제 수행 시 적절한 조명이 필요하다. ③ 독서할 때, 줄을 잃지 않도록 타이포스코프를 사용하도록 한다. ④ 글자와 종이의 대비가 선명한 자료를 사용하도록 한다. ⑤ 필기할 때, 굵고 진한 선이 있는 종이와 검은색 사인펜을 사용하도록 한다. ⑥ 교실환경을 눈부시지 않도록 한다. ⑦ 삽화 위에 글씨가 쓰인 교과서나 책을 사용하지 않도록 한다. ⑧ 암점이 발달하고 확대되므로 중심 외 보기 방법을 지도한다.
백색증	① 햇빛이 비치는 실외로 나갈 때, 빛을 흡수하여 여과시키는 안경을 착용하고 차양이 있는 모자를 쓰도록 한다. ② 교실의 자연 조명도 조절해야 한다. 예를 들어, 직사광선을 차단하기 위하여 커튼이나 블라인드를 설치한다. ③ 광택이 있는 표면은 반사되어 눈이 부시므로 교실의 전체 조명보다 낮은 조명을 선택해야 한다.

원인	교육적 조치
	④ 백색증 학생은 원거리 활동을 가까운 거리에서 하는 것을 좋아하므로 독서대 또는 높이를 조절할 수 있도록 책상을 제공하고, 저시력 기구를 사용하도록 한다.
시신경 위축	① 눈부심을 피하고 스탠드와 같은 부분 조명을 설치한다. ② 조명장치가 있는 손잡이형 확대경, CCTV, 망원렌즈를 사용하도록 한다.
사시	① 일부 아동에게는 눈이 고정되지 않을 때 복시현상이 나타나므로 게임, 화학 실험, 식품 다루기, 단안 시력을 사용하는 활동 등을 할 때는 아동을 관찰하면서 지도한다. ② 시력을 잘 사용할 수 있도록 좌석을 배치한다.
안구진탕	① 책을 읽을 때 읽는 줄을 표시하면서 읽도록 한다. ② 글씨가 깨끗하고 대비가 선명한 자료를 사용하도록 한다. ③ 한 지점을 주시하는 훈련을 실시한다. ④ 근거리 과제는 눈을 피로하게 하므로 오랜 시간 계속하지 않도록 한다. ⑤ 초점을 맞추기 위하여 머리를 돌리거나 몸을 기울일 때, 꾸중을 하거나 자세를 교정시켜서는 안 된다.
근시	① 책을 읽을 때 오목렌즈를 사용하도록 한다. ② 일정 시간 동안 책을 읽은 후에도 5~10분 정도 눈을 쉬게 하는 것이 좋다. ③ 근시 아동은 칠판의 글씨를 잘 보지 못하기 때문에 앞좌석에 앉게 한다. ④ 높이를 조절할 수 있도록 책상을 사용하여 읽거나 쓸 때, 바른 자세를 유지하도록 한다. ⑤ 학생에게 주는 인쇄물은 글자 크기가 적당하고 선명한 대비가 이루어진 것이어야 한다. 각 아동에게 알맞은 글자의 크기나 대비를 파악하기 위하여 학습매체 평가를 실시한다. ⑥ 고도 근시 아동의 경우 신체적 운동, 권투나 레슬링과 같은 운동에 참가하기 전에 안과 의사에게 문의한다.
원시	① 원시 학생이 오랫동안 책을 읽으면 눈의 피로, 두통 등을 느끼므로 장시간 독서하지 않도록 한다. ② 일부 학생은 확대경, 망원경, CCTV와 같은 저시력 기구를 사용하도록 지도한다.
난시	① 어린 학생은 글자와 숫자를 혼동할 수 있다. ② 시각적 활동을 한 후 또는 오후에 눈의 피로를 느끼므로 충분히 쉬도록 한다.

출처: 임안수(2008). 시각장애아 교육. 학지사.

4. 시각의 발달 및 예방

시각은 출생 후 가장 늦게 발달하는 감각능력으로 신생아의 시각은 비교적 덜 발달된 상태에 있다. 생후 1주에는 성인 시력의 1/30, 2개월에는 1/15, 4개월에는 1/8의 시력을 갖게 된다. 1개월이 되는 영아는 사물에 초점을 맞추고 응시할 수 있으며, 출생 후 몇 개월 동안 심한 근시 및 난시 현상을 보인다(유효순, 2013). 따라서 신생아는 양육자의 얼굴이 흐릿하게 보이며, 성인의 얼굴을 인식하는 데 자세한 모습보다는 전체적인 윤곽으로 감지하고 양육자 냄새와 목소리로 알아차린다. 5세가 되면 성인 수준의 정상시력을 갖게 된다.

학령 전에 소아과나 안과의사가 대부분의 중도 및 최중도 시각장애아동을 최초로 판별하지만, 경도 시각장애아의 경우는 학령기에 부모나 교사가 주의 깊은 관찰을 통해 발견될 수 있다. 한국실명예방재단에서는 가정용 시력검사도구를 개인과 가정에 배포하고 있으며, 가정에서도 손쉽게 아이의 시력을 측정할 수 있기 때문에 취학 전 아이의 눈질환을 조기 발견하는 데 도움이 된다. 미국실명협회에서 제시한 아동의 시각 이상을 의심해 볼 수 있는 징후는 표 3-5와 같다.

〈표 3-5〉 시각 이상을 의심해 볼 수 있는 징후

구분	특징
행동	• 눈을 지나치게 비빈다. • 눈을 가늘게 뜨고 보거나 가리거나 감는다. • 책을 읽을 때 머리를 이상한 각도를 하거나 머리를 기울인다. • 물건을 눈에 가까이 대고 본다. • 눈을 지나치게 깜빡이거나 가까이 보면서 하는 일을 어려워한다. • 책을 읽을 때 눈을 움직이는 대신 머리를 움직인다. • 멀리 있는 물체를 명확하게 보지 못한다. • 밝은 빛이나 반사를 싫어한다. • 칠판이나 책을 보고 옮겨 적는 것을 어려워한다.

구분	특징
외모	• 눈의 초점이 맞지 않는다. • 눈두덩이가 붉거나 부어 있다. • 눈이 충혈되거나 눈물이 고여 있다. • 눈꺼풀에 계속 염증이 생긴다. • 사진 속의 눈에 일반적인 붉은 점이나 아무 반사가 없는 대신 하얀 반사점이 보인다. • 눈동자 움직임이 통제가 잘 안되거나 눈꺼풀이 내려와 있다. • 눈이 가렵거나 화끈거린다. • 잘 안 보인다. • 가까이 보면서 하는 일을 하고 나면 어지럽거나 두통, 구역질이 난다. • 흐릿하거나 이중으로 보인다.

출처: Lewis & Dooriag(2011: p. 300); 이소현, 박은혜(2011)에서 재인용. p. 343.

시각장애의 진단은 일반적으로 시력검사, 시야검사, 색각검사, 대비감도 검사, 시각적 행동관찰 등의 방법을 통하여 이루어진다(임안수, 2006). 시력검사는 시력의 상태와 사용하는 능력을 알아보는 검사로 객관적 시력검사, 주관적 시력검사, 그리고 기능시력 검사 세 가지가 있다.

첫째, 객관적 시력검사는 유아나 어린 아동은 자신의 생각을 잘 표현하지 못하므로 신체적 반응이나 뇌파검사와 같은 객관적 검사가 요구된다. 객관적 검사는 고도의 전문성을 필요로 하는 검사로 안과의사가 실시한다.

둘째, 주관적 시력검사는 아동이 검사자의 지시에 따라 반응하기 위하여 청각, 운동근육, 언어 등을 사용하는 것을 말한다. 주관적 시력검사는 두 명의 검사자가 실시하는 것이 좋다. 한 사람은 아동을 검사하고, 다른 한 사람은 아동의 반응을 기록한다. 주관적 검사 종류에는 원거리 시력검사, 근거리 시력검사, 대비감도검사, 시야검사, 색각검사 등이 있다.

시야검사는 눈을 움직이지 않고 한 점을 주시하고 있을 때 볼 수 있는 외계의 범위를 알아보는 검사이며 대면법, 탄젠트스크린법, 주변시야계법, 평면시야계법 등 다양한 방법이 있다.

색각검사는 가시광선 중 파장의 차이에 따른 물체의 색채인식을 알아보는 검사이며 색각 이상의 정도에 따라 색맹과 색약으로 나눌 수 있다.

대비감도 검사는 대비감도(contrast sensitivity)란 서로 다른 대비를 갖는 대상을 얼마나 잘 구별하는가를 평가하는 검사로 밝음과 어둠의 비율을 말하며 완전 흰색과 완전 검은색 사이의 대비감도가 1(100%)이 된다.

셋째, 기능시력이란 원하는 과제를 수행하기 위하여 시력을 사용하는 능력을 말한다. 기능시력 평가는 일상생활활동이나 특수한 조건에서 각 개인이 가능 시력을 활용하는 방법을 알기 위하여 실시한다.

이후 의학적 진단을 통해 나타난 시각장애의 원인, 정도, 발생 시기 등은 교수·학습활동에 중요한 요소가 된다. 그리고 시각장애아동의 효과적인 교육적 지원을 위한 기능시력, 학습매체, 지능 및 인지능력, 학업성취도, 보조공학, 보행 및 운동기술, 사회적 기술, 진로교육 등의 교육적 평가가 이루어진다(임안수, 2008).

[그림 3-2] 한국실명예방재단 사이트

출처: http://www.kfpb.org

5. 시각장애 특성 및 지도방법

시각장애아동의 특성은 장애의 원인, 종류나 장애의 시기 등에 따라 다르게 나타난다. 시각장애아동의 운동 및 신체발달, 지적 및 인지발달, 언어 및 사회성발달의 특성 및 지도방법에 대해 살펴보면 다음과 같다.

1) 운동 및 신체적 특성 및 지도방법

비장애아동의 성장발달과정과 유사하지만, 시력 손상으로 인한 부모의 과잉보호나 소홀함에 의해 신체적 기술발달의 기회가 제한되기도 한다. 많은 학습은 모방, 기본적으로 시각 모방을 통해 이루어진다(Miller & Kewman, 1986). 그러나 시각장애아동은 다른 사람을 보며 배우는 가치 있는 경험을 할 수 없기 때문에 정안아동보다 늦을 수 있다. 기초적인 체력이나 기본적인 운동발달에 시각장애 자체가 영향을 주지 않기 때문에 서기와 앉는 정적 운동기능은 정상적인 연령에서 대부분 정상적인 발달이 이루어지지만 기기, 걷기와 같은 동적인 활동은 가끔 지체된다. 즉, 대근육 협응이 빈약하고, 한 발로 서기, 점프하기, 균형 잡기, 발끝으로 걷는 부적절한 평형운동을 하는 데 어려움을 겪기도 한다.

2) 인지적 특성 및 지도방법

시각장애아동의 지적발달은 정안아동과 거의 동일하다. 그러나 시각장애아동은 유아기에 인지적 능력을 발달시키는 데 제한이 있는데, 발달이나 학습의 기본인 '시각적 모방', 이른바 모방학습이 곤란하기 때문에 학습에 있어서 큰 지장을 받게 된다. 인지적 특성에서는 지능은 정상인과 큰 차이가 없지만, 지적 구조에 차이를 보인다. 즉, 사실에 대한 지식을 통합하는 능력이 부족하고, 추상적인 문제의 접근을 구상적 수준에서 해결하려는 경향을 보인다. 인지발달에는 큰 차이가 없으나 아주 어린 시기에 시각장애가 생긴 경우에는 정보수집체계에 손상을 입게 되므로 개념 형성에 큰 영향을 받게 된다. 공간개념 형성에 있어서는 배울 수 있는 적절한 시기를 놓치기 쉽고 가르치는 데 많은 시간이 소요된다. 그러나 특수교육 공학기기의 발달로 글자 확대나 점자 사용이 용이해졌으며, 멀티미디어 기기의 활용으로 학습매체가 다양해지고 있어 시각장애아동의 학습에 많은 도움이 되고 있다(이미숙 외, 2016).

3) 언어적 특성 및 지도방법

시각장애아동은 시각적 경험과 관련된 언어발달에 지장을 받게 되고 시각적 경험에 의한 개념 형성이 어렵다(Lowenfeld, 1980). 이는 시각장애아동들의 환경자극 부족과 환경을 통한 경험의 부족에서 나타나며, 장애가 선천적이거나 영아기에 발달한 경우 정보수집체계에 손상을 입게 되기 때문이다. 따라서 개념 형성에 큰 영향을 받게 되지만 시각 이외의 다른 감각을 이용하여 정보를 얻게 되므로 종종 왜곡된 개념을 갖게 될 수 있다(황정현, 2012). 언어를 학습하는 데 시각통로보다는 청각이 더 활용된다는 사실로 보았을 때, 시각장애가 언어이해나 사용에 영향을 주지는 않으며, 시각장애아동은 주요 의사소통 수단인 언어를 배우려는 동기가 매우 강하다. 시각장애아동이 언어를 이해하는 것이 발달되면, 단어를 통해 가르치지 말고 생각하는 것을 가르치는 것이 필요하다(황정현, 2012).

4) 사회적 특성 및 지도방법

시각장애아동은 자아정체감의 혼란, 가정과 사회 속에서 겪는 소외와 갈등으로 인해 인간적 신뢰감과 공감적 이해가 부족하다. 이는 사회적 행동에 대한 지식의 부족, 연습 및 피드백의 부족 등으로 사회적 행동 결함을 야기한다. 시각장애아동은 어떤 상황에 대한 적절한 대화나 행동이 무엇인지 모르기 때문에 사회생활을 하는 데 불편함을 느낀다. 또한 사회적 지식은 가지고 있으나, 사회적 기술이 학습되지 않아서 행동에 대한 적절한 피드백을 받지 못하여 서툰 행동 결과를 초래한다. 시각장애아동은 시각 제한은 있으나 다른 사람의 언어 사용, 목소리 톤과 신체적 접촉으로 타인의 마음상태를 이해하는 능력은 습득(Urwin, 1993)이 되므로 여러 사회 상황과 인간관계를 가지면서 적합한 행동을 이해하고, 지속적인 충분한 사회적 경험을 할 수 있는 환경을 마련하고 직접 경험할 수 있는 기회를 제공하는 교육이 필요하다(박순희, 2014).

또한 시각장애아동에게는 사회적 기술과 교육이 중요하며, 즉 눈 맞춤, 신체 자세, 타인과의 간격 두기, 몸짓 언어 및 얼굴 표정, 제스처, 듣기 기술과 같은 사회적 기술을 익히는 것이 중요하다(Wolffe, 2000).

6. 시각장애아동의 교육

1) 교수방법의 수정

시각장애아동을 위한 교수방법은 정안아동과 크게 다르지는 않지만 교사는 다양한 교구와 교재를 사용하여 시각장애아동이 실제 경험을 통한 추상적 개념학습을 충분히 하도록 해야 한다. 저시력아동은 잔존시력이 있어 좌석 위치, 자료 확대, 그림의 단순화, 색상 대비, 조명의 조정, 시간, 활자 크기에 대한 조정을 우선적으로 고려해야 한다. 잔존 시력을 활용하도록 독서대, 큰 활자를 이용한 교재, 손잡이형 망원경, 클립형 망원경, 안경장착형 망원경, 전시야형 망원경, 쌍안경, 타이포스포크, 확대독서기 등 시각적 보조공학기 도구를 사용하여 묵자(일반 활자)를 교육한다. 맹학생은 시각 외의 감각을 활용하여 교육하며, 점자를 가장 주요한 학습수단으로 사용하기 때문에 점자교육이 중요하다. 또한 구체적인 물체를 제공하고 물체의 크기, 형태, 부피, 무게, 온도, 질감, 양질을 경험시킨다. 특히, 큰 물체나 아주 작은 물체는 대체감각의 경험이 불가능하므로 모형 자료를 통해 대소의 경험을 이해시켜 개념화 하는 게 중요하다. 맹학생을 위한 보조공학기기는 점자정보단말기, 점자도서, 촉각지도와 지구본, 촉각그림세트, 점자프린터 등과 같은 촉각적 보조공학기기와 카세트녹음기, 컴퓨터 음성출력, 대독자, 음성전자 계산기, 음성시계, 음성전환독서기, 스크린리더, 녹음도서, 화면판독기, 독서기 등과 같은 청각적 보조공학기기를 사용한다.

2) 점자교육

오늘날 전 세계적으로 사용된 점자는 1892년 프랑스 파리 맹학교의 루이스 브라유(Louis Braille, 1809~1852)가 군사용 야간문자를 보고 착안하여 6점체계로 개발되었다. 우리나라 점자는 1926년 제생원 맹아부 교사였던 박두성(1888~1963)이 '훈맹정음'을 창안하였다.

우리나라 점자는 6점(종으로 3점, 횡으로 2점)으로 구성되어 있으며, 6개의 점을 조합하면 64개의 점형이 가능하다. 읽을 때는 점의 왼쪽 위에서 아래로 1, 2, 3점, 오른쪽 위에서 아래로 4, 5, 6점의 번호를 붙여 사용하고, 쓸 때는 오른쪽 위에서 아래로 1, 2, 3점, 왼쪽 위에서 4, 5, 6점을 붙여 사용한다. 이 64개의 점형 중 하나의 점도 찍지 않은 빈칸은 점자 단어 사이를 띄우는 데 사용되며, 63개의 점형은 초성자음 13자, 종성자음 14자, 모음 21자가 있고, 자주 사용하는 글자는 약자 27자, 약어 7개로 사용한다. 점자는 숫자, 문장부호 등을 배정하여 사용하고 있다.

점자를 교육할 때는 집게손가락 끝의 촉각으로 점의 위치나 점의 방향을 변별하는 능력을 길러 주어야 하며, 요즘은 점자 찍기를 점자프린터로 대신하거나 점자 정보단말기를 사용하여 필기도 하지만 읽기뿐만 아니라 쓰기도 효율적으로 수행할 수 있도록 기본적인 점자 찍기도 익혀야 한다.

읽기 기준	
①	④
②	⑤
③	⑥

쓰기 기준	
④	①
⑤	②
⑥	③

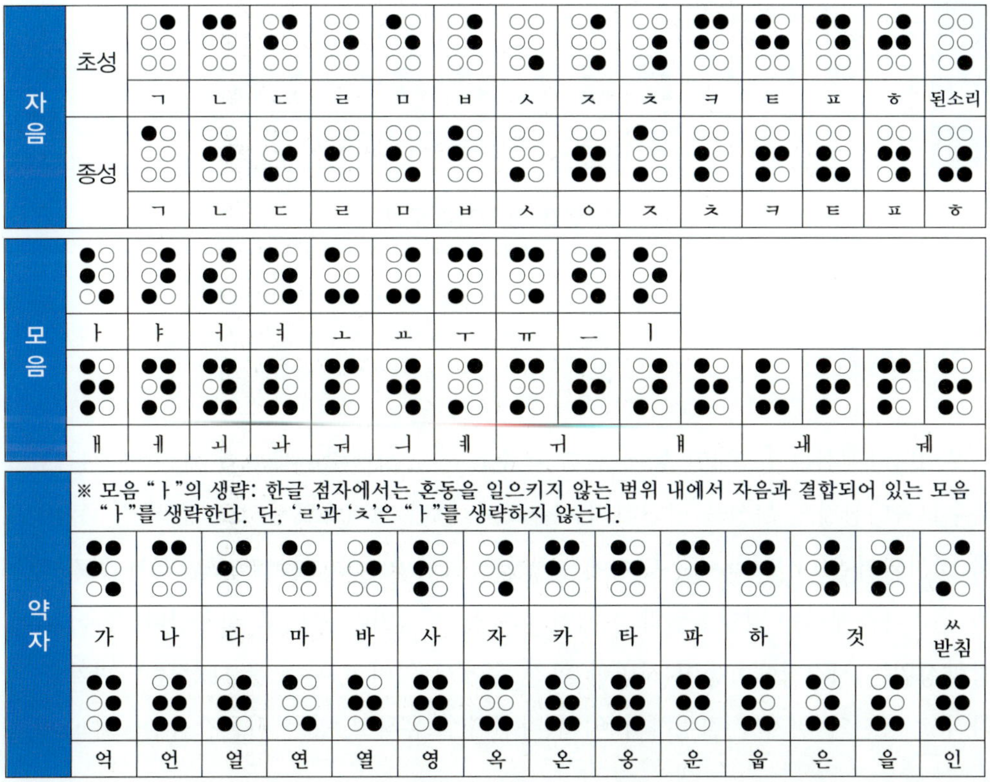

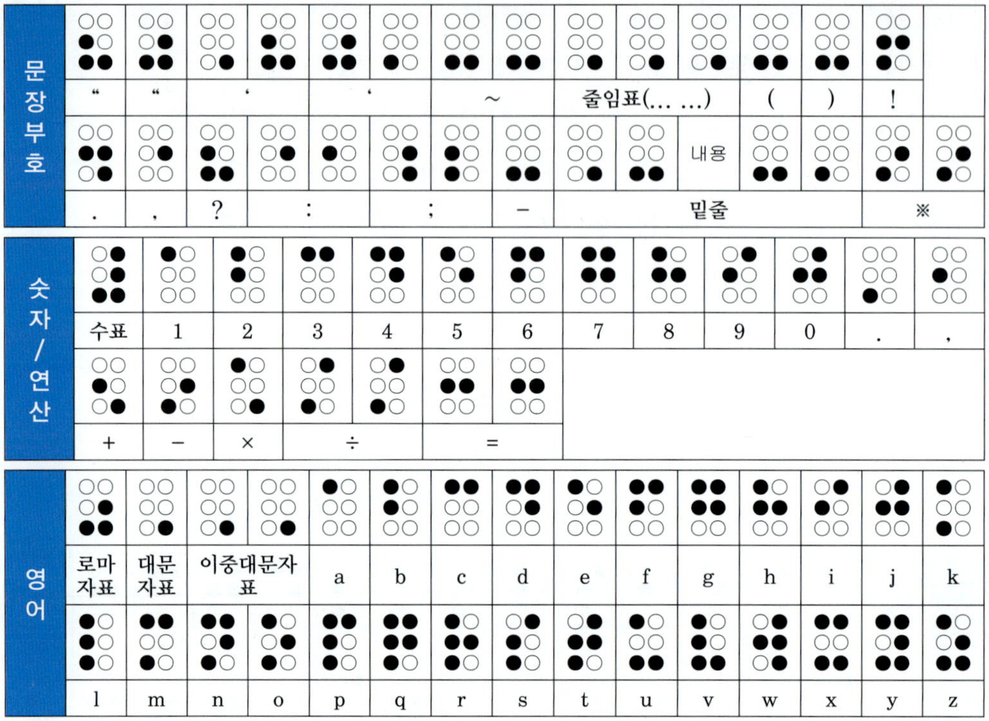

[그림 3-3] 점자의 구성

3) 보행훈련

우리나라에서는 「장애인 등에 관한 특수교육법 시행령」 제28조 제2항에 시각장애 특수교육대상자의 특성을 감안하여 특수교육 관련 서비스로서 '보행훈련'을 포함하도록 명시되어 있다. 보행이란 단어에는 방향정위와 이동의 의미가 포함되어 있기 때문에 우리나라에서는 방향정위와 신체적 이동을 보행이란 용어로 사용한다(임안수, 2008). 방향정위는 시각장애아동이 직면한 환경 속에서 의미 있는 모든 대상들과 관계를 파악하고 자신의 위치를 결정하기 위해 자신이 보유하고 있는 잔존감각(잔존 시각능력, 청각, 촉각, 후각, 미각, 근육감각, 안면감각)을 활용하는 과정을 말한다. 신체이동능력은 잔존감각으로 습득한 환경 정보를 활용하여 한 지점에서 다른 지점으로 이동하는 것을 말한다(박순희, 2014).

보행훈련은 안전하고 독립적이며 효율적으로 이동할 수 있는 보행기술을 습득하여 독립적인 생활을 할 수 있게 돕는 것을 의미한다. 보행의 종류는 안내 보행, 지팡이 보행, 안내견 보행, 전자 보행기구로 나눌 수 있다(임경옥 외, 2017; 임안수, 2008).

(1) 안내 보행

비장애인이 시각장애인을 안내하는 것으로, 시각장애인이 안내자의 왼쪽에 서고 안내자와 반보 차이로 서서 오른팔은 안내자의 왼쪽 팔꿈치 윗부분을 잡고 걷는다. 안내법(임안수, 2008)은 ① 보행이 안전하고 효율적이고, ② 안내자가 환경에 대한 정보를 대신 처리하며, ③ 운동감각적 인식, 방향정위, 개념 등과 같은 기술을 발전시킬 수 있는 장점이 있다. 반면에 ① 안내자가 시각장애인을 안내하는 방법을 정확하게 모르면, 시각장애인이 불편할 수 있고, ② 의존성을 갖게 하며, ③ 시각장애인이 환경적 정보와 방향정위에 주목하지 않게 하는 단점이 있다.

(2) 지팡이 보행

시각장애인은 옛날부터 지팡이를 사용해 왔다. 지팡이는 다른 사람에게 자신이 맹인이란 점을 알려 주고, 익숙하지 않은 주변 환경에 대한 탐색, 정찰이 가능하며, 장애물에 대한 충돌을 방지하는 범퍼역할을 한다. 흔히 시각장애인이 사용하는 흰지팡이는 가볍게 잡고 지팡이를 두드려 나는 소리와 진동으로 장애물의 출현이나 보행 길의 표면 변화를 파악하고 기동성이 있으며, 가격이 싸고 관리하기 편리한 장점이 있다. 지팡이 보행 단점은 지팡이는 나뭇가지 등에 대하여 상체를 보호하지 못하고, 세찬 바람이 불 때 사용하기 어렵다.

(3) 안내견 보행

시각장애인의 일상생활에 도움을 주기 위한 보행법은 흰지팡이, 전자보행기구 등과 더불어 시각장애인의 독립적인 보행을 위한 기능과 역할을 수행해야 하며(유석종, 2008), 안내견을 활용한 안내견 보행을 하기 위해서는 시각장애인이 방향정위와 이동 기술을 잘 터득하고 있어야 한다. 안내견은 온순한 성품과 인내력이 강하고 안내견 사용자의 명령을 충실하게 따르도록 훈련을 받았기 때문에 일반인들을 공격하거나 위협하는 행동을 하지 않지만, 안내견이 안내를 하는 동안은 주인 허락 없이 절대로 만지거나 먹을 것을 주거나 부르는 등의 행동으로 집중력을 떨어뜨리는 행위를 유발하면 안 된다. 안내견과 인사를 나누고 싶다면 주인의 허락을 구하고 동의하에 다가가서 쓰다듬어 주도록 한다(박순희, 2014).

(4) 전자 보행보조기구

전자 보행보조기구는 일정한 범위 또는 거리 내에서 환경을 지각하기 위하여 전파를 발사하고 그로부터 받은 정보를 처리하여 환경과 관계되는 정보를 사용자에게 알려 주는 기구이다(Farmer & Smith, 1980; 임안수, 2008 재인용). 전자 보행보조기구들은 시각장애아동에게 환경에 대한 정보를 소리와 진동을 통해 청각과 촉각정보를 전달하여 준다. 우리나라에서는 전자 보행보조기구가 고가라는 점과 보조구 사용에 대한 특별한 훈련이 필요하다는 점으로 인해 대중화되지 못했다(박순희, 2015).

4) 보조공학적 접근

시력은 학습의 중요한 도구이므로, 시각장애는 학습에 많은 어려움을 준다. 이러한 어려움을 최소화하는 방법 중의 하나는 교육자료와 보조공학기기를 활용하는 것이다

(임안수, 2008). 시각장애아동의 교육에 도움이 되는 전통적인 자료에는 본래의 상품 형태로 사용할 수 있는 자료, 개작한 자료(점자시계), 시각장애아동을 위한 특별한 자료(점자판, 큰문자 지도) 등이 있다(Napier, 1973). 최근에는 스마트기기가 보편화되면서 스마트폰의 확대경 앱과 스마트보조기구 앱을 활용하여 시각장애인들의 맞춤형 보조기구를 검색할 수 있다. 시각장애아동들이 사용하는 보조공학기기의 종류와 특징은 표 3-6과 같다.

〈표 3-6〉 보조공학기기의 종류와 특징

명칭	특징	사진
점자정보단말기	• 점자와 음성을 통해 문서의 출력과 인터넷을 자유롭게 이용할 수 있도록 만든 휴대용 정보통신기기 • 9개의 버튼이 달린 점자 입력 키보드와 32칸의 점자 표시가 가능한 점자출력 패드, 음성 출력을 위한 스피커 내장	
휴대용 독서기기	• 시각장애인용 디지털 독서기기 • 책갈피, 빨리 듣기, 찾기 등의 편리기능 • 블루투스, FM라디오, 녹음기능 지원	
바코드리더기	• 도서를 비롯해 공과금고지서, 증명서를 스스로 읽을 수 있고, 일상생활에 필요한 상품 및 의약품에 관한 정보 확인	

명칭	특징	사진
독서확대기	• 저시력인이 문자를 읽을 수 있도록 확대시켜 주는 장치 • 배율 및 대비 조절과 색상 변경 • 탁상용과 휴대용	
점자프린터	• 컴퓨터에 입력된 내용을 점자로 출력하기 위해 점자 프린터가 필요 • 개인용 점자프린터와 출판용 점자프린터	
화면 읽기 프로그램	• 시각장애인을 위해 컴퓨터에 저장된 자료나 화면정보를 읽어 주는 화면 읽기 프로그램	
화면해설수신기	• 시각장애인을 위해 각 방송국에서는 화면의 배경 및 상황, 자막 부분을 음성으로 해설하는 화면해설방송을 송출하여 시각장애인의 TV시청을 도움	
확대경	• 소지하기 용이함 • 제품에 따라 10배, 15배, 22배 배율로 확대됨	

명칭	특징	사진
망원경	• 멀리 있는 것까지 잘 볼 수 있음 • 2.2~10배까지 선명하게 볼 수 있음	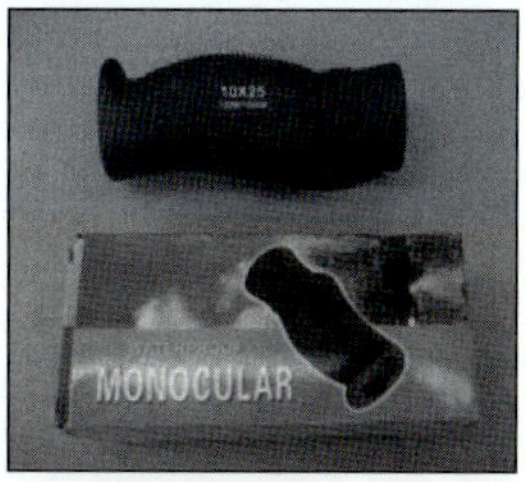
확대거울	• 약시용 시각장애인을 위한 거울 • 제품에 따라 7배, 10배 배율로 확대됨	

출처: 사회복지법인 시각장애인복지재단(http://hsb.or.kr).

Chapter

04

청각장애

배울 내용

1. 청각장애의 정의와 분류
2. 귀의 구조와 기능
3. 청각장애의 원인
4. 청각장애의 진단과 평가
5. 청각장애의 특성
6. 청각장애아동의 교육

학습목표

청각장애의 정의 및 분류, 귀의 구조와 기능, 청각장애의 원인과 특성, 교육에 대해 살펴봄으로써 청각장애에 대해 올바르게 이해한다.

개 요

청각장애는 다른 장애에 비해 출현율이 높지 않지만 특수교육 분야에서는 오랜 전통을 가진 장애영역이다. 청각장애의 정의와 분류에서는 교육적 관점을 중심으로 청각장애의 정의를 살펴보고, 귀의 구조와 기능, 청각장애의 원인과 진단 방법에 대해 다루고자 한다. 그리고 청각장애에 대한 편견을 줄이고 이해를 돕기 위해 청각장애의 특성을 언어, 사회 · 정서, 학업성취로 나누어 살펴보고, 그들의 교육방법에 대해 살펴본다.

청각장애

Chapter 04

1. 청각장애의 정의와 분류

1) 청각장애의 정의

청각장애는 청각기관의 손상으로 인해 청력이 손실되어 일상생활에서 소리를 듣고 이해하는 데 어려움을 겪는 경우를 말한다. 이러한 청각장애의 정의는 학자마다 다르지만 생리학적 관점과 교육적 관점 두 가지로 정의될 수 있다. 먼저 생리학적 관점에서는 농과 난청으로 정의한다. 청력의 손실 정도에 따라 일정 크기 이상의 소리를 듣지 못하는 경우를 '농'이라 하고, 그 외의 수준은 '난청'이라고 한다. 즉, 농은 약 90dB 이상의 청력손실을 가진 경우를 말하며, 정상 청력범위인 약 0~25dB을 제외한 수준의 청력손실은 난청이라고 한다. 데시벨(decibels: dB)은 청력의 정도를 의미하는 것으로 소리 크기의 단위이다.

교육적 관점에서는 청력손실이 언어발달과 교육적 성취 등에 얼마나 영향을 미치는가를 기준으로 한다. 일반적으로 가장 많이 사용되는 교육적 관점에서의 정의는 보청기의 사용과 관계없이 언어적 정보를 처리할 수 없는 경우를 농이라 하며, 보청기를 사용하여 잔존 청력을 통해 언어적 정보를 처리할 수 있는 경우를 난청이라 한다

(Brill, MacNeil, & Newman, 1986). 그리고 교육학자들은 청각장애를 갖게 된 시기와 관련하여 '선천성' 또는 '후천성'이라는 용어를 사용하기도 하며, 언어발달 전에 청력손실을 갖게 된 경우 '언어습득 전 청각장애', 언어발달 후 청력손실을 갖게 된 경우 '언어습득 후 청각장애'라고 한다. 우리나라에서는 「장애인 등에 대한 특수교육법」과 「장애인복지법」에서 청각장애의 정의를 규정하고 있으며, **표 4-1**에서 보는 바와 같다.

〈표 4-1〉 우리나라 청각장애의 정의

구분		정의
장애인 등에 대한 특수교육법 시행령 [별표] (2022)		청력 손실이 심하여 보청기를 착용해도 청각을 통한 의사소통이 불가능 또는 곤란한 상태이거나, 청력이 남아 있어도 보청기를 착용해야 청각을 통한 의사소통이 가능하여 청각에 의한 교육적 성취가 어려운 사람
장애인복지법	시행령 [별표1] (2021)	가. 두 귀의 청력 손실이 각각 60데시벨(dB) 이상인 사람 나. 한 귀의 청력 손실이 80데시벨 이상, 다른 귀의 청력 손실이 40데시벨 이상인 사람 다. 두 귀에 들리는 보통 말소리의 명료도가 50퍼센트 이하인 사람 라. 평형 기능에 상당한 장애가 있는 사람
	시행규칙 [별표1] (2022)	가. 청력을 잃은 사람 1) 장애의 정도가 심한 장애인: 두 귀의 청력을 각각 80데시벨 이상 잃은 사람(귀에 입을 대고 큰 소리로 말을 해도 듣지 못하는 사람) 2) 장애의 정도가 심하지 않은 장애인 가) 두 귀에 들리는 보통 말소리의 최대의 명료도가 50퍼센트 이하인 사람 나) 두 귀의 청력을 각각 60데시벨 이상 잃은 사람(40센티미터 이상의 거리에서 발성된 말소리를 듣지 못하는 사람) 다) 한 귀의 청력을 80데시벨 이상 잃고, 다른 귀의 청력을 40데시벨 이상 잃은 사람 나. 평형기능에 장애가 있는 사람 1) 장애의 정도가 심한 장애인: 양측 평형기능의 소실로 두 눈을 뜨고 직선으로 10미터 이상을 지속적으로 걸을 수 없는 사람 2) 장애의 정도가 심하지 않은 장애인: 평형기능의 감소로 두 눈을 뜨고 10미터 거리를 직선으로 걸을 때 중앙에서 60센티미터 이상 벗어나고, 복합적인 신체운동이 어려운 사람

2) 청각장애의 분류

(1) 청력손실 시기에 따른 분류

청각장애의 조기 발생은 아동의 언어를 발달시키는 데 어려움을 준다. 청력의 손실 시기에 따라서는 출생을 기점으로 태어날 때부터 청력손실을 입은 선천성 농(congenitally deaf)과 출생 이후에 청력손실을 입은 후천성 농(adventitiously deaf)으로 구분할 수 있으며, 언어습득 시기에 따라서는 언어습득 전 농(prelingually deaf)과 언어습득 후 농(postlingually deaf)으로 구분할 수 있다. 언어습득 전과 후를 나누는 시기에 대해서는 의견이 각기 다르지만, 일반적으로 만 2세를 기준으로 하며, 이는 아동의 비언어적 행동과 언어적 표현이 만 2세를 전후하여 의미 있는 변화가 발생하기 때문이다.

(2) 청력손실 정도에 따른 분류

청력손실은 한쪽 귀 또는 양쪽 귀에서 나타날 수 있다. 청력손실은 아동의 의사소통, 타인과의 상호작용, 학업성취에 많은 영향을 줄 수 있다. 청력손실 정도에 따른 분류는 학자에 따라 차이가 있으나, 노스턴과 다운스(Northern & Downs, 2002), 턴불과 그의 동료들(Turnbull et al., 2004)의 자료를 토대로 간단히 요약하면 표 4-2와 같다.

〈표 4-2〉 청력손실이 언어와 말에 미치는 영향

친숙한 소리	청력 수준 (dB)	청력손실 정도 (dB)	분류	언어와 말에 미치는 영향
바람에 나뭇잎이 살랑이는 소리	0	0~25	정상	15~25dB 정도 손상이 있을 경우 소음이 있는 환경에서 희미한 말소리를 이해하기 어려움
수도꼭지에서 작은 물방울이 떨어지는 소리	10			
속삭이는 말소리	20			
손목시계의 째깍거리는 소리	30	26~40	경도	조용한 환경에서조차 희미하거나 원거리에서 들려오는 말소리는 듣기 어려움. 교실에서 진행되는 토론을 따라가기 위해서는 노력이 요구됨
일상대화 말소리	40	41~55	중도	일상 대화 말소리는 듣기 어려우나 아주 가까운 거리에서는 들을 수 있음. 교실에서의 집단 활동은 상당한 노력이 요구됨
약간 큰 말소리	50			
아주 큰 말소리	60	56~70	중고도	크고 명백한 말소리도 가끔 듣기 어려우며 집단 상황에서는 상당한 어려움이 있음. 말소리 명료도는 알아들을 수 있는 정도지만 두드러지게 손상됨
개 짖는 소리	70	71~90	고도	큰 말소리도 들리지 않음. 따라서 많은 난어가 인지되지 않음. 환경음을 감지할 수 있으나 무슨 소리인지 정확하게 알 수 없음. 말소리 명료도는 알아들을 수 없을 정도임
피아노 소리	80			
오토바이 소리	90	91 이상	최고도/농	대화 말소리를 들을 수 없음. 일부 큰 환경음은 들을 수도 있음. 말소리 명료도는 이해하기 어려울 정도거나 전혀 발달되지 않음
대형 트럭 지나가는 소리	100			
록 콘서트장의 음악 소리	110			
이륙하는 비행기 소리	120			

출처: 김수진(2012)에서 재인용.

2. 귀의 구조와 기능

해부학적으로 귀는 크게 외이, 중이, 내이로 나뉜다. 이러한 청각기관은 기능적으로 전음기관, 감음기관, 신경기관으로 구분할 수 있다. 전음기관은 외부의 소리를 외이에서 중이를 거쳐 내이로 보내는 역할을 하며, 감음기관은 달팽이관인 와우에서 음의 에너지를 대뇌에서 인지하기 좋은 신호로 바꾸어 주어 청각중추로 전달하는 역할을 한다.

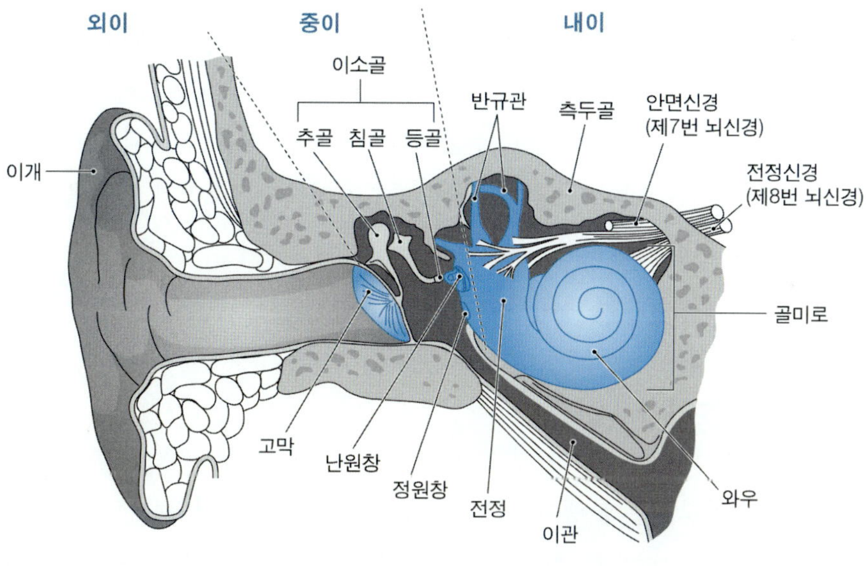

[그림 4-1] 귀의 구조
출처: 김영욱(2014). 청각장애아동교육의 이해. 학지사. p. 68.

1) 외이의 구조와 기능

외이는 이개(귓바퀴)와 외이도를 말하며, 이개는 소리를 모아 외이도로 전달한다. 이개는 외부의 소리를 모으는 역할을 하며, 이개를 지나 귀 입구인 외이도는 S자 터널과 같은 모양으로 약 2.5cm의 길이로 되어 있다.

2) 중이의 구조와 기능

중이는 고막, 이소골, 이관으로 구성되어 있다. 고막은 외이와 중이를 나누는 기점으로 얇은 투명막으로 되어 있으며, 이소골은 중이강이라고 하는 공기로 차 있는 작은 공간에 있다. 이소골은 추골, 침골, 등골이라는 체내의 작은 뼈들로 되어 있다. 이소골의 추골은 고막과 연결되어 있고 추골, 침골, 등골은 서로 연결되어 있으며, 등골의 바닥 부분인 족판은 내이인 달팽이관의 난원창에 붙어 소리의 진동을 전달한다. 이관은 중이강의 환기통로의 역할을 한다.

3) 내이의 구조와 기능

내이는 청력을 담당하는 달팽이관인 청각부와 평형감각을 담당하는 전정부로 나뉜다. 달팽이관은 나선 모양으로 회전되어 있으며, 그 속에는 액체로 차 있다. 달팽이관 내부는 전정계, 중간계, 고실계 3개의 방으로 되어 있다. 이 중 중간계의 기저막에는 코르티기관이 있으며, 이 코르티기관은 청각유모세포가 있어 소리를 신경신호로 변환시키는 역할을 한다.

3. 청각장애의 원인

청각장애의 원인은 단정하기는 어려우나 선천성과 후천성으로 구분해 볼 수 있다. 그리고 선천성인 경우 모두 유전에 의한 것이라고 보기는 어려우며 그 원인 또한 밝혀지지 않고 있다. 청각장애의 원인에 대해 유전 1/3, 후천성 1/3, 원인을 알 수 없는 경우 1/3로 보고되고 있다(Peckham, 1986). 선천성 또는 후천성의 청력손실 중 비유전에 의한 경우는 출산 시 나타날 수 있는 감염, 산소 결핍, 조산, 외상 등이 있다.

1) 유전적 원인

유전적 청각장애의 원인은 선천성으로 구분되는 것 중 가장 많은 사례인 열성유전이 약 80%를 차지하고 있으며, 그 외에는 증후군에 의한 경우가 있다. 비교적 가장 흔히 나타나는 몇 가지 증후군 중 Waardenburg syndrome은 상염색체의 우성유전으로 감각신경성 난청과 여러 가지 이상을 동반하는 유전질환이다. 안면 이상이 동반되기도 하며, 난청의 정도에 따라 조기치료가 필요하다. Usher syndrome은 상염색체의 열성유전으로 감각신경성 난청을 주 증상으로 하는 유전질환이다. 망막색소 변성을 동반하며, 지능장애, 정신장애 등을 동반하는 경우도 있다. Treacher Collins syndromed은 상염색체 우성유전으로 이소골의 기형에 의한 전음성 난청이 나타나며 안면변형을 동반한다.

2) 태내기, 출산 후 요인 및 감염

출산 전 산모의 스트레스, 약물, 분만 중의 신생아의 산소 결핍 등에 의해 청력 이상을 초래할 수 있으며, 임신 3~5개월 중 풍진에 노출된 산모의 경우 양측성 고도, 최고도의 난청을 유발하기도 한다. 그리고 임신 중 톡소플라즈마증, 헤르페스 바이러스, 매독, 사이토메갈로 바이러스(CMV) 등의 감염은 청각장애의 원인이 되기도 한다 (Henderson & Weiner, 1995).

3) 후천성 난청

출생 후 신생아기는 난청이 없고, 유전상으로도 문제가 없이 생후에 나타나는 난청을 말한다. 여기에는 약물중독(일산화탄소, 수은, 아미노글리코사이드계 항생제, 아스피린 등)에 의한 난청, 소음에 의한 난청, 외상(직접적 외상, 기압외상, 두부외상 등)에 의한 난청 등이 있다.

4. 청각장애의 진단과 평가

1) 청각장애의 진단

청각장애는 소리가 전달되는 과정을 이해함으로써 더욱 쉽게 파악할 수 있다. 우리는 청각기관인 외이, 중이, 내이, 청신경을 통해 소리를 듣게 된다. 청각기관 손상 부위에 따라 전음성 청각장애, 감각신경성 청각장애, 혼합성 청각장애, 청각처리장애로 진단하게 된다.

(1) 전음성 청각장애

전음성 청각장애는 소리를 전달하는 외이와 중이에 이상이 생겨 초래하는 장애를 말하며, 내이는 정상인 경우를 말한다. 단순히 외이인 이개(귓바퀴), 외이도의 기형, 중이의 기형이나 중이염, 고막천공, 이소골의 이상으로 인해 나타난다. 대부분의 전음성 청각장애는 의료적 처치, 보청기 사용을 통해 정상이나 거의 정상적인 청력으로 회복될 수 있다.

(2) 감각신경성 청각장애

감각신경성 청각장애는 소리를 감지하는 내이에 이상이 생겨 초래하는 장애를 말하는 것으로 외이나 중이의 기능은 정상이며 달팽이관, 청신경과 관련하여 나타난 것이다. 특히, 달팽이관 내의 청신경 유모세포의 문제, 소음에 노출, 달팽이관의 노화 등으로 나타난다. 감각신경성 청각장애는 경도부터 전농에 이르기까지 다양하게 나타나며, 정상적인 청력 회복을 위한 의료적 처치 및 수술은 비효과적이다.

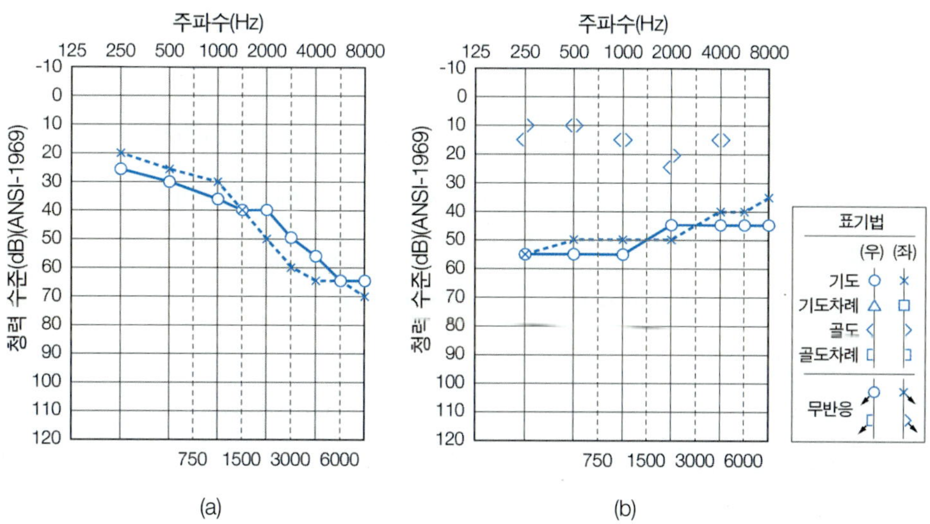

[그림 4-2] 전음성 청각장애의 청력도(a)와 감각신경성 청각장애의 청력도(b)

출처: 김영욱(2014). 청각장애아동의 이해. 학지사. p. 83.

(3) 혼합성 청각장애

혼합성 청각장애는 전음성 청각장애와 감각신경성 청각장애로 인한 청력손실이 함께 나타나는 것을 말한다. 중이와 내이의 이상으로 인해 나타나는 경우로 감각신경성 청각장애로 인해 청력손실이 먼저 생기고 전음성 청각장애로 인한 청력손실이 추가되거나 그 반대로 나타나는 경우도 있다.

(4) 청각처리장애

청각처리장애는 소리가 청신경에서부터 대뇌피질의 청각중추신경계까지 이르는 과정에서 나타나는 청각장애를 말한다. 다시 말해 소리가 전달되어 듣는 데까지는 정상이나 소리를 지각하여 이해하는 데 어려움을 겪는 경우를 말한다.

2) 청각장애의 평가

청력손실에 대한 평가는 청력검사를 통해 가능하다. 청력검사에는 주관적인 검사와 객관적인 검사가 있다. 주관적인 검사는 제시된 자극에 대한 피검자의 반응과 적극적인 협조를 통해 이루어지며, 객관적인 검사는 능동적인 협조를 통해 이루어진다.

주관적인 검사에는 순음청력검사, 어음청력검사 등이 있으며, 객관적인 검사에는 중이검사, 전기생리반응검사 등이 있다.

(1) 순음청력검사

순음청력검사는 피검자에게 순음을 들려주어 자발적으로 손을 들게 하거나 반응 버튼을 눌러 그 반응을 평가하는 검사이다. 순음청력검사는 기도검사와 골도검사가 있다. 기도검사는 헤드폰을 착용하고 외이-중이-내이-청신경을 통해 약 250Hz에서

8,000Hz까지의 각 주파수별 청력 수준인 주파수별 역치를 검사하는 방법이다. 다시 말해 피검자에게 제시된 음을 피검자가 정확히 들을 수 있는 최소 수준의 순음을 평가한다. 기도검사는 일반적으로 잘 들리는 귀 혹은 두 귀의 청력 수준을 잘 모르는 경우 오른쪽 귀부터 실시한다. 골도검사는 골도 진동기를 귀 뒤쪽의 유양돌기에 착용하고 내이-청신경을 통해 약 250Hz에서 4,000Hz까지의 각 주파수별 청력 수준을 측정하는 방법이다.

일반적으로 각 주파수별 검사하는 방법에는 상승법과 하강법이 있다. 상승법은 1,000Hz-2,000Hz-4,000Hz-(8,000Hz)-1,000Hz-500Hz-250Hz 순으로 주파수를 변경하여 실시하는 방법이다. 하강법은 1,000Hz-500Hz-250Hz-1,000Hz-2,000Hz-4,000Hz-(8,000Hz) 순으로 하는 방법이다. 주로 하강법보다 상승법을 사용하며, 1,000Hz를 두 번 측정하는 이유는 사람의 말소리가 가장 많이 분포되어 있기 때문이다.

(2) 어음청력검사

어음청력검사는 순음청력검사와 달리 사람의 말소리(어음)를 자극으로 사용하여 청력검사를 실시하는 검사이다. 어음청력검사는 일정한 조건의 환경하에서 언어자극에 대한 환자의 반응을 측정한다. 즉, 말소리에 대한 이해 및 변별능력을 측정하는 것으로서 정보 전달을 위하여 말하고 있는 말소리 그 자체를 자극음으로 사용하여, 피검자가 어느 정도 미세한 크기의 어음까지 청취할 수 있는지를 측정하는 것이다. 말소리 자극은 음소, 단어, 문장 등을 사용한다. 말소리 자극은 실제 목소리를 마이크로폰을 통해 직접 제시하는 방법이 사용되기도 하나 녹음된 자료가 소리의 크기를 통제하기 용이하여 보편적으로 사용된다. 다시 말해 1,000Hz에서 각기 다른 강도의 어음을 어음청력검사기를 통해 들려주고, 이에 대한 청취능력을 측정하는 것이다. 이는 보청기의 증폭 결정과 인공와우대상자의 결정에 도움을 준다. 어음청력검사 중 어음변별력, 어음명료도, 쾌적역치, 불쾌역치 등을 파악하여 보청기 증폭 정도를 결정하는 데 도움을 주며, 특히 쾌적역치는 보청기의 평균 출력음압, 불쾌역치는 최대출력음압과 관련된다.

(3) 중이검사

중이검사는 외이에서 고막까지의 압력을 가하여 중이 기관인 고막, 이소골의 기능을 측정하는 것으로 고실계측법과 청각반사검사가 있다. 고실계측법은 중이의 압력, 고막의 탄성, 이소골의 기능 등을 평가한다. 이 결과를 통해 중이의 정상과 비정상을 구별하기도 하며, 중이염, 이경화증 등을 변별하도록 돕는다. 청각반사검사는 큰 소리가 갑자기 달팽기관에 들어갈 때 등골근의 수축 정도를 평가한다.

(4) 전기생리반응검사

전기생리반응검사는 소리 자극으로 인해 나타나는 활동 전위를 측정한다. 일반적으로 사용되는 검사에는 이음향방사검사와 청성뇌간반응검사가 있다. 이음향방사검사는 달팽이관 내의 유모세포에서 발생하는 소리 에너지가 대부분 뇌로 전달되지만 일부 에너지가 중이강을 통해 외이도로 빠져나오기 때문에 이를 측정하는 것이다. 이음향방사검사는 자극음의 유무에 따라 자발이음향방사와 유발이음향방사로 나눌 수 있다.

자발이음향방사는 외부 자극음이 없는 상태에서 측정하며, 유발이음향방사는 특정 자극음에 의해 발생되는 이음향방사를 측정한다. 청성뇌간반응검사는 달팽이관에서 중뇌까지의 구심성 청각경로에 대한 반응을 검사한다. 청각 자극음이 헤드폰을 통해 전달되고 자극음이 인지되면 뇌에서 전기적 활동이 나타나는데, 이러한 뇌활동의 변화를 측정하는 것이다. 이러한 변화는 전극을 통해 그래프로 기록된다. 청성뇌간반응검사는 신생아나 중복장애아동을 평가하는 데 가장 좋은 방법이다.

5. 청각장애의 특성

1) 언어적 특성

청각장애를 가진 아동들은 말을 듣거나 이해하고 표현하는 과정에서 청각적 정보의 수용과 이해에 어려움이 발생하고, 언어의 습득과 발달에 부정적인 영향을 미친다(Clark, 1989). 즉, 청각장애아동의 언어발달의 순서는 일반 건청아동과 비슷하지만, 자연스러운 언어 표현을 하지 못하는 등 또래 건청아동에 비해 언어발달이 지체되어 있다(Lenneberg, Rebelsky & Nichols, 1965).

청각장애아동은 건청아동과 마찬가지로 울음, 쿠잉, 옹알이를 나타낸다. 그러나 청각장애아동의 옹알이는 건청아동보다 약 2~3개월 정도 늦게 나타나며(Cruttenden, 1979), 건청아동들에 비해 자음의 수와 다양성에서 차이가 나기 시작한다(Stoel-Gammon & Otomo, 1986; Stoel-Gammon, 1988). 그리고 건청아동은 약 24개월이 지나면서 어휘 확장이 급속히 나타나지만, 청각장애아동은 건청아동에 비해 약 5개월 이상의 어휘력 지체를 보인다(성학기, 2001).

이러한 언어발달 지체는 의사소통의 기본 수단으로서의 역할을 제대로 수행하지 못하고 의사소통에 있어서 어려움을 겪게 한다. 청각장애아동은 청각적 정보의 수용과 구어 표현의 발달 기회가 부족하여 의사소통을 하는 데 필요한 청자 및 화자의 역할에 관한 의사소통기술이 부족하며(Kuder, 2007), 의사소통과정에서 화자가 말하는 정보를 잘못 이해하여 부적절한 반응을 하게 되고 이로 인해 의사소통의 중단을 경험하게 된다. 즉, 의사소통의 목적이나 의도 등에 관한 화용론적 결함을 나타내게 된다. 타이-머레이(Tye-Murray, 2004)에 따르면, 여러 사람들과의 대화 경험 부족과 일상생활에서 다른 사람들의 말을 듣지 못하기 때문에 대화 및 화용기술에 어려움이 있으며, 건청아동은 부모로부터 경어 및 적절한 언어 사용방법에 대한 피드백을 받을 수 있으나 청각장애아동은 청각 정보의 수용이 부족하여 적절한 언어 이용방법을 획득할 수 있는 기회가 제한된다고 한다.

2) 사회 · 정서적 발달

청각장애아동의 청력손실은 언어발달 지체로 인해 제한된 의사소통을 경험하게 하고, 사회적 상호작용을 하는 데 영향을 주며 긍정적인 자아개념과 생활 적응능력에도 지체를 가져오는 등 많은 어려움을 야기한다(최성규, 1997). 청각장애아동은 자신의 의사소통과 관련하여 부정적 반응과 건청아동에 대해 비교적 낮은 자아존중감을 나타낸다.

농아동의 자아존중감은 부모와 토털커뮤니케이션으로 의사소통을 하는 아동의 자아존중감이 부모와 구화 위주로 의사소통을 하는 아동의 자아존중감보다 더 높게 나타나며(Desselle, 1994), 농부모의 농학생이 건청부모의 농학생보다 자존감 및 정서적 안정 등이 더 높게 나타난다(박전해, 1988). 청각장애아동의 대부분이 건청부모에게 양육되면서 부모와의 상호작용에서 어려움을 겪게 되고, 이로 인해 가족과의 관계에서 신뢰감 및 공감대 형성이 어렵게 되어 자기 자신에 대한 신뢰와 자존감이 낮아지게 된다(최창호, 1996).

청각장애아동의 사회성발달에 대한 부모와 관련한 연구에서는 농부모를 가진 농청소년들은 건청부모를 가진 농청소년보다 사회적으로 성숙되어 있으며, 부모의 태도 및 양육방법 또한 사회적 성숙에 영향을 미친다고 보고하고 있다. 이는 농부모를 둔 농아동들은 손짓에서 수화로 자연스럽게 변화하고, 부모가 수화를 통해 적극적으로 사전적인 의미를 가르치고 지속적으로 의사소통을 하기 때문이다(문봉오, 2000). 그러나 청각장애인은 의사소통을 하는 데 있어 시각적 의존도가 높아 건청인의 얼굴, 입술, 몸짓 등을 바라보게 만들기 때문에 청각장애인들이 무례하다고 생각되어 더욱 고립

될 수 있으며 절망감, 움츠림, 소외감을 표현한다(Meadow, 1985). 이처럼 청각장애아동들은 청력손실이라는 일차적인 문제와 그에 따른 제한적인 의사소통으로 인해 자기중심적, 열등감, 부적응 등의 정서적인 특징이 나타나게 된다.

이와 관련하여, 에릭슨(Erikson)의 심리사회발달단계에 따른 학령전기, 학령기, 청소년기에 대한 청각장애아동의 특성을 살펴보면 표 4-3과 같다.

〈표 4-3〉 에릭슨의 심리사회발달단계에 따른 청각장애아동의 특성

시기	단계	특성
학령전기	주도성 대 죄책감	청각장애아동은 의사소통의 어려움으로 부모와의 상호작용이 매우 제한적이며, 독립적 행동에 대해 왜 안 되는지에 대한 설명보다는 부모의 지시적 얼굴 표정에 익숙하게 되고, 조기교육에서 정확한 발성을 요구받는 경우 자신의 노력에 대한 보상보다는 정확한 발성을 해야 하는 심리적 압박감과 열등감에 노출될 가능성이 높다.
학령기	근면성 대 열등감	청각장애아동은 열심히 노력해도 안 될 것이라는 열등감을 느끼는 경우가 많으며, 이는 듣고 말하기의 한계, 읽고 쓰기의 낮은 학업성취의 수준에서 무기력을 제공받게 되어 열등감에 노출될 가능성이 높다.
청소년기	정체감 형성 대 역할 혼미	청각장애아동은 자신이 속해 있는 교육환경(특수학교 또는 일반학교)에 따라 정체성을 형성하게 되는데 특수학교에서는 또래나 선·후배를 통해 동일시를 형성해 가는 데 반해, 일반학교에서는 정체성 혼란을 경험하게 될 가능성이 높다.

출처: 한국청각언어장애교육학회(2012)에서 일부 발췌.

3) 학업성취

청각장애아동의 학업성취는 기대 수준에 미치지 못하며, 또래 건청아동에 비해 지체된다(Lang, 2003; Marschark, Lang & Albertini, 2002). 청각장애아동은 건청아동에 비해 음성언어의 발달이 지체되면서 어휘력 발달에도 어려움을 겪게 된다. 이로 인해 읽기 및 쓰기 능력이 지체되면서 학업 수행에 필요한 정보수집의 한계를 접하게 된다. 읽기

수준의 경우 보통 초등학교 3~4학년 수준에 머무른다고 할 수 있으며, 쓰기 수준의 경우는 복합문보다는 단문 중심으로 사용되고 어휘가 제한적이라고 할 수 있다. 또한 청각장애아동의 독해력 수준은 4학년 이하의 수준이라고 할 수 있다(Gibbs, 1989; Paul, 2009). 이는 학습을 위한 도구교과라고 할 수 있는 국어교과, 즉 읽기, 쓰기 영역에서 심한 지체를 보이며, 이러한 결과는 다른 교과영역에도 영향을 미친다.

청각장애아동의 읽기는 언어 기반의 부족, 제한된 청각 정보의 수용, 사전 지식과 이에 대한 읽기 과제의 적용 등의 요소가 영향을 미치며(McAnally, Rose, & Quigley, 2004), 청각장애아동의 낮은 읽기 능력은 문법지식의 부족과 어휘의 부족, 부적절한 읽기 전략의 사용 등에 복잡하게 얽혀 있다(원성옥, 2002). 읽기 수준은 4학년에서 고원현상을 보이며(이규식 외, 2010), 또래 건청아동에 비해 청각장애아동의 읽기 수준이 매우 낮다고 보고되고 있다.

Gallaudet대학의 인구통계연구소(Office of Demographic Studies: ODS)에서는 스탠포드 학업성취검사(Stanford Achievement Test: SAT)를 이용하여 청각장애학생의 독해능력을 검사한 결과, 20세 청각장애인은 건청아동의 약 4, 5학년 수준에 머물러 있으며, 18세의 청각장애학생 중 약 10% 정도만 중학교 2학년의 수준에 도달하고 있다고 보고하였다(Trybus & Krachmer, 1977). 이후 Gallaudet대학에서 실시한 SAT 9판에서도 청각장애학생의 독해능력검사 결과, 8~18세 청각장애학생이 일반 건청아동의 4학년 수준에 머물고 있는 것으로 나타났다(Traxler, 2000). 이와 같이 청각장애아동의 읽기 수준은 또래 건청아동보다 많이 지체되어 있으며, 이는 쓰기 능력에도 영향을 미친다. 즉, 청각장애아동의 경우 청력손실로 인한 언어발달 지체로 음성언어뿐만 아니라 문자언어의 지체도 초래하며(김병하, 김욱희, 권순우, 2005), 청각장애아동의 쓰기에서 문장 형식이 단순하고 사용되는 어휘 또한 제한적이라고 보고되고 있다.

6. 청각장애아동의 교육

1) 이중문화 · 이중언어접근법

이중문화 · 이중언어접근법은 2Bi 접근법으로 이중문화(bicultural)와 이중언어(bilingular)의 합성어이다. 1980년대 토털커뮤니케이션 교육철학의 대안으로 청각장애아동의 제1언어를 수화로 인정하고 음성 언어를 제2언어로 가르치며, 농문화도 하나의 고유문화로 인정하여 이중문화를 습득하도록 하는 이중언어 · 이중문화접근법이 등장하게 되었다(최성규, 1997). 다시 말해 농인의 문화적 배경이 교육과정에서 적용되고 수업에 적응될 수 있게 하는 교육방법으로 1차 언어인 수화는 시각적인 것으로 음성언어를 배우기 위한 것이다. 그리고 이를 통해 농아동의 사고를 발달시키고 다른 농인과의 긍정적인 관계 형성을 도와 그들이 건강한 자아의식을 갖도록 하는 것이다.

2) 청각구어법

청각구어법은 청각장애아동의 잔청을 활용하여 듣기를 통해 언어를 습득하는 주된 방법을 말한다. 이 방법은 청각장애아동들은 대부분 약간의 잔존 청력을 가지고 있어 가능하다고 주장하면서 언어를 습득하기에 가장 활발한 시기이기 때문에 유용하다고 말한다. 가능한 한 조기에 청각장애아동에게 청각보조기기를 제공하여 집중적이고 체계적인 청능훈련을 제공할 것을 강조하고 있다.

3) 구화법

구화법은 청각구어법과 비슷할 수 있지만 다르다. 구화법은 다른 사람의 말을 이해하기 위해 청각장애아동들이 시각 정보를 사용하도록 가르치는 것을 포함한다. 말하는 사람의 입술, 턱, 제스처, 얼굴표정 등의 단서를 활용하여 청능훈련과 독화지도 등을 통해 정상적인 구어를 발달시키는 것을 강조한다.

4) 수화법

수화법은 손의 움직임을 통해 의사소통할 수 있도록 사인을 사용하는 것이다. 구어발달이 어려운 청각장애아동의 의사소통 수단이다. 수화는 자연수화와 문법수화로 분류할 수 있으며, 자연수화는 농인 사회에서 전통적이고 역사적으로 자연스럽게 전해져 온 것으로 문법수화와는 다른 체계를 가지고 있다. 문법수화는 국어의 문법에 맞도록 만들어진 것으로 건청인과의 의사소통을 원활하게 하도록 돕는 것으로 주로 청인 교사가 사용한다.

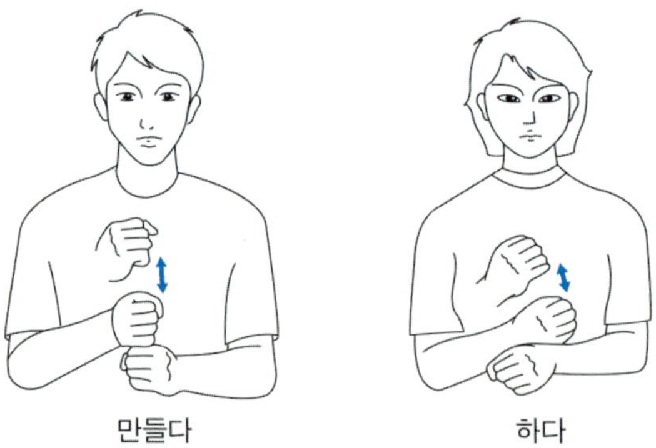

[그림 4-3] 수위에 다른 의미 변화의 예

출처: 원성옥(2013). 수화의 언어학적 특징. 새국어생활, 23(2). p. 27.

5) 종합적 의사소통방법

종합적 의사소통방법은 수화나 구화 등 한 가지의 방법을 강조하기보다는 청각장애아동들의 의사소통을 위한 구화, 수화, 청각, 문자언어 등의 가능한 한 모든 방법을 말한다. 이는 수화와 말을 동시에 제공하여 청각장애아동이 의사소통을 더 잘 이해할 수 있도록 하는 것을 기본으로 한다.

Chapter 05

지체장애

배울 내용

1. 지체장애의 정의
2. 지체장애의 원인
3. 지체장애의 유형
4. 지체장애의 특성
5. 지체장애아동의 교육

학습목표

지체장애의 정의, 관련 용어, 주요 원인, 유형별 특성 및 교수방법들을 익힘으로써 예비교사로서의 전문적 소양을 기를 수 있다.

개 요

지체장애아동은 장애 정도와 유형이 매우 다양하며, 외모적으로 장애가 가장 많이 드러나기 때문에 장애인을 두렵게 생각하는 경우가 많다. 장애 정도는 경도, 중도, 최중도로 구분되며, 지적능력도 지적문제가 없는 학생부터 크게 제한되어 있는 학생까지 매우 다양하여 그 원인과 유형 구별이 매우 복잡하다. 따라서 이 장에서는 지체장애의 정의를 비롯하여 원인, 유형, 특성 그리고 지체장애아동교육의 다양한 중재방법을 통해 지체장애아동을 올바르게 이해하고 교육현장에서 이들에 대한 적절한 교육방법과 서비스 지원방법에 대해 모색해 보고자 한다.

05 Chapter
지체장애

1. 지체장애의 정의

지체장애의 용어는 「특수교육진흥법」에서는 지체부자유로 쓰였으나, 「장애인 등에 대한 특수교육법」(2007. 4. 29.)이 제정되면서 지체장애를 공식 용어로 사용하고 있다. 우리나라에서는 **표 5-1**과 같이 교육적인 차원에서 「장애인 등에 대한 특수교육법」, 장애판정 기준 차원에서 「장애인복지법」에서 지체장애를 정의하고 있다.

지체장애란 체간과 사지라는 뜻을 지니고 있으며, 몸통과 팔다리를 의미한다고 볼 수 있다. 몸통은 척추가 가운데 위치하고 머리 부분을 받치고 있는 중요한 부분이다. 팔다리는 우리 몸에 팔 2개, 다리 2개, 즉 사지는 상지와 하지로 나뉜다. 상지는 일상생활과 작업활동에 관련이 있으며, 하지는 서기, 걷기 등과 같은 이동기능에 관련이 있다(전헌선 외, 2006).

〈표 5-1〉 지체장애아의 법적 정의

구분	정의
장애인 등에 대한 특수교육법	• 지체장애를 지닌 특수교육대상자 기능 · 형태상의 장애를 가지고 있거나 몸통을 지탱하거나 팔, 다리의 움직임 등에 어려움을 겪는 신체적 조건이나 상태로 인해 교육적 성취에 어려움이 있는 사람
장애인복지법	• 지체장애인 가. 한 팔, 한 다리 또는 몸통의 기능에 영속적인 장애가 있는 사람 나. 한 손의 엄지손가락을 지골(指骨: 손가락뼈) 관절 이상의 부위에서 잃은 사람 또는 한 손의 둘째 손가락을 포함한 두 개 이상의 손가락을 모두 제1지골 관절 이상의 부위에서 잃은 사람 다. 한 다리를 리스프랑(Lisfrance: 발등뼈와 발목을 이어 주는) 관절 이상의 부위에서 잃은 사람 라. 두 발의 발가락을 모두 잃은 사람 마. 한 손의 엄지손가락 기능을 잃은 사람 또는 한 손의 둘째 손가락을 포함한 손가락 두 개 이상의 기능을 잃은 사람 바. 왜소증으로 키가 심하게 작거나 척추에 현저한 변형 또는 기형이 있는 사람 사. 지체(肢體)에 위 각 목의 어느 하나에 해당하는 장애 정도 이상의 장애가 있다고 인정되는 사람
	• 뇌병변장애인(腦病變障碍人) 뇌성마비, 외상성 뇌손상, 뇌졸중(腦卒中) 등 뇌의 기질적 병변으로 인하여 발생한 신체적 장애로 보행이나 일상생활의 동작 등에 상당한 제약을 받는 사람
미국의 장애인 교육법(IDEA)	• 지체장애 지체장애를 아동의 학습에 불리하게 영향을 미치는 심각한 지체의 장애로 선천적 기형에 의한 손상(내반족, 일부사지 결손 등), 질병에 의한 손상(회백수염, 골결핵 등) 및 기타 원인에 의한 손상(뇌성마비, 절단장애, 골절 등)에 기인하여 체력, 활력 혹은 기민성에 제한이 발생하는 것으로 아동의 교육 수행에 불리하게 작용하는 경우

2. 지체장애의 원인

지체장애의 유형이 다양하듯이 그 원인과 질환 등에 따라 장애의 범위가 매우 크고 부위나 정도도 다양하며 복잡한 양상을 보인다. 지체장애인의 원인은 발생 시기에 따라 선천적 원인과 후천적 원인으로 나누어지며, 세부적으로 신경계, 골격계, 근육계 순으로 나누어진다(함완숙, 2003).

- 신경계는 뇌와 척수로 구분되어 있는 중추신경계와 뇌신경, 척수신경으로 구성된 말초신경계로 구분되어 있다. 신경계 이상 원인은 외상, 감염, 혈관관계 이상, 퇴행성 병변, 원인 불명 등 다양하며, 뇌성마비, 척수손상, 소아마비, 뇌졸중이 있다.
- 골격계는 관절의 염증 및 관절 조직의 변성 및 퇴화로 관절 기능에 이상이 생겨 발생하는 관절염과 자동차 사고, 낙상, 혈액순환장애로 팔 또는 다리의 절단 등이 있다.
- 근육계는 근이영양증으로 근육이 진행성으로 위축되어 점점 힘이 없어져 움직일 수 없게 되는 것으로 이 외에도 외상에 의한 근육 및 인대 손상, 화상에 의한 구축 등의 근육 및 연부조직의 손상이 있다.

발생론적 입장에서 지체장애의 원인을 출생 전, 출생 시, 출생 후로 나누어 살펴보면 표 5-2와 같다.

〈표 5-2〉 발생론적 지체장애의 원인

시기별	요인	주요 원인과 증상
출생 전	유전적 요인	• 가족성 불수의운동증 • 가족성 진전증 • 가족성 역성대마비 • 가계성 경직형 사지마비
	임신 중 요인	• 모체의 자궁 내 감염 • 태아의 톡소플라스마증 • 모체의 풍진, 기타 감염, 모체 빈혈, 저혈압 • 태아의 무산소증: 일산화탄소 중독 • 태아의 뇌출혈, 모체 중독증, 대사장애, X선 조사 • 모체의 영양실조, 임신 3개월 이내의 출혈 • RH 혈액형 불일치, 황달 등

시기별	요인	주요 원인과 증상
출생 시	무산소증	• 기계적 호흡기 폐쇄, 난산으로 목조임 • 폐 확장 부전, 마약중독, 전체 태반 박리 • 모체의 산소 결핍, 모체의 저혈압, 골반 이상 분만 • 머리 배출 지연, 약물 중독 등
	외상 및 출혈	• 부적절한 겸자 사용, 뇌의 후굴, 추락산, 지연 분만에 따른 제왕절개, 태아의 위치 부전 등
	소인성	• 미열, 핵황달, 태아의 출혈성 질환 등
출생 후	뇌손상	• 뇌경막하 혈종, 두개골절, 뇌의 타박상, 좌상, 외상, 뇌막염, 뇌염, 중독증(비소, SM, 콜탈), 뇌혈관 사고, 무산소증, 경기, 뇌의 발육 결함 등

출처: 전헌선 외(2004). 뇌성마비아 언어치료 교육. 대구대학교 출판부. pp. 8-9.

3. 지체장애의 유형

지체장애는 신경계의 이상장애, 근골격계의 이상장애, 선천적 기형, 사고 및 질병장애로 분류하기도 한다. 뇌성마비는 신경계 이상장애로 대표적이다. 근골격계 장애는 내반족, 소아 류머티스 관절염, 진행성 근이영양증 등이 포함된다. 선천적 기형은 골반탈구와 이분척수 등이 있고, 기타 사고 및 질병장애는 외상성 뇌손상과 골절이 이에 해당된다. 좀 더 세부적으로 살펴보면 다음과 같다.

1) 뇌성마비

뇌성마비(cerebral palsy)란 중추신경계 손상에 의한 운동장애, 근육마비, 협응성 장애, 근육 약화로 특징지어지는 의학용어이다. 뇌의 기능발달이 가장 활발해야 할 만 2세 이전의 어린 시기에 발생하여 정상발달이 저해되는 비진행성 질환이다. 대뇌구조가 뚜렷하게 마비되거나 운동피질, 대뇌 기저핵, 뇌간 또는 소뇌와 같은 뇌의 운동, 중추 손상 등을 포함하는 경성신경학적 징후와 관련된다. 이러한 손상은 원시반사가 남아 있기 때문에 발생하며 뇌성마비는 뇌의 운동기능 담당부분에 입은 손상으로 인해 나타나는 근신경근의 마비증상이다. 이러한 뇌손상의 약 90%는 출생 전에 손상하고 나머지 10% 정도는 아동기 동안에 질병에 인한 뇌의 산소결핍이나 감염과 부상 등으로 발생하는 경우이다. 이는 진행성이며 미숙한 뇌에 작용하여 정상적으로 성숙하는 진행을 방해한다.

뇌성마비 유형은 운동 패턴에 따라 경직형(spastic), 운동장애형(dyskinesia), 운동실조형(ataxia), 혼합형(mixed)으로 분류하고, 마비부위에 따라 단마비, 편마비, 삼지마비, 사지마비, 하지마비 등으로 분류한다. 그러나 뇌성마비의 유형은 아동의 성장에 따라 뇌성마비가 진행되는 것은 아니지만 보행 및 이동이 청소년기나 성인기가 될수록 점점 더 어려워질 수도 있으며 근육협응과 통제에서 더 많은 문제를 일으키기도 한다(박은혜, 김정연, 2010).

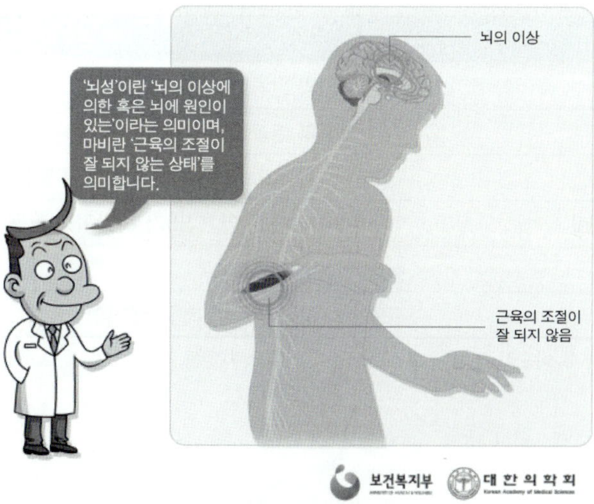

[그림 5-1] 뇌성마비의 개념

출처: 국가건강정보포털.

〈표 5-3〉 운동장애 유형에 따른 특성

구분	경직형 (Spastic)	불수의 운동형 (Athetoid)	운동실조형 (Ataxia)
원인	대뇌 피질의 손상 : 무산소증, 조산에 많음	기저핵 과정의 문제	소뇌의 문제
발생률	약 66%	약 20~30%	약 8%
근긴장도	과긴장의 지속	저긴장에서 과긴장까지	• 보통 저긴장 • 저긴장과 정상에 변동
운동특성	• 뻗침과 경련 • 운동범위 작고 힘듦 • 굴곡과 신전의 원시반사	• 불수의 운동 • 손과 손목 동작의 어려움 • 머리 가누기의 어려움 • 시각으로 집중하기 곤란 • 굴곡과 신전	• 균형이 어려워 공간감각이 부족
개인적 특성	• 두려움과 부적응	• 감정의 기복이 강함 • 친근감, 흥분	

출처: 구본권(2005). 지체장애아동교육. 시그마프레스. p. 46.

〈표 5-4〉 뇌성마비의 부위별 분류와 분포

분류	분포
단마비(monoplegia)	사지 중의 한쪽 마비(매우 희박함)
편마비(hemiplegia)	몸 한쪽의 팔과 다리 마비
양마비(diplegia)	모든 사지마비: 팔보다는 다리가 더 포함됨
사지마비(quadriplegia)	모든 사지마비: 팔, 다리가 똑같이 포함됨
삼지마비(triplegia)	몸 세 부분의 마비
대마비(paraplegia)	오로지 다리만 마비(매우 희박함)

출처: Workinger(2005: p. 4): 박순길, 박현옥, 조정연(2014). p. 263. 재인용.

[그림 5-2] 침범된 부위에 따른 뇌성마비의 분류
출처: 국가건강정보포털.

2) 진행성 근위축증(근이영양증)

근위축증은 근이영양증, 척수성 근위축증 등 다양한 용어로 불리며 근육이 점점 힘을 잃어 가는 질병으로 디스트로핀(dystrophin)이라 불린다. 이는 단백질의 부족에 의해 일어나는데, 근육조직검사에서 근육의 괴사 및 재생과정을 보이며, 단백질이 상실되면서 지방질로 바뀜에 따라 주로 유전적 원인에 의해 발병한다. 일반적으로 근육의 약화가 진행되어 일어서기 어렵고 걷거나 뛰기 힘들어 하며, 근이영양증이 진행될수록 아동은 점점 더 쉽게 피로를 느끼게 된다.

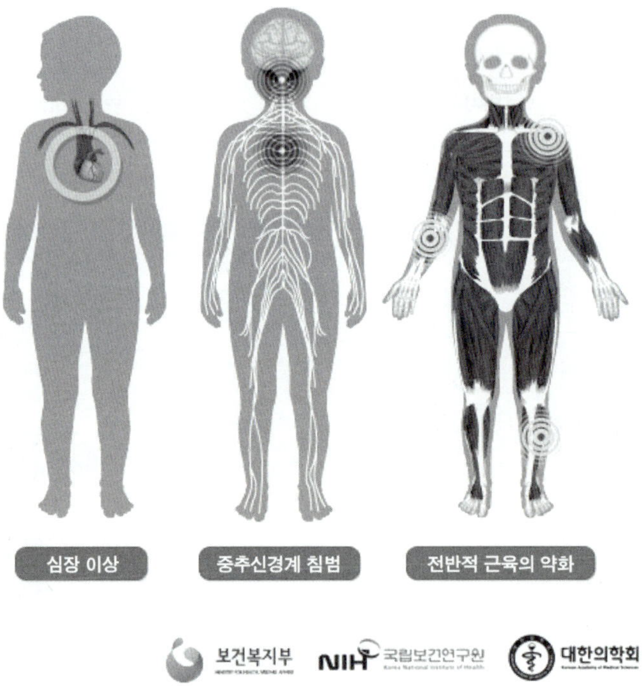

[그림 5-3] 선천성 근이영양증

출처: 국가건강정보포털.

근이영양증 종류는 다양하며, 근육 약화 정도와 유전 성향에 따라 듀센형(duchenne), 베커형(becker), 안면견갑상완형(facioscapulohumeral), 지대형(limb-girdle), 위축성 근경직형(myotonic) 등으로 구분할 수 있다.

듀센형(Duchenne's Muscular Dystrophy: DMD)은 근이영양증의 대표적인 유형이며 가장 많이 나타난다. 듀센형은 디스트로핀이 부족하거나 심각하게 결핍된 경우로 주로 3~4

세경에 나타나며 대부분 남아에게 발생한다. 이는 3세까지는 잘 나타나지는 않지만 조기 증상은 계단을 오르기 힘들고 자주 넘어지며, 뒤뚱거리고 걸으며, 발가락 끝으로 걷고, 제자리에서 위로 뛰거나 달리지 못한다(Gagliardi, 1991). 5세경에 뚜렷한 근육 약화가 나타나며, 10세경에는 휠체어 생활에 의존해야 할 정도로 빠르게 진행되고 15세경 누워서 지내게 된다. 대부분 20대 초반에 사망하게 되고 25세 이후까지 생존할 가능성은 20~25% 미만이다(허수영, 강효신, 1998). 골반과 대퇴근 등 하지 근 외부의 근육이 먼저 이완되고 보행장애가 증상으로 나타나는데, 이 특징은 가성 비대가 생겨서 근육이 커진 것처럼 보이지만 이는 약해진 근육을 보상하기 위해 지방과 결합조직이 모여서 종아리가 비대해지는 것을 볼 수 있다(홍창의, 1997).

베커형(Backer's Muscular Dystrophy: BMD)은 듀센형보다는 발병 연령이 조금 더 늦고, 병의 경과가 천천히 진행되는 양성적 질환이다. 증상은 5세경부터 25세 전후까지 나타나는 반성유전 질환으로, 10대에 발현된다. 근력저하와 근 위축이 하지부터 시작하여, 상지로 출현하며, 병의 진행이 서서히 이루어진다. 보행이 불가능해지는 증상은 발현 후 25년 이상이 지나 나타난다. 듀센형 근이영양증과 같이 건강을 유지하는 보전적인 치료 외에는 특별한 방법이 없지만 예후는 비교적 양호하며 인지적 장애도 거의 나타나지 않는다(이지현, 2016).

안면견갑상완형(facioscapulohumeral dystrophy: FSH)은 안면근, 견갑근(어깨근), 상완(어깨와 팔꿈치 사이 근육)과 허리, 엉덩이 근육 등이 약화되기 시작하며 어깨뼈가 날개같이 튀어나오는 익상견갑(scapular winging)이 특징이다. 상지에서 점점 하시로 근손상이 진행되나 그 진행이 매우 느려 중년이 지나도 일상생활에서 큰 영향이 없는 경우도 있다(전헌선 외, 2006). 여러 가지 약화에 따라서 휘파람을 불 수 없고 볼을 내밀기 힘들며 얼굴이 늘어지고 팔이나 다리 근육이 약화되고, 가성근비대는 없으며 지능지수 및 평균 수명은 정상으로 진행과정이 서서히 일어나 자연치유가 일어나는 경우도 있어서 가장 양호한 예후를 보인다(약업신문, 1996).

지대형(Limb-Girdle Muscular Dystrophy: LGMD)은 발병연령은 소아부터 50세 이후까지 다

양하나 주로 10~20대에 발병하는 경우가 많으며, 듀센형 근이영양증 다음으로 빈도가 높다(이지현, 2016). 이는 10만 명 중 1명의 빈도로 나타나며, 초기에 주로 어깨 근육의 과둔부 근육 약화가 오기 시작하고 견갑골이 날개모양 같이 튀어나오는 익상견갑(scapular winging)이 특징적으로 보이며 안면근육에는 약화가 거의 없다. 개인에 따른 차이가 있으나 기능장애는 발병 후 20년 후에 나타나며 지능지수는 정상이다(홍창의, 1997).

위축성 근경직형(myotonic dystrophy: MTD) 근육병은 10대 후반이나 40세에 주로 발병한다. 목에 제일 처음 위축이 나타나며 얼굴, 다리, 팔, 손 등으로 진행되며, 근경직과 비활성화, 특히 4가지 말단부에 생기는 약화가 주요 증상으로 나타난다. 또한 심장질환, 호르몬계에 이상을 가져올 수 있다(고창준, 1995).

3) 이분척추

이분척추(Spina bifida)는 임신 4주에 신경관 결손으로 척수를 덮는 척추궁의 형성에 결함이 생겨 장애를 유발하는 난치성 질병이다(Botto et al., 1999). 이분척수는 척수를 싸고 있는 척추뼈의 뒷부분이 완전히 닫히지 않은 채 태어나 척수와 신경이 정상적으로 발달하지 못해 하반신 마비를 갖게 된다. 대부분은 팔과 상체를 활용할 수 있으며, 방광의 조절기능이나 위장기능의 장애를 가지기도 한다. 유형으로는 척수와 수막이 갈라진 척추궁 사이로 빠져 나와 등쪽 피부결손부위로 돌출되어 낭포를 형성하는 낭포성 이분척추증(spina bifida aperta)이 있으며(Botto et al., 1999), 외관상으로 보이지 않고 무증상 이분척추증으로 몇 개의 척추, 보통 하부척추가 변형되는 잠재 이분척추증(spina bifida occulta)과 척수 자체가 손상된 것은 아니며, 수막이 분리된 척추 사이로 빠져나온 것으로 피부가 완전히 덮이지 않거나 없는 경우에는 뇌수막염 등이 생길 가능성이 많은 수막류(meningocele)가 있다.

4) 골형성부전증

골형성부전증(osteogenesis imperfecta)은 뼈가 약하여 큰 충격이나 특별한 원인이 없이도 뼈가 부러지기 쉬우므로 보호에 주의해야 하는 유전질환이다. 골형성부전증이 있는 아동 대부분은 정상적인 지능을 가지고 있으며, 뼈가 부러지는 증상은 걸음마를 시작한 뒤 더욱 심하게 나타나며, 척추가 납작하게 눌리고, 등이 굽기도 하며, 척추가 옆으로 휘고, 치아도 약하기 때문에 부러지기 쉽다.

[그림 5-4] 불완전 골형성부전증

출처: 국가건강정보포털.

5) 경련장애

경련장애(seizure disorder)는 중추신경계의 신경기능 이상으로 활동이 돌발적이고 일시적이면서도 격렬하게 갑작스럽게 제어되지 않는 전기적 활동성이 방출되어 나타나는 현상이다. 대부분의 발작은 다양한 원인에 의해서 생기며, 출생 시, 출생 후에도 나타날 수 있으며 임신 중 영양상태, 출산 시의 합병증, 두부외상, 독성물질, 뇌감염증 그리고 종양과 뇌졸중 등의 변화에 의해 발생할 수 있지만 근본적인 원인을 밝혀내기는 힘들다. 발작은 크게 부분발작과 전신발작으로 나눌 수 있다. 부분발작은 뇌의 정상적인 전위가 뇌의 편측의 한 영역에서 발생하여 의식은 있으나 단지 한쪽 팔, 다리만 떠는 증상이나 눈, 입 및 고개가 한쪽으로 돌아가는 증상, 순간적으로 의식만 잃는

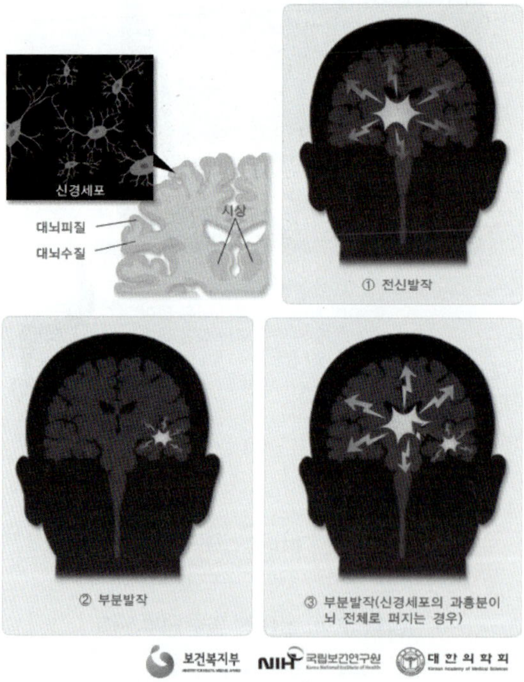

[그림 5-5] **간질 발작 종류**

출처: 국가건강정보포털.

발작이며, 전신발작은 전위가 뇌의 양측에서 나타나므로 증상으로 순간적으로 의식만 잃고 쓰러지며 팔다리가 떨리는 것과 같이 전신 근육들이 동시에 뻣뻣해지고 뒤틀리거나 떨리는 발작이다. **표 5-5**는 발작의 응급처치 지침이다. 교사는 발작이 일어나면 침착하게 당황하지 않고 대처해야 하며, 발작이 진행되는 과정과 발작이 멈춘 후 대처방법을 따르는 것이 효과적이다.

〈표 5-5〉 발작의 응급처치 지침

구분	대처방법
발작이 진행되는 동안	1. 주변에 뾰쪽하거나 단단해서 학생을 다치게 할 수 있는 것을 치운다.
	2. 발작 중인 학생을 누르거나 팔다리를 억지로 붙잡지 않도록 한다.
	3. 숨쉬기 편하도록 목 주위의 넥타이나 단추를 푼다. 혁대를 느슨하게 해 준다.
	4. 학생을 옆으로 눕혀 혀가 기도를 막지 않고 숨쉬기 편하도록 한다.
	5. 손가락을 입 안에 넣어 억지로 입을 벌리려 하지 말아야 한다.
	6. 손가락을 바늘로 찌르거나 혹은 따거나 해서는 안 된다.
	7. 발작이 끝날 때까지 옆에서 대기하여 예기치 못한 일에 대비한다.
발작이 멈춘 후	하루에도 수회 이상 발작이 계속 반복되거나 의식 회복 없이 30분 이상 지속되면 매우 응급한 상황이므로 즉시 응급실로 가서 적절한 치료를 받는다.

출처: 대한뇌전증학회(2020). 뇌전증 환자를 위한 길잡이. p. 8.

6) 척수손상

척수손상(Spinal Cord injuries)은 우리 몸의 중추신경으로 뇌의 명령을 신체에 전달하는 중요한 연결 통로로 대개 관통상(총기부상), 척추손상(자동차 사고로 인한 골절), 척수의 압박(다이빙 사고) 등에 의해 일어나는 기능장애로 척추 골절이나 척수의 과굴곡, 타박상으로 마비를 수반한 손상을 의미한다. 척수손상은 교통사고가 가장 흔한 원인이며 추락, 폭행, 운동, 낙상도 주요한 원인이 된다.

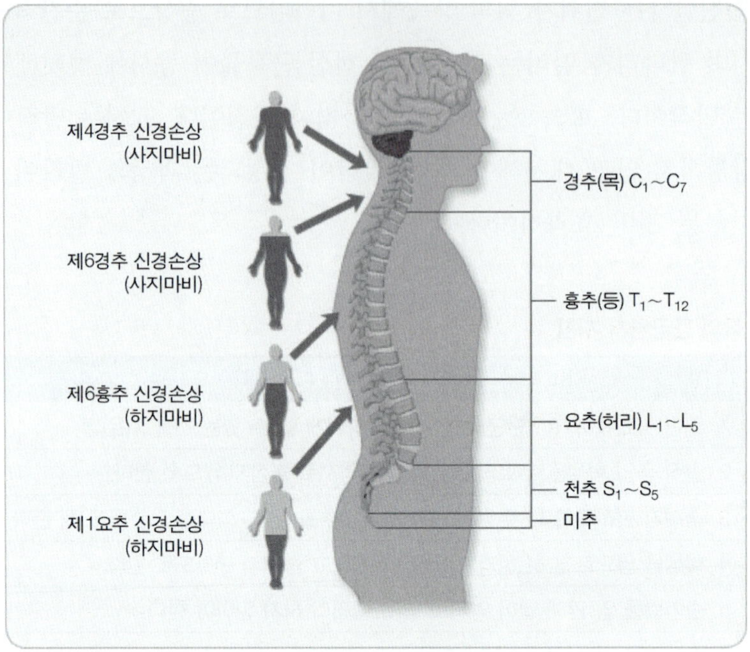

[그림 5-6] 척수손상 위치에 따른 마비 부위

출처: 국가건강정보포털.

7) 척수성 소아마비

척수성 소아마비(infantile paralysis) 또는 소아마비는 유아 및 소아에게 바이러스에 의해 중추신경계의 급성감염을 일으켜 그 결과 일시적 또는 영구적인 신체 마비와 기형을 초래하는 질환이다. 소아마비는 주로 부전형(abortive) 소아마비, 비마비성(nonparalytic) 소아마비, 마비성(paralytic) 소아마비 등으로 분류한다. 이 질병은 비위생적 환경에서 대변오염이나 구강 분비물을 통해 전염된다. 1950년 중반 이전까지는 크게 유행하여 신체장애인이 무려 10만 명이 넘는 것으로 추산되며, 1955년에 개발된 Salk 백신의 사용으로 학령기 아동의 발병은 현저히 감소하였다(김선중, 1994; 서문자 외, 2000).

8) 외상성 뇌손상

외상성 뇌손상(traumatic brain injury: TBI)은 선천적인 뇌손상이나 출생 시의 외상으로 인한 뇌손상을 제외한 외부의 물리적 충격으로 인한 후천적으로 두뇌가 손상된 것을 말한다. 원인으로는 교통사고, 산업재해, 외부의 물리적인 힘, 전염병, 스포츠 손상 등이며 각종 사고가 증가함에 따라 외상성 뇌손상 환자가 증가하고 있다. 외상성 뇌손상은 신체적 장애를 동반하여 뇌성마비와 유사한 동작특성을 나타내며, 중도의 인지 및 언어능력의 결함을 나타낸다. 문제해결과 정보처리능력의 손상을 가져오기도 하고, 기억력, 주의집중, 판단력에 문제가 발생하기도 한다. 미국장애인교육법(IDEA)에서는 외상성 뇌손상을 별개 범주로 정의하고 있다.

외상성 뇌손상은 외적인 물리적인 힘에 의해 두뇌에 가해진 손상을 의미하며 전체 또는 부분적인 기능장애나 정신적 · 사회적 손상 또는 이 두 가지 모두에서 아동의 교육성취에 불리한 영향을 준다. 이 용어는 인지, 언어, 기억력, 집중력, 추론, 추상적 사고, 판단, 문제해결, 감각, 지각, 운동능력, 심리사회적 행동, 신체기능, 정보처리, 말하기 등과 같은 하나 또는 그 이상의 영역에 결함을 초래한다. 그러나 이 용어는 선천적이거나 퇴행성 뇌손상 또는 출생 시 외상에 의한 뇌손상에는 적용되지 않는다(IDEA, 2004).

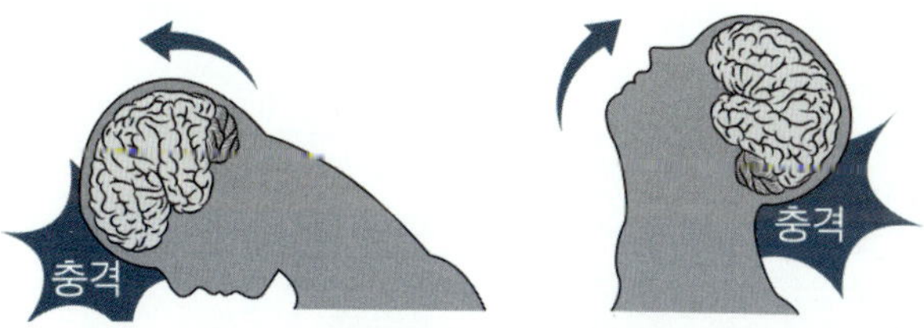

[그림 5-7] 회전가속이 발생하는 손상의 예

출처: 국가건강정보포털.

4. 지체장애의 특성

1) 신체운동적 특성

지체장애아동은 다른 장애영역과 구분되는 차이점으로 형태적 이상과 같은 신체적 문제를 가지고 있으며, 신체의 발달이 느리고, 발달에 있어 개인 간의 장애의 정도가 심한 편으로서 바르게 앉기, 기기, 서기, 걷기 등의 정상적인 발달에 어려움이 있다. 특히, 뇌성마비 아동은 비전형적인 근육긴장도로 인해 수의적인 사지 움직임과 관련된 운동발달 속도 또한 느리거나 특정 발달단계에 머물거나, 기능적인 움직임을 유지하기 어렵다. 남녀 모두 키가 작고, 민첩성, 유연성, 평형성, 지구력 등이 떨어진다. 이는 장애의 범위가 다양하여, 장애 자체로 인한 의료적 문제 외에 교육적 및 재활 측면에서 고려할 사항이 많다. 뇌성마비 아동은 비전형적인 근육긴장도와 불수의적인 운동과 관련하여 운동장애를 갖게 된다. 이러한 뇌성마비 아동에게 운동발달을 촉진하기 위한 팔다리 관절 구축을 예방하기 위한 스트레칭 운동, 적절한 자세 유지, 기립대를 이용한 직립훈련이 있으며, 이동을 위한 휠체어, 크러치(목발), 워커, 기립형 보행기, 이동용 스쿠터 등을 이용하여 이동의 어려움을 경감시킬 수 있다.

2) 인지적 특성

지체장애아동은 일반아동의 지능과 별다른 차이가 없다. 그러나 뇌성마비 아동의 경우 국소 또는 광범위한 손상을 받은 뇌의 비정상적인 발달로 인해 약 1/3 정도는 정상지능 수준이거나 더 높은 지능을 가지고 있고, 1/3은 경도의 지적장애를 동반하며, 나머지 1/3은 중등도 혹은 심한 지적장애를 보인다(Whaley & Wong, 1995). 지체장애아동의 경우, 낮은 학업성취를 보일 수 있지만 그보다도 질병으로 인한 잦은 결석과

병원치료, 그리고 신체적 제약으로 인해 경험할 수 있는 환경 탐색영역의 기회 제약과 견문에도 한계가 있다. 또한 뇌성마비 아동은 뇌, 중추신경계의 기능장애 때문에 주의집중력이 떨어지고, 뇌기능 활성화가 낮으며, 환경 내의 복잡한 자극에 이끌리기 쉽다.

3) 언어적 특성

지체장애아동은 언어적 문제가 전혀 없는 아동부터 말을 할 수 없는 경우까지 매우 다양하게 나타난다. 지체장애아동 중 뇌성마비 아동의 약 25%는 발음 및 발성기관의 운동장애, 감각장애, 지적장애, 지각장애의 결함 등에 의한 의사소통장애를 동반한다. 뇌성마비 아동은 인지적 결함이 없어도 과도한 근육기관과 갑작스런 경련, 구강 주변의 근육조절과 협의문제로 인해 표현언어능력의 결함, 즉 말더듬을 가진다. 이는 교사나 친구들의 말을 듣고 수용하는 능력에는 문제가 없으나 자신의 의견을 말하는 데 어려움을 겪으며 다른 사람과 의사소통을 하는 데 문제를 가지고 있는 경우가 많다. 즉, 이러한 표현언어능력의 결함으로 인한 사회적 상호작용에 방해가 된다(박은혜, 김정연, 2010). 이와 같이 뇌성마비 아동의 지연된 언어 및 의사소통발달은 타인과 사회적 관계를 맺고 중요한 정보와 감정을 서로 주고받는 데 부정적인 영향을 미치게 된다.

지체장애아동의 교육을 위한 의사소통접근의 방법으로 보완대체 의사소통(Augmentative and Alternatuve Communication: ACC)이 있다. 보완대체 의사소통은 구어 사용이 불가능하거나 사용하더라도 표현언어를 보충해 주기 위한 의사소통방법이다. 보완대체 의사소통은 간단한 그림부터 첨단 디지털 유형으로 스마트 기기에서 사용할 수 있는 다양한 보조기기가 출시되고 있어 사용자 편리성이 증대되고 있다(그림 5-8).

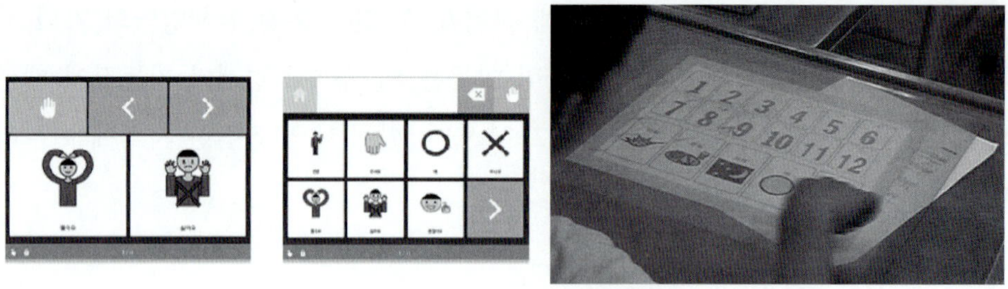

[그림 5-8] **보완대체 의사소통**

출처: https://web.projectaac.or.kr.

4) 심리 · 사회적 특성

지체장애아동은 신체 기능의 결손과 행동영역의 제약, 부모의 지나친 보호, 사회적 지지와 참여의 부족으로 환경에 적응하는 과정에서 어려움이 많아 사회심리적 부적응문제가 크게 대두되고 있다. 지체장애아동은 신체적 기능의 결손 및 부자유로 인해 활동과 경험영역이 제한되어서 성격 및 가치관에 영향을 주어 환경 안에서 타인들에 의한 태도와 반응, 상호작용으로 인해 적응방식에 많은 영향을 받는다. 또한 지체장애아동은 수술, 입원, 장기결석에 따른 심한 고통, 병원치료와 신체 움직임의 제한, 이동의 제한 등으로 학교생활이나 아동의 성격에 영향을 미치며 다른 사람들에게 의존하는 사회적 문제, 즉 열등감, 소외감, 좌절감 등을 갖게 된다. 따라서 이를 해소하도록 도와 자신감을 갖게 하고 사회의 일원으로 원만히 적응할 수 있도록 해야 한다.

5. 지체장애아동의 교육

1) 자세 지도

우리나라의 지체장애아동들의 주 장애 원인은 과거에는 소아마비가 주류였으나 최근에는 특수학교 재학 중인 지체장애아동들의 80% 이상이 뇌성마비가 있는 아동들로 이루어져 있으며(박은혜, 1996), 그중 많은 아동이 휠체어나 의자에 앉아서 같은 자세로 오랜 시간을 지내야만 하고, 서기와 보행 등의 움직임은 쉽지 않다. 장애로 인한 신체 움직임의 제한이 있는 지체장애아동에게 안정된 앉기와 서기 자세는 독립적인 움직임의 기초가 된다. 지체장애아동의 모든 유형에서 체간 근육활동량에 변화를 주고, 큰 기능 운동 조절과 함께 골반 주변 근육의 적절한 근수축이 이루어질 때, 앉기뿐만 아니라 서기나 보행이 가능해지고, 독립적 움직임을 할 수 있다(이지은, 2010). 자세 지도에 많이 시행되고 있는 운동 치료는 보바스 신경발달치료와 보이타 치료가 있다. 보바스 신경발달치료의 개념은 뇌성마비 아동에게 존재하는 원시반사로 인해 아동의 능동적인 움직임을 방해하는 것으로 작용한다. 치료사는 원시반사를 억제하는 자세를 유도하고 유지하므로 정상적인 자극을 경험하여 아동 스스로 정상운동발달을 유도하는 치료방법이다. 보이타 치료는 자세발달과 평형반응의 활동을 유도하여 의도적인 반사적 이동 패턴을 발달시키는 치료법이다(질병관리본부, 2016).

〈표 5-6〉 자세 지도

구분	내용
앉기 자세	등을 곧게 펴고 엉덩이를 의자 깊숙이 앉게 한 다음 양쪽 어깨 높이가 같아지도록 한다. 장애 정도에 따라 허리 벨트, 가슴 벨트, 목 받침대 등을 사용한다. 엉덩이와 무릎과 발목이 90도 자세가 되도록 한다.
옆으로 눕기 자세	머리가 중심에 위치하는지 확인한 다음 팔과 다리에 적절한 쿠션을 넣어 주어 전신이 이완되도록 한다. 장애가 심할 경우 등받이를 대 주고 가슴 벨트로 안정성을 높여 준다.

구분	내용
엎드린 자세	신체의 정중앙선을 중심으로 양다리가 겹쳐지지 않게 하며 체중이 좌우에 고루 분산될 수 있도록 자세를 잡아 준다.
누운 자세	쿠션을 사용하여 좌우 균형을 맞춰 준다.
서기 자세	엉덩이, 무릎 등이 쭉 펴지게 세우고 팔을 자유롭게 사용할 수 있도록 책상 높이를 조절해 준다. 몸을 지지해 주는 벨트를 사용하여 골고루 체중이 분산되도록 한다.

출처: 박은혜, 김정연(2010). 지체장애 학생 교육. 학지사.

〈표 5-7〉 자세보조기기의 종류와 특징

명칭	특징	사진
피더시트	• 상품화되어 있으며, 신체 크기에 따라 선택하여 사용할 수 있음 • 각도 조절용 받침대를 이용하여 각도 조절이 가능하며 일상생활 중 편안함을 제고	
학습용 의자	• 일반 의자의 모양에 쿠션이나 벨트, 팔걸이, 발받침대 등을 부착하여 편안한 자세로 앉을 수 있도록 하는 수정의자	
코너 의자	• 척추의 지지와 머리 조절을 도울 수 있는 모양의 의자 • 좌식생활에 유용하며, 책, TV를 보는 등 일상생활에 유용	
전방지지 스탠더	• 스스로 서기가 어려운 학생에게 엎드린 자세로 다리와 몸통을 고정시킨 후 전동이나 수동장치를 이용하여 각도를 세워 바로 설 수 있도록 보조하는 기구	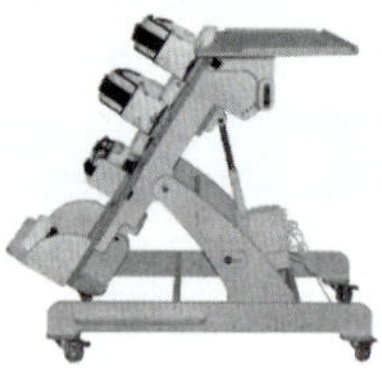

명칭	특징	사진
후방지지 스탠더	• 상체와 하체의 조절능력이 저조하여 세우기가 힘든 경우 등을 대고 누운 자세에서 다리 및 몸통을 고정시킴 • 전동과 수동장치로 각도를 세울 수 있음	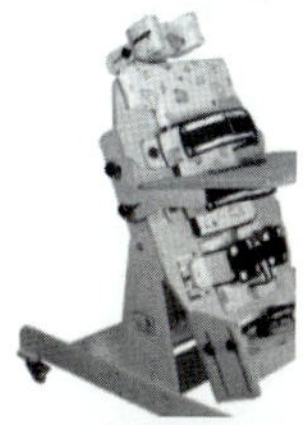
누운자세 보조기기	• 중도 장애로 인한 의자나 바닥에 앉기 어려운 학생의 경우 신체기능에 무리를 주지 않음 • 균형유지 및 운동활동과 독시 등 편안한 자세 세공	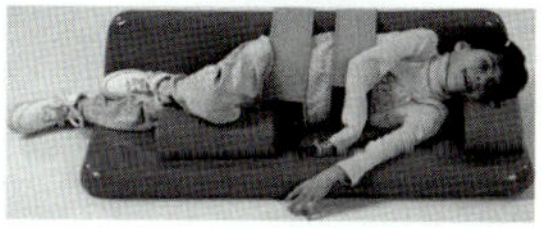

출처: 박은혜, 김정연(2010). 지체장애 학생 교육. 학지사(내용 부분 수정발췌).
www.jatc.co.kr/(사진 출처)

2) 지체장애아동을 위한 교수적합화

지체장애아동은 장애를 가지고 있지만 교육의 목표와 내용 면에서 일반아동과 같은 교육적 요구를 가지고 있다. 지체장애아동은 신체적 장애를 최대한 경감하고, 개별적인 특수성과 개인차를 고려하며, 아동이 가지고 있는 잠재능력을 계발할 수 있는 교수적합화를 통한 교육성과를 도출해야 한다(박은혜, 김정연, 2010).

지체장애아동을 위한 교육과정은 신체적 특성을 고려한 건강과 안전, 자조기술, 감각통합 향상과 교육자료가 풍부하고 긍정적이며 수용적인 교육환경을 고려한 교수적합화가 이루어져야 한다. 박승희(1999)는 특수교육 현장에 관심을 불러일으켰던 장애학생의 교수적 수정이라는 용어로 교수적합화를 설명하고 있으며, 교수적합화의 단계를 제시한 것을 보면 다음과 같다.

- 1단계: 장애학생의 IEP에 기재된 장·단기 교수목표를 검토하기
- 2단계: 장애학생이 통합학급의 수업에 참여할 일반교과를 선정하기

- 3단계: 일반학급 환경에 대한 정보를 수집하기
- 4단계: 일반교과 수업에서 장애학생의 학업수행과 행동을 평가하는데, 일반학급 내에서 장애학생의 교과수업과정을 관찰하며 장애학생이 일반교과 수업에 참여하면서 경험하는 어려움과 학습 욕구를 파악하기
- 5단계: 선택된 일반교과의 한 학기 단원들의 학습목표를 검토한 후, 장애학생의 한 학기 개별화된 단원별 학습목표의 윤곽을 결정하기
- 6단계: 장애학생의 수업참여를 위해 교수적 수정의 유형을 결정하고 고안하기
- 7단계: 개별화된 교수적 수정이 실행되고 수정이 적용된 수업참여의 양과 질을 평가하기

정주영과 신현기(2001)가 제시한 교수적합화 단계를 살펴보면 다음과 같다.

- 1단계: 통합교실의 교수환경 및 요구를 확인하기
- 2단계: 장애학생들의 학습상의 강점과 약점을 확인하기
- 3단계: 참여할 교과를 선택하기
- 4단계: 교과 관련 학업수행과 행동을 평가하고, 목표를 설정하기
- 5단계: 교과 특성에 알맞은 교수적합화 유형을 검토하기
- 6단계: 알맞은 교수적합화 유형을 선택하고 수업을 계획하기
- 7단계: 장애학생의 학업수행을 위해 교사가 교수환경을 적합화하고 교수목표에 따라 교수 내용을 적절한 방법으로 실행하기
- 8단계: 학생의 수행을 평가하기

지체장애아동들을 위해 특별히 고안된 교실환경적합화 실제는 표 5-8과 같다.

〈표 5-8〉 교실환경적합화의 실제

▶ 유아평정지

교사이름: 김○○
유아이름: 김○○

이 계획 지침은 특정 유아에 대한 구체적인 정보를 수집하는 데 도움이 될 것이다. '유아평정지'를 이용하여 관심을 기울여야 할 3가지 활동을 정한다. 문제를 정했으면 통합환경에 배치된 유아를 위한 교수계획을 수립하는 데 필요한 정보를 수집한다(용어: 수정=교육과정 수정, 기회=삽입된 학습기회, 교수=유아 중심 교수전략).

활동	관심사항	교사의 현재 수행방식	교수전략
소집단	• 옆에 있는 유아의 자료를 빼앗는다. • 자료를 입으로 탐색한다. • 교사의 도움을 받아도 활동에 지속적으로 참여하기 어려우며 집중시간이 짧다.	• 소집단활동 시 교사가 ○○의 옆자리에 앉거나 뒤에서 안는 자세로 앉는다. • 자료가 책상에 놓여 있으며 ○○은 항상 익숙한 자료에 손이 먼저 가서 입으로 가져가므로 교사가 개입해야 한다.	수정(★) 기회( ) 교수( ) 설명: 김○○은 계획된 활동에 스스로 참여하며 교구를 입으로 넣지 않고 최소한 2분 정도 눈과 손으로 탐색한다. 교사는 김○○이 눈과 손으로 탐색하면 칭찬해 준다.
대집단	• 활동에 관심을 가지지 않는다. • 친구의 접촉을 싫어한다.	• 교사는 친구와 함께 활동을 할 수 있도록 격려하며 손을 잡을 수 있도록 유도한다. 그러나 ○○은 항상 손을 뿌리치거나 친구의 머리를 잡아당겨 버리므로 교사가 개입해야 한다.	수정(★) 기회( ) 교수( ) 김○○은 자신의 의자에서 최소한 5분 정도 기다린다. 친구가 옆에서 접촉을 시도해도 친구의 머리를 잡아당기지 않고 싫다는 표현을 언어로 하도록 한다.
전이	• ○○좋아하는 자료나 활동을 하고 있을 때 전이 신호에 반응하지 않는다. • 활동에 흥미가 없을 때는 책상에 엎드려 있는다.	• 교사가 ○○에게 지침을 반복해서 말하고 ○○가 전이하도록 신체적으로 촉진한다. 그러나 ○○는 자기 몸을 학대하거나 심하게 짜증을 낸다.	수정(★) 기회( ) 교수( ) 김○○는 그림카드와 함께 청각적인 소리를 함께 사용한다. 각 전이 시에 김○○에게 그림 카드를 보여 주고 종을 울린다.

▶ **문제행동을 다루는 전략**

여덟 가지 유형의 교육과정 수정방법이 제시되어 있는 것을 기초로 하여 관찰대상 유아의 교육과정의 수정을 하고자 한다. 즉, 교육과정에의 문제행동에 대한 교육과정 수정전략은 평가지에 의한 것이다.

문제행동	환경 지원	자료 수정	활동의 단순화	유아 선호 활용	특수 장비	어른 지원	또래 지원	비가시적 지원
대집단시간에 적극적으로 참여하지 않는다	★		★					
대집단에 참여하기를 거부한다				★		★		
대집단시간에 다른 유아의 접촉을 싫어한다						★		★
학습영역에는 전혀 관심이 없다	★		★	★				
교구를 던진다	★					★		
지시에 순응하지 않는다	★					★		
다른 영역으로 전이 시 어려움을 가진다	★			★				
교실을 굴러다닌다	★				★	★		★
교구를 입에 넣는다	★	★				★		★
다른 사람의 머리를 쥐어뜯는다	★					★		
주의집중하지 않는다	★							★
자해를 한다				★	★	★		
소집단시간에 다른 사람의 물건을 가로챈다	★			★				
교실에서 굴러다닌다	★				★			
교사가 떠 주는 음식만 먹는다	★							★

출처: 김경숙, 백유순, 최민숙(2003). 장애유아통합교육방법. 양서원.

3) 보조공학의 활용

보조공학이란 장애아동의 기능적 능력을 유지 및 향상시키기 위한 기성품 또는 주문 제작된 장치나 제작도구를 말하며, 장애를 완치하려는 목적보다는 장애를 보완하여 자립성을 향상시켜 삶의 질을 높이는 데 있다(유은영 외, 2007; Pedretti & Early, 2001). 또한 미국의 보조공학법(Assistive Technology Act of 2004: ATA)에서는 보조공학을 "보조기기와 보조공학 서비스에서 활용할 수 있도록 고안된 공학"으로 정의하고 있다.

우리나라 보조공학은 「장애인복지법」에 "재활보조기구"로 규정하고 있으며 제65조에 "장애인의 장애의 예방·보완과 기능 향상을 위하여 사용하는 의자·보조기 및 그 밖에 보건복지부장관이 정하는 보장구와 일상생활의 편의 증진을 위하여 사용하는 생활용품"으로 정의하고 있다.

〈표 5-9〉 우리나라 보조공학 관련 주요 법률 현황

구분	소관부처	지원범위	대상
국가유공자 등 예우 및 지원에 관한 법률	국가보훈처	의 · 보조기 등(보철구)	국상공무원, 국가상이유공자
장애인 등에 대한 특수교육법	교육법	학습보조기기	장애아동
국가정보화 기본법	안전행정부	정보통신기구	등록장애인
장애인고용촉진 및 직업재활에 관한 법률	고용노동부	직업 관련 보조기기	등록장애인 중 근로자
산업재해보상보험법	고용노동부	산재 관련 보조기기	산업재해장애인
장애인복지법	보건복지부	의료급여(77종) 무료 교부(9개 품목)	등록장애인 중 수급자, 차상위
국민건강보험법	보건복지부	의지 · 보조기, 일상생활보조기기	등록장애인
장애인 · 노인 · 임산부 등의 편의증진보장에 관한 법률	보건복지부	편의시설	전 국민

출처: 임은정(2013). 장애인 보조공학 서비스 실태와 활성화 방안에 관한 연구. 전주대학교 석사학위논문. p. 12.

〈표 5-10〉 보조공학 종류와 특징

명칭	특징	사진
비전키보드 키가드	• 손기능 저하 및 손떨림이 있는 지체/뇌병변장애	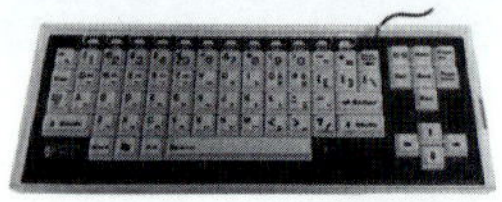
스윙에어 스무디스위치	• 상 · 하지의 강직 떨림, 불수의적 움직임으로 인한 마우스 사용 어려움 해소 • 마우스포인트 컨트롤기능 및 단축키 사용 가능	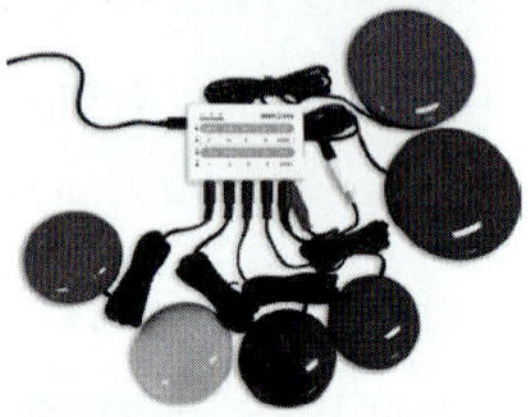
립스틱 마우스	• 팔다리 사용이 어려운 장애인 중에서 머리의 움직임이 제한적인 장애인들을 위한 특수 마우스 • 호흡을 통한 클릭이 아닌 입술을 동작으로 클릭 • 작은 움직임으로 클릭 가능	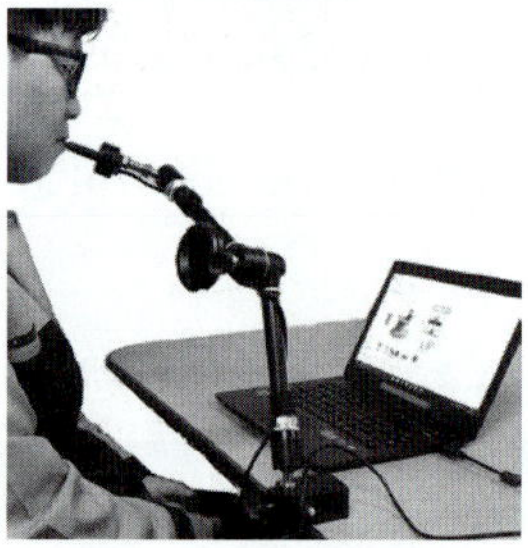
안경마우스	• 머리의 움직임으로 마우스커서 이동 • 상지절단, 마비, 관절 등의 장애가 있어 손으로 일반 마우스 사용이 어려운 장애인 사용	
자판 없는 키보드 & 마우스	• 절단장애(손목, 손가락, 전완) 및 손가락 떨림이 심하여 일반키보드나 마우스 사용이 어려운 장애인 • 입력과 마우스 사용이 동시에 가능한 슬라이드 형식의 키보드 & 마우스	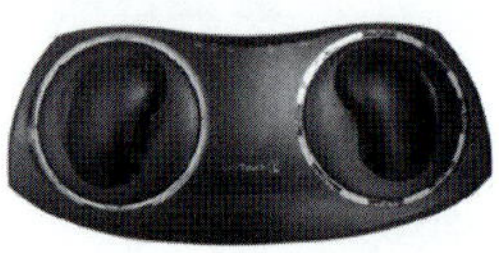

출처: http://www.at4u.or.kr

Chapter

06

지적장애

배울 내용

1. 지적장애아동의 개념과 특성
2. 지적장애의 진단기준과 판별방법
3. 지적장애의 현황 및 원인
4. 지적장애의 예방 및 교육적 조치

학습목표

지적장애에 대한 개념 및 특성, 진단기준, 판별방법, 현황, 원인 등을 이해함으로써 지적장애아동의 예방 및 교육적 조치에 대한 교사로서의 전문적 소양을 습득한다.

개 요

역사적으로 오랜 세월 동안 지적장애아동에 대한 이해 부족으로 기피와 조롱의 대상이 되어 왔으나 최근에는 일반학급에서 통합교육을 받는 지적장애아동의 수가 급증하고 있다. 따라서 중복장애를 가진 지적장애아동에 대한 인지적 보완 및 의학적인 지원이 필요한 실정이다. 이 장에서는 지적장애의 정의와 특성을 알아보고, 진단기준과 판별방법, 현황과 원인을 통해 지적장애아동에 대한 일반적인 이해를 돕고 예방책과 치료방안 및 교육 지원책을 살펴봄으로써 예비특수교사로서의 소양을 갖출 수 있도록 하는 데 중점을 둔다.

지적장애

06
Chapter

1. 지적장애아동의 개념과 특성

1) 지적장애아동의 개념

지적장애(Intellectual Disability)란 '현저히 낮은 지적능력으로 자신의 신변처리와 환경적응에 어려움을 가진 상태'를 의미한다. 과거에는 정신박약, 정신지체박약 등 부정적인 용어가 사용되었지만, 현재는 인지기능의 문제로 인한 발달지연의 문제라는 것이 반영되어 지적장애라는 용어로 사용되고 있다. 다시 말해 지적장애는 개인의 지능지수(IQ)가 정상범위를 벗어난 70 이하로 일상생활과 사회적응에 많은 어려움을 가진 장애로서 보통 만 18세 이전에 인지기능 저하가 뚜렷하게 확인되는 경우로, 미국지적장애협회(American Association on Mental Retardation, 2002)에서는 지적장애를 만 18세 이전에 나타나는 평균 이하로 낮은 인지능력과 이로 인한 적응행동(개념형성의 기술, 사회적 기술, 실행 기술)의 심각한 제한으로 한정시키고 있다.

국내의 경우 「장애인복지법 시행령」 제2조에서는 지적장애를 '정신발육이 항구적으로 지체되어 지적능력의 발달이 불충분하거나 불완전하고, 자신의 일을 처리하는 것과 사회생활 적응에 상당히 곤란한 사람'으로 명시하고 있다. 그리고 지적장애는 안전, 건강, 여가, 직업, 기능적 교과 가운데 두 가지 분야 또는 그 이상의 적응에서 제한성을 가진다. 국내 「장애인복지법」의 지적장애 기준은 지능지수를 70으로 정하고 지능, 일상생활, 사회생활, 직업을 함께 고려하여 분류하고 있다.

2019년 「장애인복지법 시행령 및 시행규칙」이 개정되면서 2019년 7월부터 장애등급제가 폐지되고, 장애인 중심의 맞춤형 지원체계가 도입되면서 지적장애는 중증으로 분류되었다. 개정안의 골자는 장애의 구분에 있어 장애정도가 심한 경우와 그렇지 않은 경우로 단순화하였다. 이는 서비스 지원에만 참고자료로 활용하며, 주요서비스의 수급자격은 별도의 심사자격을 통해 결정이 이루어기 때문에 꼭 필요한 장애인이 지원을 받을 수 있도록 하였다. 즉, 「장애인복지법」 개정 이전에는 지적장애를 1급(지능지수 35 미만), 2급(지능지수 35 이상~50 미만), 3급(지능지수 50 이상~70 이하)으로 나누었지만, 개정 후에는 장애등급과 상관없이 활동지원서비스 신청이 가능하게 되었다.

이러한 지적장애 진단은 일차적으로 지능지수에 기반을 두고 있기 때문에 개인의 지능 이외의 다른 기능을 간과하고 있다. 이와 관련하여 그로스만(Grossman, 1983)은 지능지수가 70 이하인 경우 지적장애로 판정할 수 있지만, 적응행동에서 결함이 판단될 경우 지능지수가 75 이상이라 하더라도 지적장애로 확대하여 판정할 수 있다고 보았다. 아울러 아동의 지능지수가 60~70이거나 이보다 더 낮은 지능이라 하더라도 지적장애 판정은 명백한 임상적 판단의 필요성을 제기하고 있다.

이러한 전통적 형태의 지적장애의 진단과 분류에 대하여 문제점을 지적하는 의견들이 최근 들어 점차 증가하고 있는데, 미국지적장애협회(American Association on Mental Retardation)는 지적장애를 단순히 지능지수로만 정의하는 것은 모순이 있다고 주장하고 있다. 즉, 다소 지능지수가 낮더라도 개인의 사회적응능력이 일상생활에 큰 지장이 없다면 지적장애 진단에서 제외해야 한다는 것이다.

현재 이러한 주장은 지적장애 진단과 분류에 대한 전통적 시각에 큰 도전이 되고 있다. 기존의 지적장애 진단의 주요 기준이었던 '지능지수'라는 단일차원의 접근법에서 탈피하여 지적장애인의 기능과 사회통합을 위해서는 가족과 지역사회의 지원 정도를 종합적으로 고려한 다차원적 지적장애 진단체계의 도입이 필요하게 된 것이다.

이와 관련하여 '미국 지적 및 발달장애협회(American Association and Intellectual and Developmental Disabilities: AAIDD)'의 전신인 미국정신지체학회(AAMR)는 1992년에 지적장애를 선천적 또는 영구적인 상태와 같이 개인 내부적 문제가 아니라 환경적 맥락과의 상호작용을 통한 외부 지원의 의미로 봐야 한다고 주장한 바 있다(강종구, 김라경, 2012). 이는 지능지수가 낮다 하더라도 개인이 환경과의 상호작용을 통한 외부 지원에 따라 제기능을 수행할 수 있다는 것을 의미한다. 이와 함께 지적장애인을 발달적 관점에서 현재 기능적 능력을 증진시키는 데 필요한 환경적 지원 수준에 따라 간헐적(Intermittent), 제한적(limited), 포괄적(Extensive), 전반적(Pervasive) 유형으로 구분하고 있다(이정은, 2019).

〈표 6-1〉 지적장애인 기능적 지원 수준

구분	내용
간헐적 지원 유형	간헐적 지원 유형은 도움을 항상 필요로 하지 않는 사람으로 낮은 강도의 지원이 필요한 수준이다.
제한적 지원 유형	제한적 지원 유형은 정해진 기간 동안 규칙적이고 일관적인 도움이 필요한 수준이다.
포괄적 지원 유형	포괄적 지원 유형은 규칙과 규범을 설정하여 도움이 필요한 수준이다.
전반적 지원 유형	전반적 지원 유형은 일생에 걸쳐 대부분의 환경에서 강도가 높은 지원이 필요한 수준을 말한다.

지금까지의 지적장애에 대한 정의들을 종합해 볼 때, 지적장애의 발병연령은 18세 이전으로 되어 있으며, 표준화된 지능검사의 소견에서 유의하게 표준 이하의 지적인 기능과 동시에 그와 연관된 적응성, 제한성이 두 가지 혹은 그 이상의 실제 적응기술 영역들(의사소통, 자기관리, 가정생활, 사회성 기술, 지역사회활동, 자기지시, 건강과 안전, 기능적 학업 효과, 여가, 직업기술의 영역)에서 존재하는 것으로 특징지어진다. 즉, 발달기(18세 이전)에 발현되고, 지능의 발달지체(IQ. 70 이하)와 적응행동의 결함으로 인한 사회적응의 한계라는 조건을 만족시키면 지적장애라고 볼 수 있는 것이다.

2) 지적장애아동의 특성

지적장애인은 낮은 지능지수와 사회적응 능력의 부족으로 많은 실패를 경험하게 된다. 이러한 경험은 새로운 시도에 대한 두려움으로 이어져 실패를 회피하고 성공을 위한 노력을 하지 않는 경우가 더 많다. 특히, 격리되거나 보호되어 있는 지적장애아동의 경우 자아결핍과 사회적 거부의 경험을 통해 초자아가 정상적 수행을 하지 못한다(박형욱, 2011). 지적장애아동의 인지능력 결함은 주의가 산만하고 낮은 학습동기로 기본적인 학습이 이루어지기 힘들게 되어 좌절감, 또래집단에서의 소외감 등으로 학교생활 적응에 어려움을 초래할 수 있다.

또한 지적능력의 결함은 언어능력, 통찰력, 판단력 등의 결핍으로 이어질 수 있다. 또래와의 상호작용에 필요한 사회적 기술의 부족으로 이어져 사회성 발달에도 부정적인 영향을 줄 것이다. 그리고 신체기능 영역에서도 비장애학생과 같은 발달과정을 거칠 수 있지만 지적장애아동은 비장애학생보다 신체기능, 운동능력, 감각기능이 지체되어 있다. 특히, 몸의 균형, 분리, 연결 동작에 어려움을 겪고 있으며 지구력, 인내력에서 비장애아동보다 많이 취약하다(김정권 외, 1993). 지적장애아동은 비장애아동에 비해 지적능력 및 적응행동적 능력에서 많은 제한을 가지고 있다. 지적장애아동의 특성을 살펴보면 표 6-2와 같다(김동일 외, 2016).

〈표 6-2〉 **지적장애아동의 특성**

- 지적장애아동은 부족한 지적능력으로 학습에 어려움을 드러낸다. 지적장애 수준에 따라 차이가 있지만 낮은 기억력과 주의집중력에 결함을 지니고 있다. 그리고 관찰 또는 모방을 통한 학습능력이 부족한 경우가 많다. 추상적 사고와 고차원적인 사고력 발휘에 어려움을 가져 학업속도가 느리고 학습한 내용을 일반화시키는 것에 어려움을 갖는다. 언어능력에서도 비장애아동의 전형적인 발달단계가 지적장애아동에게는 보이지 않을 수 있다. 인지발달 단계는 비장애아동과 동일한 단계로 나타나지만, 인지발달 속도가 느리고, 지적발달 수준에 도달하는 데 어려움을 겪는다. 특히, 장기기억력에 비해 단기기억력이 더 많이 손상된 것으로 보는 견해가 많다. 따라서 단기기억이 장기기억으로 저장될 수 있도록 반복학습과 함께 기억증진 프로그램을 사용해야 한다.
- 지적장애아동은 낮은 학습동기로 인해 문제가 되는 경우가 많다. 처음부터 동기유발이 낮은 경우도 있

지만 누적된 실패 경험으로 의욕이 상실된 '학습된 무기력(learned helplessness)' 상태가 되는 경우도 빈번하다. 따라서 지적장애아동의 능력에 적합한 과제 제시를 통해 성공을 경험할 수 있도록 하고, 다소 시간이 걸리고 힘들어도 본인 스스로 할 수 있는 기회가 많이 제공될 필요가 있다.

- 지적장애아동은 적응행동적 측면에서 사회적으로 어려움을 가지고 있다. 낮은 사회적 기술로 인해 지적장애아동은 교사, 또래, 이웃과 긍정적인 관계를 맺거나 이를 유지시키는 능력이 부족하다. 원만하지 못한 대인관계와 여러 상황에서의 부적응은 적응행동이 부족할 수 있다. 그래서 지적장애아동은 자기 지향성, 책임감, 사회적 기술의 부족으로 상황에 맞지 않은 부적절한 행동으로 주변 사람들로부터 거부당하기도 한다. 지적장애아동이 경험하는 주변으로부터의 거부경험은 부정적 자아개념과 부정적 정서로 이어져 다른 사람과의 상호작용에 어려움을 겪게 한다. 행동적 측면으로는 지적장애아동의 수준에 따라 다소 차이가 있다. 그러나 대부분 주의산만, 과잉행동, 외상후 스트레스 장애, 불안장애, 성격장애 등의 부정적 행동양상을 보인다. 이는 부족한 사회적 기술과 부정적 행동이 부적절한 적응행동적 양상으로 드러나고 있는 것이다.

지적장애아동은 인지장애, 학습장애, 정서불안 등 적응행동장애가 복합적으로 나타나는 경우가 대부분이다. 복합적인 적응행동장애로 인해 잦은 좌절, 실패경험으로 인해 지적장애아동의 성공에 대한 자신감을 결여시키고 자기효능감을 낮추게 한다(박호주, 이보연, 2014) 이러한 경험은 성인기까지 이어져 순환적 악영향으로 지속적인 부정적 영향을 받게 된다.

이러한 특성에도 불구하고 지적장애아동에게 지속적인 훈련과 기술습득을 위한 긍정적인 상호작용의 기회를 제공한다면 충분히 사회성은 성장하고 발전할 수 있다고 주장한다(서은정, 2016). 따라서 지적장애아동의 사회성과 긍정적 상호작용을 학습할 수 있는 다양한 체계에서의 지원이 필요하다. 이러한 긍정적인 상호작용의 기회는 비교적 생애 초기부터 제공해 주는 것이 이들의 사회성 발달에 도움이 될 수 있다.

지금까지의 내용을 종합해 보면, 지적장애아동의 특성은 개인차가 있으며, 또한 장애정도에 따라 경도의 지적장애 아동이 보이는 특성은 중도의 지적장애 아동이 보이는 다양한 특성과 차이가 있을 수 있다. 그러나 지적장애아동 또한 일반아동과 마찬가지로 다양한 개성을 가지고 있고, 학습에 열심히 참여하기도 하며, 타인과 조화롭게 어울리며 긍정적인 관계를 맺기도 한다는 점에서 장애수준에 맞는 다양한 지원이 제공된다면 보다 바람직할 것이다.

2. 지적장애의 진단기준과 판별방법

1) 지적장애의 진단기준

지적장애의 필수적인 특징은 연령, 성별, 사회 · 문화적 배경이 일치하는 또래에 비해 전반적인 정신능력의 결함과 일상의 적응기능에 손상을 보이는 것이며, 이러한 손상은 발달 시기 동안에 시작된다. 그리고 지적장애의 진단은 임상적인 평가와 지적 기능 및 적응기능에 대한 표준화된 검사를 기반으로 한다. 지적장애에 관한 DSM-5의 진단기준은 표 6-3과 같다.

〈표 6-3〉 지적장애에 관한 DSM-5의 진단기준

지적장애(지적발달장애)는 발달 시기에 시작되며, 개념, 사회, 실행영역에서 지적 기능과 적응기능 모두에 결함이 있는 상태를 말한다. 다음의 3가지 진단기준을 충족해야 한다.

A. 임상적 평가와 개별적으로 실시된 표준화된 지능검사로 확인된 지적 기능(추론, 문제해결, 계획, 추상적 사고, 판단, 학업, 경험학습)의 결함이 있다.

B. 적응기능의 결함으로 인해 독립성과 사회적 책임의식에 필요한 발달학적 · 사회문화적 표준을 충족하지 못한다. 지속적인 지원 없이는 적응 결함으로 인해 다양한 환경(가정, 학교, 일터, 공동체)에서 한 가지 이상의 일상 활동(의사소통, 사회적 참여, 독립적 생활)기능에 제한을 받는다.

C. 지적 결함과 적응기능의 결함은 발달 시기 동안에 시작된다.

진단기준 A는 추론, 문제해결, 계획, 추상적 사고, 판단, 가르침과 경험을 통한 학습, 실질적인 이해와 같은 지적 기능과 관련이 있으며, 언어이해, 작업 기억력, 인지적 추론, 양적 추론, 추상적 사고, 인지적 효율성 등이 중요한 요소이다. 지적 기능은 타당도가 입증되었으며, 포괄적이고 문화적으로 적절하며 심리평가상 믿을 만한 지능검사, 즉 표준화된 지능검사를 통해 측정된다. 지적장애 개인의 지능지수는 오차범위(일반적으로 +5점)를 포함해서 대략 평균에서 2표준편차 이하로 평가된다. 이는 15의 표준편차와 평균이 100인 검사에서 65~75점(70±5)을 의미한다.

진단기준 B는 개념적 영역, 사회적 영역, 실행적 영역 중 적어도 한 가지 이상의 영역에서 충분한 손상이 있어, 학교, 직장, 가정, 지역사회 등의 환경에서 적절한 기능을 수행하기 위해서는 지속적인 지원이 필요한 경우에 충족된다. 지적장애의 진단기준을 충족하려면 이러한 적응기능의 결핍이 진단기준 A에 기술된 지적 손상과 직접적인 연관이 있어야 한다.

진단기준 C는 발달 시기 중에 발병해야 한다는 내용으로 지적 결함과 적응 결함이 아동·청소년기 동안에 존재해야 하는 것과 관련이 있다.

2) 지적장애의 판별방법

지적장애에 대한 시기별 판별방법은 학령기 이전에는 정신·신체적 발육상태를 평균적인 발달수준과 비교하여 판별하게 되고, 학령기에는 학습능력에 의한 판별, 성인기에는 사회적응력 평가에 의해 지적장애를 판별하게 된다. 그리고 「장애인 등에 대한 특수교육법 시행규칙」의 특수교육대상자 선별검사 및 진단·평가영역(제2조 제1항 관련)에서는 장애 조기 발견을 위한 선별검사로 사회성숙도 검사, 적응행동검사 및 영유아발달검사를 제시하고 있으며, 지적장애 진단을 위해서는 지능검사, 사회성숙도 검사, 적응행동검사, 기초학습검사, 운동능력검사를 제시하고 있다.

일반적으로 지적장애를 판별하기 위해 사용되는 방법으로는 문진, 신체발달과 건강상태검사, 유아발달평가척도, 지능검사, 적응행동검사 및 기타 검사방법을 이용하게 된다. 지적장애 판별에 이용되는 방법과 검사도구는 **표 6-4**와 같다(김이영 외, 2020).

〈표 6-4〉 지적장애 판별에 이용되는 방법과 검사도구

구분	판별방법과 검사 종류
문진	가족력, 유전적 질환, 출생 전후의 병력을 알 수 있음
신체발달과 건강상태검사	• 신체 기형검사 • 시청각장애, 언어장애, 간질의 합병 유무 검사 • 뇌파검사, 뇌단층촬영 • 대사장애 및 내분비학적 검사 • 염색체검사
유아발달평가 척도	• Denber 발달평가검사(DDST) • Bayley 영아발달척도(BSIT)
지능검사	• Cattel 유아지능척도(Cattel Infant Intellgence Scale) • Stanford–Binet 지능검사 • Wechsler 지능검사 • 고대–비네검사 • K–WISC • K–WIPPSI
적응행동검사	• 미국지적장애협회 적응행동척도(AAMD Adaptive Behavior Scale) • 사회성숙도 검사
기타 검사방법	• 시각–운동 통합능력을 알아보기 위한 검사(BGT) • 학업성취도검사 • 문제행동에 대한 검사

3. 지적장애의 현황 및 원인

1) 지적장애의 현황

지적장애인의 성별 · 연령별 분포 현황을 살펴보면 표 6–5와 같다.

〈표 6-5〉 지적장애인의 성별 · 연령별 분포

(단위: %, 명)

구분	남자	여자	전체
0~9세	7.2	3.9	6.0
10~19세	14.8	14.7	14.8
20~29세	25.1	19.6	23.1
30~39세	19.5	18.1	19.0
40~49세	13.6	16.9	14.9
50~59세	10.3	15.5	12.2
60~64세	3.5	3.9	3.6
65~69세	2.5	2.5	2.5
70~79세	3.3	3.1	3.3
80세 이상	0.2	1.9	0.8
계	100.0	100.0	100.0
전국추정수(N)	152,131(407)	89,963(240)	242,094(647)

출처: 보건복지부, 한국보건사회연구원(2020). 2020년 장애인 실태조사.

지적장애의 현황을 연령별로 살펴보면, 20대가 23.1%로 가장 많았고, 다음으로 30대 19.0%, 40대 14.9%로 뒤를 이었다. 성별로는 남자는 20대가 25.1%로 가장 높고, 다음으로 30대 19.5%, 10대 14.8%, 40대 13.6%의 순이었다. 여자는 20대가 19.6%로 가장 높고, 다음으로 30대 18.1%, 40대 16.9%, 50대 15.5%의 순으로 나타나 연령별 출현율은 20~30대 등 청년 연령대에서 높았다. 지적장애의 장애발생 시기에 대한 현황은 표 6-6과 같다.

〈표 6-6〉 지적장애의 장애발생 시기

(단위: %, 명)

구분	남자	여자	전체
출생 전 또는 출생 시	18.7	21.9	19.9
만 1세 이전	7.8	6.1	7.2
만 1세 후	73.4	72.0	72.9
계	100.0	100.0	100.0
전국 추정수	152,131	89,963	242,094

출처: 보건복지부, 한국보건사회연구원(2020). 2020년 장애인 실태조사.

지적장애의 발생 시기는 출생 전 또는 출생 시인 경우가 19.9%, 만 1세 이전이 7.2%, 만 1세 후가 72.9%로 나타났다. 성별 장애발생 시기는 큰 차이를 보이지 않았으나 만 1세 후 발생이 남자가 73.4%로 여자 72.0%로 약간 높았다. 지적장애의 후천적 장애발생 시기에 대한 현황은 **표 6-7**과 같다.

〈표 6-7〉 지적장애의 후천적 장애발생 시기 (단위: %, 명)

구분	남자	여자	전체
만 1~4세	39.8	28.3	35.6
만 5~9세	29.2	26.0	28.0
만 10~19세	14.5	19.7	16.4
만 20~29세	5.1	5.1	5.1
만 30~39세	1.6	8.6	4.2
만 40~49세	4.6	3.4	4.1
만 50~59세	2.1	5.6	3.4
만 60~69세	2.4	0.4	1.7
만 70~79세	0.3	0.5	0.4
만 80세 이상	0.5	2.5	1.2
계	100.0	100.0	100.0
전국추정수	111,735	64,751	176,486

출처: 보건복지부, 한국보건사회연구원(2020). 2020년 장애인 실태조사.

연령별 지적장애 발생을 구체적으로 살펴보면, 만 1~4세가 35.6%로 가장 많았고 만 5~9세 28.0%, 만 10~19세 16.4% 등의 순으로 연령이 증가할수록 장애발생은 낮아지는 것을 알 수 있다. 특히, 20세 미만의 연령에 장애가 발생한 경우가 80.0%로 매우 높았다. 성별로는 남자의 10세 미만의 지적장애 발생 비율이 여자보다 높았다. 지적장애인의 의사소통 수행능력 현황은 **표 6-8**과 같다.

〈표 6-8〉 지적장애인의 의사소통 수행능력

(단위: %, 명)

구분	남자	여자	전체
완전하게 의사소통 가능	11.5	12.6	11.9
스스로 대부분의 의사소통 가능	27.7	25.3	26.8
스스로 간단한 의사소통 가능	26.9	30.1	28.1
도움을 통해 간단한 의사소통 가능	21.6	20.7	21.3
의사소통이 전혀 불가능	12.2	11.3	11.9
계	100.0	100.0	100.0
전국추정수	152,131	89,963	242,094

출처: 보건복지부, 한국보건사회연구원(2020). 2020년 장애인 실태조사.

지적장애의 의사소통 수행능력은 스스로 간단한 의사소통이 가능한 경우가 28.1%로 가장 높았고, 스스로 대부분의 의사소통이 가능한 경우 26.8%, 도움을 통해 간단한 의사소통이 가능한 경우 21.3%의 순이었다. 완전하게 의사소통이 가능한 경우가 11.9%, 의사소통이 전혀 불가능한 경우는 11.9%로 나타났다. 성별로는 여자가 완전하게 의사소통 가능, 스스로 간단한 의사소통이 가능한 경우가 남자에 비해 높았고, 남자가 스스로 대부분의 의사소통 가능, 도움을 통해 간단한 의사소통 가능, 의사소통이 전혀 불가능까지 여자에 비해 높았다. 지적장애인의 의사소통 방법에 대한 현황은 표 6-9와 같다.

〈표 6-9〉 지적장애인의 의사소통 방법

(단위: %, 명)

구분	남자	여자	전체
말	81.6	83.2	82.2
몸짓	14.1	12.7	13.6
의사소통 카드(그림카드 등)	0.1	0.0	0.1
기타	4.1	4.1	4.1
계	100.0	100.0	100.0
전국추정수	152,131	89,963	242,094

출처: 보건복지부, 한국보건사회연구원(2020). 2020년 장애인 실태조사.

지적장애인의 의사소통 방법을 구체적으로 살펴보면, 말을 통해서가 82.2%, 몸짓이 13.6%, 의사소통 카드 이용이 0.1% 순이었다. 의사소통 방법에 있어 성별 차이는 크지 않았다. 지적장애의 장애발생 원인에 대한 현황은 **표 6-10**과 같다.

〈표 6-10〉 지적장애의 장애발생 원인 (단위: %, 명)

구분		남자	여자	전체
선천적 원인		36.1	35.9	36.0
출생 시 원인		6.6	5.8	6.3
후천적 원인	질환	21.3	20.2	20.9
	사고	11.3	10.2	10.9
원인불명		24.8	27.9	25.9
계		100.0	100.0	100.0
전국추정수		152,131	89,963	242,094

출처: 보건복지부, 한국보건사회연구원(2020). 2020년 장애인 실태조사.

지적장애의 원인은 선천적 원인이 36.0%로 가장 많았고, 원인불명 25.9%, 후천적 질환 20.9%, 후천적 사고 10.9%, 출생 시 원인 6.3% 순이었다. 장애 원인에 대한 성별 특성으로는 남자가 선천적 원인, 출생 시 원인, 후천적 질환, 후천적 사고에 의해 발생한 경우가 여자에 비해 많았다. 지적장애의 후천적 장애 원인에 대한 현황은 **표 6-11**과 같다.

〈표 6-11〉 지적장애의 후천적 장애 원인 (단위: %, 명)

<table>
<tr><th colspan="3">구분</th><th>남자</th><th>여자</th><th>전체</th></tr>
<tr><td rowspan="15">후천적 원인</td><td rowspan="6">질환</td><td>신경계질환</td><td>10.5</td><td>15.1</td><td>12.1</td></tr>
<tr><td>정신질환</td><td>5.6</td><td>6.8</td><td>6.0</td></tr>
<tr><td>심혈관 질환</td><td>4.7</td><td>14.0</td><td>8.0</td></tr>
<tr><td>신생물(종양)질환</td><td>0.7</td><td>0.0</td><td>0.4</td></tr>
<tr><td>기타(중독성 질환, 감염성 질환 등)</td><td>18.7</td><td>10.5</td><td>15.7</td></tr>
<tr><td>미상</td><td>25.3</td><td>20.1</td><td>23.4</td></tr>
<tr><td rowspan="9">사고</td><td>폭력에 의한 사고</td><td>3.4</td><td>2.6</td><td>3.2</td></tr>
<tr><td>가정 내 사고</td><td>4.4</td><td>7.5</td><td>5.5</td></tr>
<tr><td>교통사고(탑승자)</td><td>4.2</td><td>2.4</td><td>3.5</td></tr>
<tr><td>교통사고(보행자)</td><td>7.9</td><td>2.3</td><td>5.9</td></tr>
<tr><td>운동(스포츠) 및 놀이 중 사고</td><td>1.6</td><td>3.5</td><td>2.3</td></tr>
<tr><td>의료/약물 사고</td><td>0.6</td><td>0.0</td><td>0.4</td></tr>
<tr><td>기타 사고 및 외상</td><td>7.3</td><td>3.8</td><td>6.1</td></tr>
<tr><td>미상</td><td>3.5</td><td>3.3</td><td>3.4</td></tr>
<tr><td>기타</td><td>1.6</td><td>8.2</td><td>4.0</td></tr>
<tr><td colspan="3">계</td><td>100.0</td><td>100.0</td><td>100.0</td></tr>
<tr><td colspan="3">전국추정수</td><td>49,476</td><td>27,377</td><td>76,853</td></tr>
</table>

출처: 보건복지부, 한국보건사회연구원(2020). 2020년 장애인 실태조사.

지적장애의 후천적 원인을 질환과 사고로 세분화하여 살펴보면, 후천적 질환에 의한 원인이 65.6%로 후천적 사고에 의한 발생 비율 34.3%에 비해 31.3% 많았다. 후천적 질환 중에서는 미상이 23.4%로 가장 많았고, 기타 중독성 질환, 감염성 질환 등 15.7%, 신경계질환 12.1%의 순이었다. 후천적 사고에 의한 경우 교통사고(탑승자+보행자)가 9.4%, 기타 사고 및 외상 6.1%, 가정 내 사고 5.5% 순으로 높았다.

2) 지적장애의 원인

지적장애의 원인은 매우 복잡하고 사람마다 다르므로 꼭 꼬집어 무엇이 원인이라고 말하기는 매우 어렵다. 이렇게 원인도 다양하고 심지어 원인을 알 수 없는 경우가 많기 때문에 자폐스펙트럼장애와 마찬가지로 치유방법도 없다고 주장하는 경우도 흔하다. 그러나 최근까지 밝혀진 원인으로는 생물 · 의학적 요인(bio-medical causes), 정신 · 사회 · 환경적 요인(psycho-socio-environmental cause) 또는 사회 · 문화 적응적 요인(sociocultural adaptational), 그리고 두 가지가 결합된 요인 등에 의해 발생하게 된다는 견해가 지배적이다.

지금까지 지적장애의 약 25%는 생물 · 의학적 요인에 의한 것이며, 나머지 약 75%는 정신 · 사회 · 환경적 요인 또는 두 가지 요인에 의한 것으로 생각되어 왔다. 그러나 원인 규명을 위한 광범위하고 적극적인 연구에 의해 약 30~40%만이 원인불명으로 남고, 나머지는 그 원인이 규명되고 있다. 지적장애의 구체적 원인을 유전적 요인, 출산 전 요인, 출생 후 요인 및 환경적 요인으로 나누어 구체적으로 살펴보면 다음과 같다(김이영 외, 2020).

(1) 유전적 요인

염색체 이상이 지적장애와 연관이 있다고 보는 견해가 일반적이다. 그러나 염색체 이상이 반드시 지적장애와 연관되는 것은 아니다. 예로 Turner 증후군을 가진 아동 중에는 보통 또는 보통 이상의 지능을 가진 경우가 있기 때문이다. 유전적 요인으로 다운 증후군, 변형 X 증후군, Parder-Willi 증후군, 아미노산 대사 장애, Rett장애를 중심으로 살펴보면 다음과 같다(민성길, 2012).

① 다운 증후군(Down Syndrome)

다운(Down, 1866)은 이 증후를 가진 환자의 얼굴이 몽고족과 닮은 데 착안하여 몽고

리즘이라고 이름을 붙였다. 그 후 환자들의 염색체 수가 47개이며 21번째 염색체가 3개임이 발견되어 21-trisomy라 명명하였다. 이런 변이가 일어나는 이유는 정자 또는 난자 형성 때 비분리가 일어났기 때문이다. 이와 비슷하게 모자이크형 또는 염색체 수가 46개인 전좌형이라는 변형도 있다. 다운 증후군은 신생아 700명 중 1명꼴로 출현하며, 전체 장애아 중 10%를 차지한다. 이 증후군의 특징은 표 6-12와 같다.

〈표 6-12〉 다운 증후군의 특징

- 영아에게 저장성(hypotonia)이 발견되고, 머리가 편평하다.
- 안열이 위로 치솟고 좁으며, 미간에 주름이 많다.
- 손가락이 짧고 넓으며 두텁고, 손금이 한 줄로 되어 있고, 특히 다섯째 손가락의 중절골의 형성부전이 있다.
- 선천성 심장 이상이 있다.
- 대체로 중등도 이하(IQ 50 이하) 지적장애를 나타낸다.

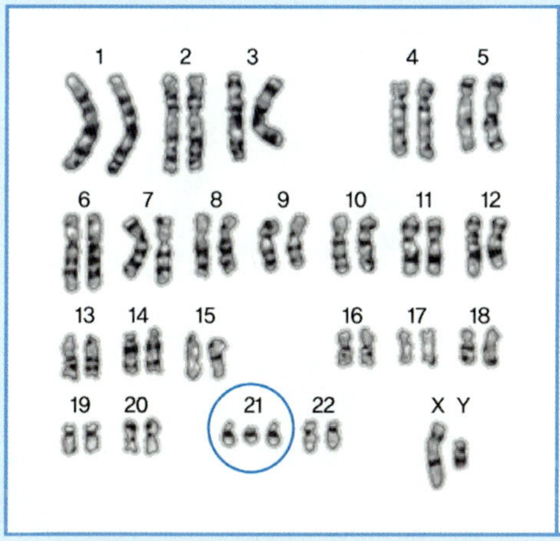

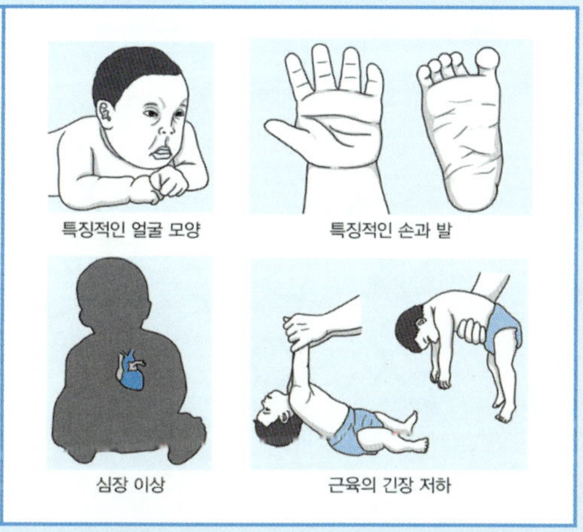

21-trisomy형은 산모의 연령과 발생빈도가 밀접한 연관관계가 있어서 고연령일수록 위험률이 높아진다. 다운 증후군은 임신 14~16주에 양수천자 검사로 조기발견할 수 있다. 반면, 전좌형은 유전적 성향이 있는 것으로, 초산이나 젊은 연령층의 산모에서의 출현빈도가 높다.

② 변형 X 증후군(Fragile X Syndrome)

변형 X 증후군(Fragile X Syndrome)은 X염색체의 돌연변이에 의해 발생하며, 발병률은 나라에 따라 큰 차이가 없으며 남자 신생아 1,000명 중 0.5~0.9명으로 알려져 있고 여자 보인자율은 2배 정도 높다. 특수교육시설에 등록된 지적장애 남아 중 1.3%가 이 증후군으로 보고되고 있으며, 그 특징은 표 6-13과 같다.

〈표 6-13〉 **변형 X 증후군의 특징**

- 지적장애를 유발하는 염색체 이상 중 다운 증후군 다음으로 흔하다.
- 이 증후군을 가진 아동의 지능은 정상에서 각 수준의 지적장애까지 다양하다.
- 출현율은 남아 1,000명 중 1명, 여아 2,000명 중 1명으로 보고된다.
- 외견상으로 크고 긴 머리와 귀, 작은 키, 거대 고환증 등의 특징을 보인다.
- 행동상의 문제로 주의력결핍 과잉행동장애, 학습장애, 자폐스펙트럼장애와 같은 전반적 발달장애가 동반될 수 있다.

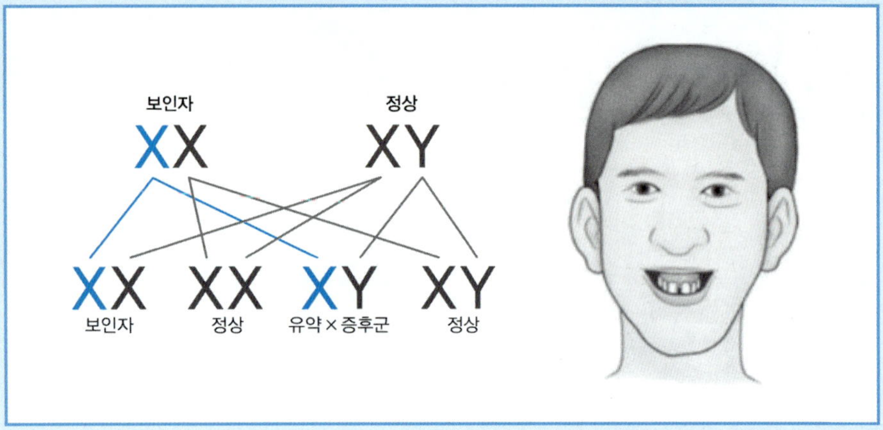

③ Prader-Willi 증후군

Prader-Willi 증후군은 1956년에 처음 보고된 유전질환으로 15번 염색체의 이상으로 발생한다. 특징으로는 작은 키와 비만, 과도한 식욕, 근육긴장 저하(수유 곤란), 성선기능 저하증 등이 나타나며, 모든 Prader-Willi 증후군은 약간의 인지장애를 가지는데, 그 범위가 학습장애를 가진 정상인부터 경미한 지적장애까지 넓다. 행동의 문제도 흔하며 분노, 강박행동, 피부 물어뜯기 등이 나타날 수 있으며, 그 특징은 **표 6-14**와 같다.

〈표 6-14〉 Prader-Willi 증후군의 특징

- 출현율은 1/1,000 이하이다.
- 지적장애, 비만, 강박적 식이행동, 고환의 발육부진, 작은 키, 작은 손발을 지닌다.
- 반항적인 행동이 동반되기도 한다.

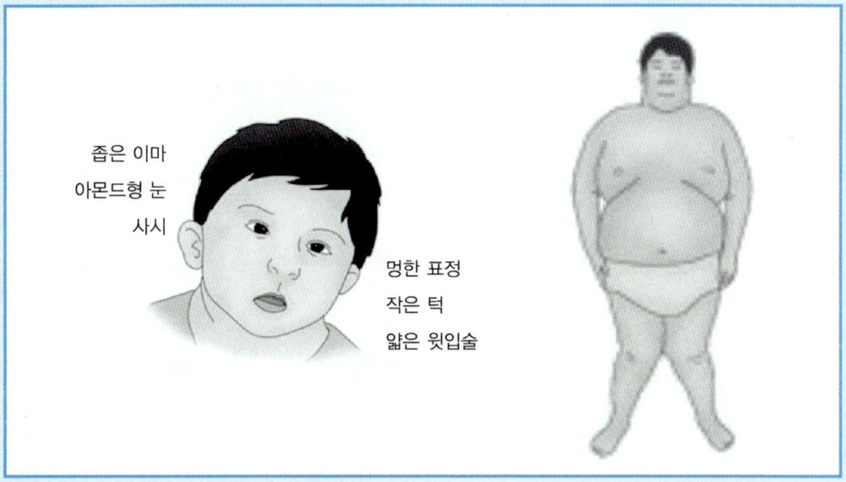

④ 아미노산 대사장애

페닐케톤뇨증은 아미노산 대사장애의 대표적인 장애이다. 페닐케톤뇨증(Phenylketonuria: PKU)은 음식물 중에 포함되어 있는 페닐알라닌이라는 아미노산이 선척적인 효소의 이상으로 신체 속에서 대사되지 않고 체내에 쌓이면서 신경계에 문제를 유발함으로써 나타나는 질환이다. 즉, 선천성 아미노산 대사 이상으로 페닐알라닌을 타이로신으로 전환시키는 효소인 페닐알라닌수산화 효소가 선천적으로 저하되어 있기 때문에 페닐알라닌이 축적되어 지능장애, 담갈색 모발, 피부의 색소 결핍을 초래하게 되는 질환이다. 이 장애는 단순체염색체성 열성 유전에 발생되며, 그 특징은 **표 6-15**와 같다.

〈표 6-15〉 아미노산 대사장애의 특징

- 출현빈도는 인구 1~2만 명에 1명 꼴이다.
- 이 장애가 있는 아동은 두발이 붉고 피부가 희다.
- 이 장애가 있는 아동은 행동과다, 예측할 수 없는 이상행동 또는 경련을 보이고 대화가 불가능하며, 지각장애도 심하다.
- 출생 후 소변검사로 조기발견이 가능하며, 생후 6개월 이전에 저페닐알라닌 우유로 수유하면 이 장애의 치료뿐만 아니라 지적장애의 발현을 예방할 수 있다.

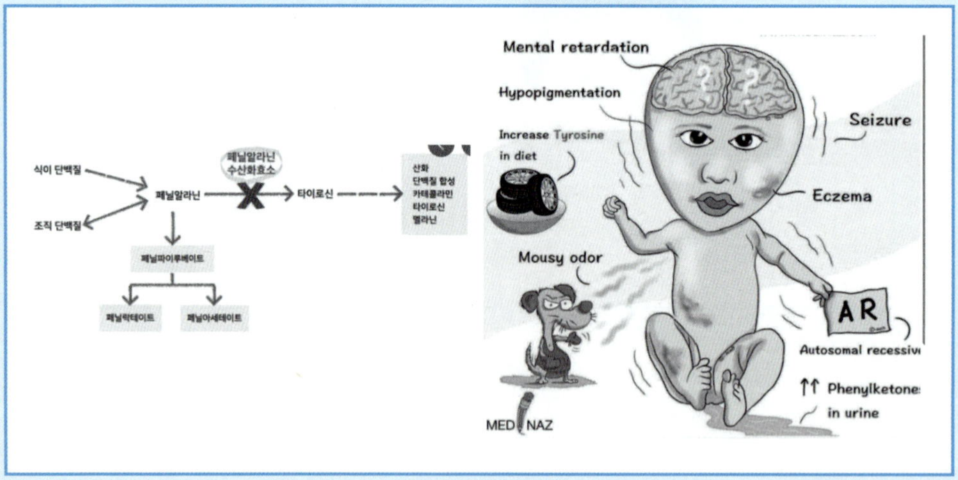

⑤ Rett 장애

Rett 장애는 영아기에 시작되는 독특한 발달장애로 거의 여아에서 발견되며, 전 세계적으로 다양한 인종과 종족에게서 발견된다. Rett 장애의 아이는 보통 건강하게 태어나서 6~18개월까지는 표면적으로는 정상적이거나 거의 정상적인 발육의 시기를 보이다가 기능이 감소하거나 정체되는 시기를 보인다. 그 후 퇴행의 시기가 나타나서 의사소통의 기능을 상실하고 손의 사용능력이 감소하게 된다. 즉, 정형화된 손놀림, 보행장애 및 정상적인 머리성장률의 감소가 뚜렷해진다. 이 장애는 X-염색체 연관 우성이 유전으로 나타나는 지적장애 증후군으로 그 특징은 표 6-16과 같다.

〈표 6-16〉 Rett 장애의 특징

- 여아에서만 발견된다.
- 대부분 만 1세 이후에 의사소통, 운동, 사회성 영역의 기능저하가 시작된다.
- 자폐스펙트럼장애와 유사한 증상들과 이 갈기, 언어소실, 과호흡증, 불규칙한 호흡, 손의 상동행동 등이 나타난다.
- 나이가 들면서 보행실조, 척추만곡증, 간질 등이 나타난다.

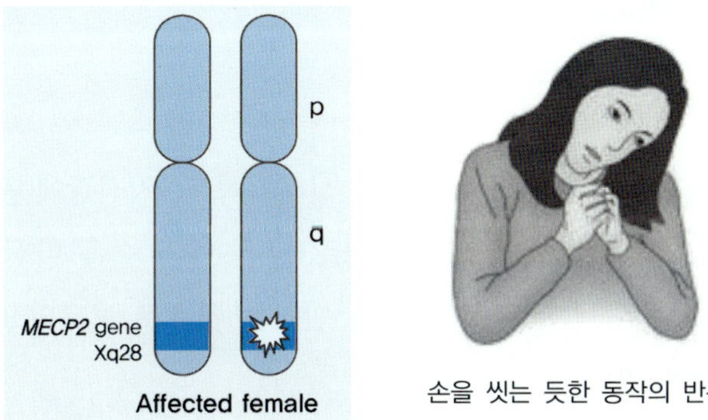

손을 씻는 듯한 동작의 반복

(2) 출산 전 요인

산모의 신체적 · 정신적 건강은 정상적인 태아의 발달을 위해서 필수적이다. 따라서 산모의 만성적 질환과 당뇨병, 빈혈, 고혈압 등의 질환과 술이나 마약의 장기간 섭취는 태아의 정상적인 뇌발달을 저해한다. 출산 전 요인으로는 출산 전 감염, 태아알코올 증후군, 출산 전 약물 복용 및 기타 임신 중의 문제 등이다.

① 출산 전 감염

임신 중에 산모가 감염되어 그 병균이 태반을 통해 태아에 감염됨으로써 선천성 기형 혹은 지적장애의 원인이 될 수 있다. 특히, 임신 첫 삼분기에는 바이러스성 질환 감염의 위험도가 높다. 그 종류로는 세포거대성 봉입체병, 선천성 풍진, 매독, 톡소플라스마증, 단순포진, 바이러스 B, AIDS 등이 있다. 특히, 선천성 기형의 원인으로 선천성 풍진이 매독보다 많다. 이에 감염된 산모의 자녀는 선천성 심장장애, 지적장애, 귀먹음, 눈의 기형, 소두증 등 선천성 기형을 가질 확률이 높다. 초기 감염일수록 위험도가 높아 임신 첫 3개월 이내에 10~15%의 태아에게 영향을 끼치며 감염 예방은 어머니의 면역으로 가능하다.

② 태아알코올 증후군

임신 중 산모의 지속적인 음주는 발육부진, 신체기형 및 지적장애를 동반하는 태아알코올 증후군을 유발한다. 임신 중 습관적으로 많은 양의 술을 마신 산모의 15%가 전형적인 태아알코올 증후군을 가진 아이를 분만하는 것으로 보고되고 있다. 이 증후군의 특징은 표 6-17과 같다.

〈표 6-17〉 **태아알코올 증후군의 특징**

- 소두증(microcephaly)을 보이며, 얼굴 모습은 눈과 눈 사이가 멀고 안검열이 짧으며 들창코 등이 나타난다.
- 학습장애, 주의력결핍 과잉행동장애가 동반된다.
- 심장기형이 많다.

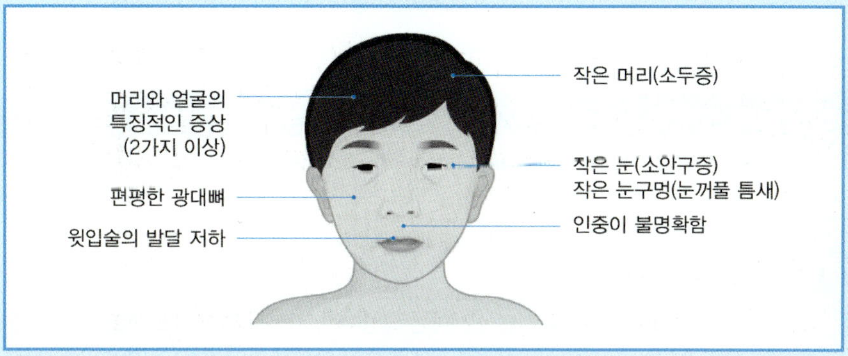

③ 출산 전 약물 복용

산전 약물 복용으로 인한 지적장애 및 이상증상을 보일 가능성이 높은 약물은 아편계 약물, 코카인, 독성물질, 흡연 등이 대표적이다. 약물에 따른 이상증상을 살펴보면 표 6-18과 같다.

〈표 6-18〉 **산전 약물 복용으로 인한 지적장애 및 이상증상**

구분	이상증상
아편계 약물	저체중과 10% 미만의 적은 머리 둘레의 신생아에서 출현빈도가 높으며, 생후 2일 내에 고긴장, 떨림, 구토, 높은 음조의 울음, 가민성 등을 보이는 금단증상이 나타난다.
코카인	신생아에서 뇌파의 이상, 빈맥, 과민성, 심한 졸음 등이 나타난다.
독성물질	산모가 납 등 중금속이나 일산화탄소 등에 장기간 노출되면 임신중독증, 신장염, 당뇨병 또는 영양실조, 산모와 태아 간의 혈액 부적합으로 인한 고빌리루빈혈증 및 핵황달 등이 지적장애의 원인이 될 수 있다.
흡연	지나친 흡연은 미숙아의 출산과 이에 동반되는 지적장애의 출현 위험성을 높인다.

(3) 출산 중 원인

출산 중 원인으로는 조산아 및 미숙아, 영양불량 및 출산 지연, 저체중아와 과체중아, 기계적 상해 등이 그 원인으로 작용할 수 있다. 출산 중 원인에 대해 구체적으로 살펴보면 표 6-19와 같다.

〈표 6-19〉 출산 중 원인과 특성

구분	특성
조산아 및 미숙아	임신 36주 이하의 조산아 또는 2.5kg 이하의 미숙아에게서 유아 사망률이 높을 뿐만 아니라 지적장애 출현율이 정상아에 비해 10배 정도 높다.
영양 불량 및 출산 지연	태내 발육 지연과 임신 개월 수에 비해 작거나, 영양상태가 나쁜 태아 또는 출산지연아도 위험률이 높다.
저체중아와 과체중아	출생 시 체중이 1kg 이하인 신생아는 뇌성마비, 지적장애, 자폐스펙트럼장애, 심한 학습장애가 동반된 지적장애의 심각한 장애를 보일 확률이 높다. 임신 기간에 비해 너무 큰 태아, 출산 시 체중이 4.5kg 이상 되는 아이들의 경우에도 위험률이 높다.
기계적 상해	출산 시의 기계적 상해에 의한 난산으로 인한 뇌손상, 수막 및 혈관손상, 혈전증이 일어날 수 있다. 이러한 고위험 아동에게 사회환경적 결핍이 추가되면 적응에 악영향을 미친다.

(4) 출생 후 원인

출생 후 원인으로는 감염, 종양, 외상 및 퇴행성장애가 대표적이다. 출생 후 원인에 대해 구체적으로 살펴보면 표 6-20과 같다.

〈표 6-20〉 출생 후 원인과 특성

구분	특성
감염	바이러스, 세균 기생충, 진균 등에 의한 뇌염 또는 뇌막염 등이 지적장애를 일으킬 수 있다. 홍역, 풍진, 볼거리 등의 감염후성 뇌염과 예방접종 후 뇌염, 자가면역 및 면역결핍으로 인한 뇌감염도 있다. 특히, 뇌염과 뇌수막염은 뇌 발달에 심각한 손상을 입힐 수 있다. 비록 예방접종으로 인해 빈도가 많이 감소되기는 했지만 풍진으로 인한 뇌염은 심각한 뇌의 후유증을 남긴다. 뇌수막염이 시간이 한참 경과한 뒤에 발견되어 치료한 경우는 아동의 지적발달에 심한 장애를 남기기도 한다.

구분	특성
종양	두개강 내 종양은 유아기에 드물고, 7~8세까지 빈도가 높아지다가 청소년기에 감소한다.
외상	교통사고나 경련 시 그리고 넘어지거나 떨어져서 뇌에 외상 또는 손상을 입었을 때, 특히 아동학대 시 후유증으로 지적장애가 생긴다. 마취나 질식으로도 같은 상태가 나타날 수 있다.
퇴행성 장애	원인이 명확히 규명되지 않은 중추신경계의 수초 결손으로 인한 뇌백질의 진행성 장애이다. Huntington병은 우성유전으로 4세 이전에도 올 수 있으며 진행성 치매, 무도성 운동, 사망의 과정을 밟는다. Schilder병은 넓게 퍼져 있는 결절로서 대뇌백질의 광범위한 변성과 더불어 경련성 마비와 진행성 치매가 나타나고 결국 사망에 이른다.

(5) 환경적 요인

특이한 기질적 원인 없이 잘못된 양육, 사회적 · 언어적 · 기타 자극의 결핍 등 불리한 환경조건으로 인해 지적장애가 발생한다. 환경적 요인에서 정신 · 사회적 불이익과 감각박탈이 대표적인 요인이다. 이들 요인에 대해 구체적으로 살펴보면 표 6-21과 같다.

〈표 6-21〉 환경적 요인과 특성

구분	특성
정신사회적 불이익	부모 중 한 사람 또는 형제 중에 한 명 이상이 낮은 지능을 보이는 경우이다. 좋지 않은 주거환경 · 영양상태와 낮은 의료혜택하에서 조산 · 미숙아 · 감염성 질환 발생률이 높다.
감각박탈	부모-자녀관계에 의한 것으로, 모성박탈이 심했거나 장기간 격리로 인한 극단적인 환경적 제약 등을 말한다.
기타 원인	한 가지 또는 그 이상의 특수 감각의 결함에 의한 것이다(예를 들어, 청각 · 시각 중복장애로 인한 감각적 자극의 결여로 인해 이차적으로 지적장애가 진행됨). 그리고 다양한 생물학적 · 사회적 요인들이 복합적으로 작용하여 발생하게 된다.

4. 지적장애의 예방 및 교육적 조치

많은 지적장애의 경우 지적 기능 자체를 개선하기는 어려울 수 있지만 지원 및 양육 환경을 조성하면 적응수준은 향상시킬 수 있다. 지적장애의 예방 및 치료 그리고 교육적 조치에 대해 구체적으로 살펴보면 다음과 같다(김이영 외, 2020).

1) 지적장애의 예방 및 치료

지적장애는 개선되지 않는다는 선입견이 있으나, 최근의 일반적인 견해는 개별 아동에게 지속적인 적합한 조치를 하면 전반적인 삶의 기능이 향상될 수 있다고 본다. 먼저 지적장애의 예방적인 측면에서 살펴보면, 지적장애아동의 발생과 예방을 위해서는 조기발견 및 치료가 중요하다. 원인에 따른 조기발견 및 대처에 대해 유전적 요인, 출생 초기 요인, 환경적 요인에 대한 대처 등 세 가지 차원으로 나누어 살펴보면 표 6-22와 같다.

〈표 6-22〉 지적장애의 조기발견 및 대처

구분	특성
유전적 요인에 대한 예방	유전적 질환에 대한 병력조사, 양수천자를 통한 태아기 진단, 풍진 예방과 같은 임신기 사전의료를 통해 예방한다.
출생 초기 요인에 대한 대처	병원에서의 출산, 예방접종 등의 강화, 출생 초기에 선천성 대사장애와 갑상선 기능부전증에 대한 검사(예: 페닐케톤뇨증) 등이 그 수단이 된다. 즉, 전반적 보건위생의 개선과 모자보건을 충실히 하는 것이다.
환경적 요인에 대한 대처	환경적 요인에 의한 지적장애에 대해서는 적절한 감각자극을 제공하는 것이 예방책이며 유전적 소인이 있다고 우려되는 가족의 경우는 가족상담 또는 유전상담을 시행하여 지적장애아동의 발생을 감소시킬 수 있다.

둘째, 지적장애의 치료적인 측면에서 살펴보면, 지적장애아동의 발병 기간단축과

후유증 및 사회적 제한을 최소화하기 위한 치료는 매우 중요하다. 민성길(2012)이 정리한 주요 장애아동의 장애별 양상 및 치료책을 대사장애, 감정행동 및 행동장애, 정서 및 행동장애, 합병증으로 구분하여 살펴보면 표 6-23과 같다.

〈표 6-23〉 지적장애의 치료

구분	특성
대사장애	페닐케톤뇨증이나 갑상선 기능저하증이 해당된다. 조기의 음식조절과 호르몬 추가공급을 한다.
감정장애 및 행동장애	정신과적 치료는 환자의 지능 수준에 맞춰 변형해야 한다. 놀이요법, 집단치료, 행동치료로서 긍정적 재강화를 한다.
정서 및 행동장애	과잉행동, 충동성, 자해적 혹은 공격적 행동, 반복적 자기자극적 행동, 강박적 행동, 충동적 분노 반응, 주의력결핍장애가 해당된다. 적절한 행동요법과 항정신성 약물로 치료한다.
합병증	지적장애에 흔히 합병되는 신체장애와 간질 등에 대한 적절한 치료를 한다.

2) 지적장애의 교육적 조치

지적장애아동을 위한 교육적 조치에는 교육과정, 교육내용, 교육기관 및 가족교육을 고려하여 계획되고 실행되어야 한다. 먼저 교육과정에서는 지적장애아동의 교육은 신체발달과 감각운동 등 신체적 기능의 발달과 통합된 교육과정을 진행해야 한다. 둘째, 교육내용에서는 기본 생활습관 지도에서부터 사회적 자립에 이르기까지 개별적인 목표를 정하여 지도와 훈련을 시행해야 한다. 셋째, 교육기관에서는 일반학교, 특수학교, 특수학급 등에서 지적장애의 정도에 따른 교육을 받을 수 있으며 직업훈련도 받을 수 있게 해야 한다. 마지막으로 가족교육에서는 가족이 지적장애아동에 대해 현실적 기대를 하고, 최대한 지적장애아동의 상태를 발전시키며, 자존심을 유지시킬 수 있도록 도와주어야 한다. 지적장애아동에게는 교육적인 독립성과 적절한 돌봄이 필요하다. 그리고 지적장애아동이라는 진단을 받았을 때 가족들의 충격, 실망, 죄책감, 분노, 부인, 배척, 과잉보호 같은 적응문제도 적절한 상담과 정신치료를 통하여 도와주어야 한다(민성길, 2012).

Chapter 07

정서 · 행동 장애

배울 내용

1. 정서 · 행동장애의 정의와 분류
2. 정서 · 행동장애의 특성
3. 정서 · 행동장애의 원인과 출현율
4. 정서 · 행동장애의 진단평가와 사정
5. 정서 · 행동장애아동의 교육적 지원

학습목표

정서 · 행동장애에 대한 정의 및 유형별 특성, 원인과 출현율, 진단 및 교육적 지원방안에 대한 예비교사로서의 전문적 소양을 기를 수 있다.

개 요

정서 · 행동장애는 유전을 포함한 생물학적 요인과 가족, 학교 및 사회적 요인들에 의해 영향을 받는다. 정서장애를 가지고 있는 학생들이 부적절한 행동을 지속하게 되면 수업활동에 참여가 잘 되지 않고, 자신의 발전이나 다른 학생들에게 방해요인들로 작용할 가능성이 높다. 이들을 위해서는 이 학생들에 대한 행동의 원인과 특성을 잘 이해하고 나아가 이들에게 적절한 교육 상황과 교수방법을 탐구하여 교육적인 방안을 수립할 필요성이 있다. 따라서 본 장에서는 정서 · 행동장애아동을 이해하기 위해 정서 · 행동장애의 정의와 원인에 대해 살펴보고, 정서 · 행동장애의 특성과 이들을 진단하고 분류하기 위해서 어떤 기준으로 진단하고 평가하는지, 그리고 이들에게 필요한 교육적 지원 등에 대해 살펴보고자 한다.

07 Chapter 정서·행동장애

1. 정서·행동장애의 정의와 분류

1) 정서 · 행동장애의 정의

특수교사를 비롯해 많은 학자들은 정서 및 행동장애에 대한 명확한 정의를 내리고 이에 대한 의견을 모으는 데 어려움을 겪고 있다. 그 이유는 정서 및 행동문제는 민감하고 다양하며 도전적인 행동 등과 같은 문제에서부터 장기적이고 심각한 정신건강 문제에 이르기까지 연속성을 나타내고 있기 때문이다. 또한 이러한 현상은 한 가지 문제일 수도 있지만, 다른 문제들과 관련이 될 수도 있기 때문이다. 그러나 일반적으로 정서 및 행동문제를 지닌 아동들은 여러 영역의 발달 간에 균형이 깨지거나 발달 속도가 떨어지고 결국 발달이 지체된다는 것에는 동의를 하고 있다. 이 영역의 장애는 사회장애, 정서장애 및 행동장애 등으로 분류될 수 있다. 사회장애나 불안장애는 애착, 분리 및 사회적 상황과 관련된 문제에 초점을 맞춘다. 정서장애는 기분장애에 초점을 맞추고, 행동장애는 분열적 행동에 초점을 맞추고 있는 실정이다(Robb & Reber, 2007).

연방정부의 특수교육서비스 적절성을 결정하는 IDEA(Individuals with Disabilities Education Act)에서는 '정서장애'라는 용어가 사용되고 있는데, 이 용어도 적절하지 못하다는 비판을 받고 있다. '행동장애'라는 용어는 아동들이 가지고 있는 문제를 중심으로 명확하게 관찰할 수 있는 측면, 즉 '장애행동(disordered behavior)'에 초점을 맞추는 장점이 있으며, 미국 특수아동협회(Council for Exceptional Children: CEC) 산하 행동장애아협회(Council for Children with Behavioral Disorders: CCBD)의 명칭과 일치하는 용어이다. 이러한 아동들은 정서적 문제나 행동상의 문제 또는 두 가지 문제를 다 가질 수 있으므로 많은 전문가들이 행동장애라는 용어를 선호한다. 그리고 우리나라 「장애인 등에 대한 특수교육법」에서는 '정서 및 행동장애'라는 용어를 사용하고 있다(전헌선 외, 2012).

교육에서 가장 널리 이용되고 있는 미국 장애인교육법(IDEA)에서의 특수교육서비스를 받을 수 있는 장애범주들 중의 하나로서 정서장애라는 용어를 사용하고 있으며, 정서장애에 대한 정의는 **표 7-1**과 같다.

〈표 7-1〉 **IDEA의 정서장애에 대한 정의**

1. 다음 한 가지 이상의 특성이 장기간 현저하게 나타나며 교육수행에 불리한 영향을 미치는 상태를 의미한다.
   1) 학습에서 무기력을 나타내지만 지능, 감각적 요인이나 건강에는 이상이 없음
   2) 또래 및 교사와 만족스러운 대인관계를 맺지 못하거나 유지하지 못함
   3) 주위 환경이 정상적인데도 불구하고 부적절한 형태의 행동이나 감정이 나타남
   4) 대체로 불행하고 우울한 기분이 만연함
   5) 개인이나 학교문제와 관련하여 신체적 증후나 두려움을 보이는 경향이 있음
2. 정서장애아동에는 조현병 아동이 포함된다. 심한 정서장애를 가진 것으로 판명되지 않으면 사회적 부적응 아동들은 정서장애에 포함되지 않는다.

그러나 IDEA의 정서장애에 대한 정의에서 특정 용어가 명확하지 않다는 비판을 받아 왔다. 예를 들어, '만족스러운 대인관계' 혹은 '부적절한 형태의 행동이나 감정'과 같은 의미가 명확하지 않다는 것이다. 이러한 애매한 용어로 인해 주관적인 해석이

가능하고, 그로 인해 정서장애로 특정되는 학생집단의 범주가 지나치게 많아질 가능성이 있다. 이렇게 IDEA의 정의가 모호하기 때문에 미국 행동장애아협회(CCBD)의 정서 및 행동장애에 대한 정의를 표 7-2와 같이 제안하였다.

〈표 7-2〉 CCBD의 정서 및 행동장애에 대한 정의

1. 정서 또는 행동장애는 학교에서 행동이나 정서반응이 적절한 연령, 문화 또는 인종규준과 너무 달라 학업, 사회, 직업 또는 개인기술을 포함한 교육수행에 불리한 영향을 미치는 장애로,
   1) 그 환경에서 스트레스 사건에 대한 반응이 지나치게 나타나고
   2) 서로 다른 두 장면에서 일관되게 나타나는데, 적어도 하나는 학교와 관련이 있으며,
   3) 일반교육의 직접적인 중재에 반응하지 않고 불충분하다.
2. 정서 또는 행동장애는 다른 장애들과 함께 동시에 나타날 수 있다.
3. 이 범주는 1)에서 기술한 교육수행에 불리한 영향을 미치는 조현병장애, 정동장애, 불안장애, 기타 품행장애나 적응장애아동이나 청소년을 포함한다.

CCBD의 정서장애에 대한 정의는 학교 상황에서의 기초적인 행동, 문화적인 측면, 나이와 같은 맥락적인 요인들에 초점을 맞추고 있다는 점에서 좀 더 진보적으로 해석하고 있음을 보여준다. 또한 다양한 자료를 바탕으로 다른 장애 상태와 관련하여 정서 · 행동장애가 존재한다는 것을 인정하고 있다. 그러나 정서 · 행동장애를 구분하는 어려운 추상적인 용어를 사용하고 있으며, 정의의 주요 관점인 측정방법을 제공하지 못하고 있다는 단점도 지니고 있다(한국특수교육연구회, 2009; Cullinan, 2004).

우리나라의 「장애인 등에 대한 특수교육법」에서 제시하고 있는 정서장애의 정의는 IDEA의 내용과 유사하다고 할 수 있으며, 「장애인 등에 대한 특수교육법」의 정서장애를 지닌 특수교육대상자의 진단, 평가 및 선정기준은 표 7-3과 같다.

〈표 7-3〉 우리나라 「장애인 등에 대한 특수교육법」의 정의

1. 지적, 신체적 또는 지각적인 면에 이상이 없음에도 학습 성적이 극히 부진한 자
2. 친구나 교사들과의 대인관계에 부정적 문제를 지닌 자
3. 정상적인 환경하에서 부적절한 행동이나 감정을 나타내는 자
4. 늘 불안해하고 우울한 기분으로 생활하는 자
5. 학교나 개인문제에 관련된 정서적인 장애로 인하여 신체적인 통증이나 공포를 느끼는 자
6. 감각적 자극에 대한 반응, 언어, 인지능력 또는 대인관계에 결함이 있는 자

2) 정서 · 행동장애의 분류

(1) ICD-10의 분류

세계보건기구(WHO)에서 제정한 ICD-10(International Classification of Disease)에서는 소아기 및 청소년기에 흔히 발생하는 정서 및 행동장애에 대해 과잉행동장애, 품행장애, 혼합형 품행 · 정서장애, 아동기 발병형, 사회성 기능장애, 틱장애, 기타 정서 및 행동장애 유형으로 구분하고 있다(윤치연, 2003).

〈표 7-4〉 ICD-10의 정서 및 행동장애 분류

장애	유형
과잉운동장애	활동 및 주의력 장애, 과잉운동적 품행장애
품행장애	가정형 품행장애, 비사회화형 품행장애, 사회화형 품행장애, 반항성 장애
혼합형 품행 · 정서장애	우울형 품행장애, 기타 혼합형 품행 · 정서장애
아동기 발병형 정서장애	아동기 분리불안장애, 아동기 공포성 불안장애, 아동기 사회성 불안장애, 형제간 적대장애, 기타 아동기 정서장애
아동기 · 청소년기 발병형 사회성 기능장애	선택적 함구증, 아동기 반응성 애착장애, 아동기 탈억제성 애착장애, 기타 아동기 사회성 기능장애
틱장애	일과성 틱장애, 만성운동 · 음성틱장애, 투렛 증후군, 기타 틱장애
기타 정서 및 행동장애	비기질성 유뇨증, 비기질성 유분증, 섭식장애, 이식증, 상동형 운동장애, 말더듬, 언어혼란증, 기타 정서 및 행동장애

(2) 교육적 분류

커와 넬슨(Kerr & Nelson, 1989)은 정서 및 행동장애아동의 교육에서 강조되어야 할 교수 절차 및 유사성에 기초하여 다음과 같은 범주로 구분하고 있다(표 7-5). 이것은 다른 분류체계보다 비형식적이고 보다 일반적인 일련의 특성에 기초를 두고 있다. 여기서는 세분화된 장애의 특성보다는 광범위한 행동 형태나 장애 형태를 기술하고 있는 것이 특징이다. 일반적으로 교육적 배치, 서비스의 제공 및 프로그램 개발을 위해 이 분류체계를 이용하고 있다(전헌선, 2012).

〈표 7-5〉 교육적 분류

구분	내용
분열행동	자리 이탈, 교실 배회하기, 다른 사람 집적거리기, 교사나 부모의 지시 불응 등의 주의를 받는 행동
사회적으로 부적절하거나 미숙한 행동	심하게 울기, 분노발작, 나이가 더 많은 아동에게 집착하기, 상황에 맞지 않는 행동
사회적 위축	주변 사람들이나 주변 세계에 잘 대처하지 못하는 행동(예: 부끄러움으로 인해 다른 아동과의 상호작용 및 의사소통 회피)
상동행동	동일한 행동을 반복하는 것
공격행동	사람이나 사물 혹은 동물에게 공격적인 행동을 하는 것

(3) 임상적 분류(DSM-5)

정신장애에 대한 세밀한 분류를 하기 위해 미국 정신의학회에서 제정한 것이 DSM-5(정신질환의 진단 및 통계편람 5판)이다. 정신장애를 가진 사람들을 치료하기 위하여 진단을 내릴 때, 그리고 전문가들 간에 환자에 대한 정보를 교환할 때 이 진단체계를 많이 사용한다.

사실상 DSM-5에서는 정서장애 또는 행동장애라는 용어를 사용하지 않고 정신장애의 전체적인 분류 속에서 비슷한 행동 군으로 묶어 놓았기 때문에 특수교육에서 말하는 정서 및 행동장애가 여러 곳에 산재되어 있다. 정서 · 행동장애를 임상적으로 분류해 보면 표 7-6과 같다.

〈표 7-6〉 DSM-5의 정서 및 행동장애 분류

장애	유형
주의력결핍 과잉행동장애	주의력결핍 우세형, 과잉행동/충동 우세형
급식 및 섭식장애	이식증, 되새김장애
운동장애	발달성 협응장애, 상동적 운동장애, 틱장애, 투렛장애
파괴적 충동조절 및 품행장애	적대적 반항장애, 품행장애, 병적방화, 병적도벽
기분장애/불안장애	양극성 및 관련 장애, 우울장애, 불안장애, 외상 및 스트레스 관련 장애
성격장애	편집성, 조현성, 반사회적, 경계선 성격장애 등

2. 정서·행동장애의 특성

정서행동장애는 한 가지 뿐 아니라 다양한 다른 문제들과 관련이 있기에 하나의 용어를 사용해 특성을 표현하기 어렵다. 따라서 주로 활용되고 있는 임상적 분류에 따라서 대표적인 장애, 즉 주의력결핍 과잉행동장애, 급식 및 섭식장애, 틱장애, 품행장애, 불안장애 및 우울증에 대해 살펴보고자 한다.

1) 주의력결핍 과잉행동장애

주의력결핍 과잉행동장애(Attention Deficit/Hyperactivity Disorder: ADHD)는 아동이나 청소년이 자기 나이 수준에 비해 지나치게 주의가 산만하고, 심하게 활동적이거나, 꼬무락거리거나, 참을성이 없어 매우 충동적인 행동을 하는 문제를 지속적으로 나타냄으로써 아동이나 청소년 개인을 포함하여 부모나 형제관계, 또래관계, 학업성취도, 학교생활 등에 상당한 지장을 초래하는 경우를 말한다. 즉, ADHD는 아동기에 가장 일반적으로 나타나는 장애로서, 지속적인 주의력결핍(inattention), 과잉활동(hyperactivity) 그리고 충동성(impulsivity)의 특징을 가진다. 구체적인 주의력결핍 증상과 과잉행동 및 충동 증상은 **표 7-7, 표 7-8**과 같다.

〈표 7-7〉 주의력결핍 증상

1. 가만히 앉아 있지를 못한다.
2. 자리를 뜬다.
3. 지나치게 뛰거나 기어오른다.
4. 활동에 조용히 참석하지 못한다.
5. 목적이 없는 활동을 끊임없이 행한다.
6. 지나치게 말을 많이 한다.
7. 질문이 끝나기도 전에 대답을 한다.
8. 차례를 기다리지 못한다.
9. 다른 사람의 활동을 방해한다.

※ 위의 9가지 증상 중 최소 6가지 증상을 만족시켜야 함.

〈표 7-8〉 과잉행동 및 충동 증상

1. 부주의로 실수를 자주 한다.
2. 집중을 오래 유지하지 못한다.
3. 다른 사람의 말을 잘 경청하지 못한다.
4. 과제를 끝까지 완수하지 못한다.
5. 계획을 세워 체계적으로 일을 진행하는 데 어려움이 있다.
6. 공부 및 숙제 등을 싫어한다.
7. 필요한 물건을 자주 잃어버린다.
8. 외부 자극에 쉽게 흐트러진다.
9. 해야 할 일을 자주 잊어버린다.

※ 위의 9가지 증상 중 최소 6가지 증상을 만족시켜야 함.

ADHD는 주로 초기 아동기인 7세 이전부터 발생하여, 다양한 기능 영역(가정, 학교, 사회)에 지장을 초래하는 것으로 알려져 있다. 그러나 전체 ADHD 소아 청소년의 10% 정도만 치료를 받고 나머지는 방치되고 있는 실정이다. 치료를 받은 아이들의 비율이 낮은 이유로는 보통 부모들이 '아이 때는 활발하게 성장하는 것이 정상이지' 혹은 '아이가 커 가면서 저절로 좋아지겠지'라는 생각이 지배적이기 때문이다. ADHD는 단순히 심리적인 문제가 아닌 뇌발달의 불균형으로 일어나는 일종의 뇌질환이라는 것을 알아야 한다. 따라서 단순히 혼내거나 책상에 오래 앉아 있으라고 명령하거나 집중력을 강화시키는 교육을 받는다고 해서 해결되는 것이 아니고, 체계적인 개입이 필요한 것으로 인식되고 있다.

주의력결핍 과잉행동장애가 있는 경우 병으로 인한 장애보다는 2차적인 영향이 더 큰 문제로 지적되고 있다. 그 영향으로는 첫째, 학업수행능력을 방해한다. 다시 말해 이 장애를 가지고 있는 경우 60~80%가 기대보다 낮은 학업수행의 저하를 초래하게 된다. 둘째는 부모와의 지속적인 갈등을 유발한다. 구체적으로 자녀를 학대하거나 혹은 잦은 처벌로 인해 아이는 자존심 저하를 경험하게 되고, 고립감, 반항적, 공격적인 경향이 발달하거나 오히려 우울이나 불안 증상으로 발전할 수 있다. 셋째, 또래관계의 어려움을 경험할 수 있다. 이 장애로 인해 친구들로부터 따돌림을 당하거나 혹은 또래들에 대해 공격적 경향으로 바뀔 수도 있다. 마지막으로 교사와의 갈등을 경험할 수 있는데, 골치 아픈 아이로 낙인을 받을 수 있다.

주의력결핍 과잉행동장애에 대한 대처로서 먼저 그 아이가 과제를 싫어하거나 끝까지 못하는 것은 신경학적 어려움이 있다는 것을 인정하고 이차적으로 공존하는 정신적인 문제를 해결하려는 노력이 필요하다. 또한 이 장애가 있는 아이들을 정상 또래의 아동과 같이 취급하지 말고 개별적인 특성에 맞추어 주어야 한다. 더불어 아이의 자존심이 상하지 않게 해 주어야 하고, 자녀의 양육방식에 일관성을 유지하여야 하며, 학교에서 부적절하게 취급당하고 있지 않은지 확인해야 하며, 아이의 학습 스타일을 이해하여 그것에 맞추어 주거나 학습의 흥미를 높이기 위해 학습의 보조수단을 이용하는 것도 효과적인 대처방법이다.

글상자 7-1

◈ 주의력결핍 과잉행동장애아동들의 학습 특징

- 처음에는 잘하다가 시간이 지날수록 못한다.
- 부주의하여 실수를 잘한다.
- 대충 급하게 해 버린다.
- 문제를 끝까지 풀지 못한다.
- 시간 개념이 부족하여 맡은 과제를 제시간에 마치지 못한다.
- 문제 내용을 잘 파악하지 못한다.
- 중요한 핵심이 무엇인지 혼동한다.
- 유사한 문제에서 실수를 자주 한다.
- 싫어하는 것은 끝까지 피해 버린다.
- 해야 될 과제를 미룬다.
- 잘 잊어버린다.

2) 급식 및 섭식장애

유아나 아동 중에는 음식을 잘 먹지 않아서 부모들이 걱정하는 경우가 많은데, 이처럼 유아나 어린 아동이 영양분을 섭취하는 행동에 있어서 비정상성을 나타내는 경우를 "급식 및 섭식장애(Feeling and eating disorders)"라고 한다. 급식 및 섭식장애는 크게 3가지 유형, 이식증, 되새김장애, 유아기나 소아기의 급식장애로 구분되는데, 종류 및 특징은 표 7-9와 같다.

〈표 7-9〉 유아기 또는 소아기의 급식 및 섭식장애의 종류 및 특징

종류	특징
이식증	영양분이 없는 물질이나 먹지 못할 것(예: 종이, 천, 흙, 머리카락 등)을 적어도 1개월 동안 비영양성 물질을 지속적으로 먹는 경우이다. 섭취하는 물질은 나이에 따라 다양하다. 유아와 어린 아동은 전형적으로 종이, 헝겊, 머리카락, 끈, 회반죽, 흙 등을 먹는 반면, 나이가 더 든 아동은 동물의 배설물, 모래, 곤충, 나뭇잎, 자갈 등을 먹기도 한다. 이식증은 흔히 지적장애를 동반하는 경우가 많은데, 지적장애가 심할수록 이식증의 빈도도 증가한다.
되새김장애	음식을 반복적으로 게우고 다시 씹는 행동을 나타낸다. 부분적으로 소화된 음식을 위장장애나 뚜렷한 구역질 반응이 없는 상태에서 입 밖으로 뱉어 내거나 되씹은 후 삼키는 행동이 나타난다. 되새김장애가 있는 아동은 평소에 안절부절 못하고 배고픔을 느낀다. 많은 양의 음식을 섭취하지만 먹은 후에는 토하므로 체중감소와 영양실조가 일어날 수 있고 심한 경우 사망에 이를 수도 있다.
유아기 또는 초기 소아기의 섭식장애	6세 이하의 아동이 지속적으로 적절하게 먹지 못하는 것으로, 적어도 1개월 이상 심각한 체중 획득의 실패나 체중감소가 나타나는 경우이다.

3) 틱장애

틱장애(Tic disorder)는 자신의 의지와 상관없이 특정 근육들이 불수의적으로 갑자기 빠르게 반복적이고 불규칙하게 움직이고, 경직이 되면서 어떤 동작을 하거나, 기침 혹은 킁킁거리는 소리 등을 내는 것을 말한다. 일반적인 다른 증상들과 구별되는 중요한 점은 본인의 의지와 상관없이 그런 동작이나 소리가 나타난다는 것이다. 틱은 학업 스트레스와 밀접한 관계가 있는 것으로 보고되고 있는데, 일시적으로 증상을 억눌러서 증상이 덜하게 조절할 수는 있지만 그리고 나서는 더 심해지는 경우가 많다. 따라서 틱은 보통 초등학교에 들어갈 시기인 7~8세를 전후해서 많이 나타난다.

틱장애로 인해 많은 아이들이 또래로부터 놀림감이 되기도 하고 자신의 충동을 억제하는 것이 어려워서 긴장이 높아지고 불쾌해지며 이로 인해 짜증을 잘 내거나 의기소침해지기 쉽다. 또한 틱장애가 있는 경우 여러 질환을 동반하게 되는데, 특히 주의

력결핍 과잉행동장애와 불안장애, 강박장애를 동반하게 된다. 이 경우 부적응적인 행동들로 인해 학교에서 수업을 따라가기 힘들거나 부모, 선생님과 친구들과의 관계에 문제가 발생하게 된다. 따라서 아동의 주변 사람들이 먼저 틱장애에 대해 이해하고, 받아들이는 태도가 무엇보다 중요하며, 아이에게 심리적 안정감을 제공하는 것이 필요하다. 틱은 크게 5가지 종류로 구분하고 있는데, 구체적인 내용은 표 7-10과 같다.

〈표 7-10〉 **틱장애의 종류 및 특징**

종류	특징
단순 운동 틱	하나의 근육집단이 수축되어 나타나는 것으로 눈 깜빡거리기, 어깨 움츠리기, 얼굴 찡그리기, 머리 휘젓기, 목을 경련하듯이 갑자기 움직이기 등이 나타난다.
단순 음성 틱	갑자기 소리를 내는 행동으로서 헛기침하기, 꿀꿀거리기, 킁킁거리기, 콧바람불기 등의 소리를 나타낸다.
복합 운동 틱	여러 근육집단의 수축과 관계되는 것으로 특이한 얼굴 표정 짓기, 손짓하는 행동, 뛰어오르기, 만지기, 발 구르기, 대상의 냄새 맡기 등을 비롯하여 상당한 복잡한 행동(예: 갑자기 한 손을 높이 들었다가 목 뒤를 만진 뒤 고개를 뒤로 젖히는 행동)이 나타나기도 한다.
복합 음성 틱	관계 없는 단어나 구절을 반복하기, 외설스런 단어를 반복하기 등이 나타난다.
기타	• 외설증: 사회적으로 용납되지 않는 흔히 외설적인 단어 사용하기 • 동의 반복증: 자기 자신만의 소리나 단어를 반복하기 • 반향 언어증: 마지막 들은 소리, 단어 또는 구절을 반복하기

4) 품행장애

품행장애(Conduct disorder)는 다른 사람의 기본 권리를 침해하거나 연령 수준에 맞는 사회적 규범이나 규칙에 위배되는 행동을 지속적이고 반복적으로 나타내는 것이다. 즉, 다른 사람이나 동물에게 신체적인 해를 가하거나 위협하는 공격행동, 재산상의 손실이나 손상을 가져오는 행동, 사기나 도둑질, 심한 규칙위반 등의 4가지 주된 행동

군으로 구분된다(표 7-11).

〈표 7-11〉 품행장애 행동의 특성

구분	내용
사람과 동물에 대한 공격성	• 다른 사람을 위협하거나 협박한다. • 자주 싸움을 일으킨다. • 다른 사람에게 심각한 신체적 손상을 일으킬 수 있는 무기를 사용한다. (예: 곤봉, 벽돌, 깨진 병, 칼 또는 총). • 사람에게 신체적으로 잔혹하게 대한다. • 동물에게 신체적으로 잔혹하게 대한다. • 피해자와 대면한 상태에서 도둑질을 한다(예: 노상강도, 날치기, 강탈, 무장강도). • 다른 사람에게 성적 행위를 강요한다.
기물의 파괴	• 심각한 손상을 입히기 위해 의도적으로 불을 지른다. • 다른 사람의 기물을 의도적으로 파괴한다.
사기 또는 도둑질	• 다른 사람들의 집, 건물, 차를 부수고 들어간다. • 물건이나 호감을 얻기 위해 또는 의무를 피하기 위해 거짓말을 자주 한다(예: 다른 사람을 속인다). • 피해자와 대면하지 않은 상황에서 귀중품을 훔친다(예: 파괴와 침입이 없는 도둑질, 위조문서).
중대한 규칙위반	• 13세 이전에 부모의 금지에도 불구하고 밤늦게까지 집에 들어오지 않는다. • 친부모 또는 양부모와 같이 사는 동안 적어도 2번 이상 가출한다(또는 적어도 1번은 오랫동안 돌아오지 않음). • 13세 이전에 무단결석을 한 적이 있다.

〈표 7-12〉 품행장애 증상 체크리스트

내용	예	아니오
1. 자주 다른 사람을 못살게 굴거나 위협한다.		
2. 먼저 싸움을 건다.		
3. 다른 생물에게 신체적인 상해를 입힐 수 있는 물건을 사용한 적이 있다.		
4. 사람에게 신체적으로 잔인하고 무자비하게 행동한 적이 있다.		
5. 동물에게 잔인하고 무자비하게 행동한 적이 있다.		

내용	예	아니오
6. 다른 사람의 지갑이나 금품을 강탈한 적이 있다.		
7. 남에게 피해를 주기 위해 고의적으로 불을 지른 적이 있다.		
8. 다른 사람의 물건이나 재산을 고의적으로 부순 적이 있다.		
9. 다른 사람의 집이나 차를 부수고 들어간 적이 있다.		
10. 책임을 회피하거나 이득을 얻기 위해 자주 거짓말을 한다.		
11. 비싼 물건을 훔친 적이 있다.		
12. 부모님 말씀을 어기고 밤늦도록 집에 들어오지 않은 적이 있다.		
13. 적어도 2번 이상 가출한 적이 있다. 혹은 집을 나가서 오랫동안 들어오지 않은 적이 있다.		
14. 학교에 무단 결석한다.		
* 14개의 항목 중 8개 이상에 체크한 경우 품행장애의 가능성이 높은 상태이므로 전문적인 도움이 필요함.		

출처: 김영화(2011). 사춘기 뇌가 위험하다. 해피스토리. p. 113.

5) 불안장애

불안장애(Anxiety disorder)는 불안을 주된 증상으로 하는 장애로서 불안이 나타나는 다양한 양상에 따라 여러 가지 하위 유형으로 구분된다. 즉, 불안장애를 가진 아동들은 핵심장애로 어떤 유형의 불안을 가지고 있으며, 공포증(phobia), 공황장애(panic disorder), 범불안장애(generalized anxity disorder), 강박장애(obsessive compulsive disorder) 및 외상 후 스트레스 장애(posttraumatic stress disorder) 등으로 구분된다.

공포증을 가진 아동들은 어떤 대상이나 상황을 너무 무서워하여 그들의 공포가 부당하고 불합리하며, 자신의 생활을 혼란시킨다는 것을 알고 있지만, 그것을 회피해야만 한다. 공포증은 두려워하여 회피하는 대상에 따라 여러 가지 유형으로 구분되는데, 특정한 대상(예: 뱀, 개, 거미 등)이나 상황(예: 높은 곳, 폭풍 등)에 대한 공포를 지니는 특수 공포증(specific phobia), 특정한 장소(예: 쇼핑센터, 극장, 운동장, 지하철 등)에 대한 공포를 지니는 광장공포증(agoraphobia), 다른 사람 앞에서 어떤 일을 해야 할 때 심한 공포감을 느끼는 사회공포증(social phobia)이 있다.

공황장애를 가진 아동들은 갑작스럽게 강력한 불안을 단기간 호소한다. 그리고 그것이 너무 심하여 몸을 떨고 흔들며, 어지러움을 느끼며, 호흡하는 것이 곤란하다. 공황장애는 또한 광장공포증에 의해 수반될 수도 있다.

범불안장애의 불안은 전반적이고 지속적이다. 이 장애를 가진 아동들은 안절부절못하며, 목이 메이고 심장이 두근거릴 수 있다. 그들은 끊임없이 걱정하고, 일반적으로 몹시 불안해한다.

강박장애를 가진 아동은 지속적으로 강박관념(예: 성적이거나 불경스러운 생각, 더러운 것에 오염될 것에 대한 생각 등)과 강박행동(예: 손 씻기, 확인하기, 정돈하기, 숫자 세기 등)을 드러낸다. 강박관념은 되풀이되는 사고, 아이디어, 그리고 이미지이다. 그것은 통제를 벗어나 그 사람의 의식을 지배한다. 강박행동은 절박한 공포상황을 피하는 것이 원래의 목표이지만 그와는 다른 부적절한 행동을 보이는 경우가 많다. 강박행동에 저항하려고 시도하면, 너무 큰 긴장이 생겨 그 사람은 흔히 강박행동에 빠지게 된다.

큰 외상적 사건의 여파로 인해 경험하는 불안과 무감각 증세는 외상 후 스트레스 장애(PTSD)라고 한다. 이 장애를 경험하고 있는 아동들은 낮에 고통스러운 기억이 되살아나고 밤에는 악몽을 꾼다. 그들은 집중하는 데 어려움이 있으며, 다른 사람들 및 일상적인 일들로부터 떨어져 있는 느낌을 가진다.

전체 인구의 3% 정도가 불안장애를 경험하고 있으며, 그중 60% 정도가 여성으로 알려져 있다. 청소년보다는 성인에게서 더 많이 나타나지만 아동과 청소년에게 나타나는 경우는 증상이 훨씬 더 심한 것으로 보고되고 있다. 청소년이 불안장애를 가지고 있는 경우 학습능력이 현저하게 떨어지기 때문에 그 피해는 이루 말할 수 없을 정도로 심각하다고 할 수 있다.

〈표 7-13〉 불안장애 체크리스트

내용	그런 일이 거의 없다	때로 그렇다	자주 그렇다
1. 실수하지 않을까 걱정된다.	1	2	3
2. 울고 싶다.	1	2	3
3. 불행하다고 느낀다.	1	2	3
4. 결심하기가 어렵다.	1	2	3
5. 내 문제를 직접 해결하기가 어렵다.	1	2	3
6. 걱정이 너무 많다.	1	2	3
7. 집에 있으면 마음이 편치 않다.	1	2	3
8. 부끄러움이 많다.	1	2	3
9. 고민이 많다.	1	2	3
10. 쓸데없는 생각이 나를 괴롭힌다.	1	2	3
11. 학교생활에 대해 걱정한다.	1	2	3
12. 무엇을 할까 결정하기가 어렵다.	1	2	3
13. 심장이 빨리 뛰는 것을 느낀다.	1	2	3
14. 남이 모르는 두려움이 있다.	1	2	3
15. 부모님에 대해 걱정한다.	1	2	3
16. 손이 땀에 젖는다.	1	2	3
17. 앞으로 일어날지도 모르는 일에 대해 걱정한다.	1	2	3
18. 밤에 잠들기가 어렵다.	1	2	3
19. 내 속에 이상한 느낌이 들 때가 있다.	1	2	3
20. 남들이 나를 어떻게 생각할지 걱정된다.	1	2	3

- 38점 이하: 정상범위
- 39~42점: 불안 수준이 약간 높은 상태
- 43~46점: 불안 수준이 상당히 높은 상태로 전문상담이 필요함
- 46점 이상: 불안 수준이 매우 높은 상태로 전문치료가 필요함

출처: 김영화(2011). 사춘기 뇌가 위험하다. 해피스토리. p. 163.

6) 우울증

연구에 의하면 우울증(Depression)은 남성의 5~12%, 여성의 10~25%가 평생 한 번은 경험한다고 보고하고 있다. 우리는 일상생활에서 누구나 우울감, 좌절감 등을 느끼며 살아간다. 그러나 이런 감정을 느낀다고 우울증은 아니다. 이런 감정들은 대개 그 정도가 심하지 않고 짧은 기간 동안에만 지속되기 때문이다. 그러나 우울한 기분, 비관적인 생각, 불면증, 식욕 감퇴 등의 현상이 수주에서 6개월가량 지속되면 우울증으로 간주한다. 우울증을 경험하고 있는 사람들에게서 나타나는 일반적인 특성은 **그림 7-1**과 같다.

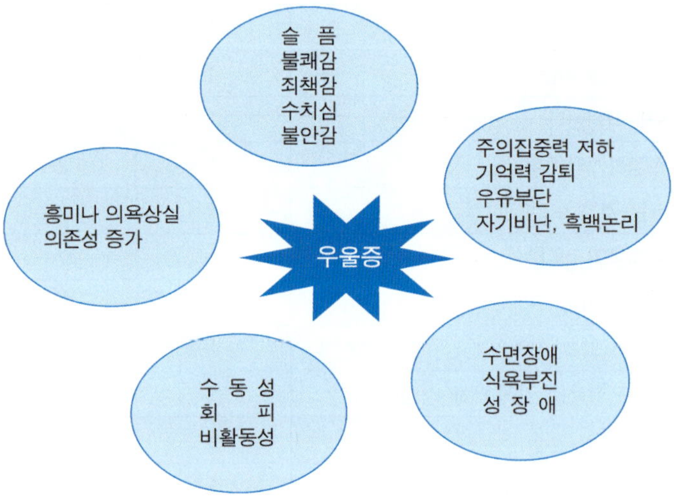

[그림 7-1] 우울증의 특성

청소년기에 경험하는 우울증의 특징 중 하나는 '가면성 우울증'이 흔하다는 것이다. 가면성 우울증이란 명확한 우울 증세나 신체 변화는 없지만 비행, 공격성, 과다행동 등의 행동문제로 나타난다. 따라서 우울하게 보이기보다는 반항적으로 보일 수 있다. 비행을 일삼고 게임에 빠져 있는 청소년의 상당수가 내면적으로는 우울증을 앓고 있는 경우가 흔하다.

〈표 7-14〉 우울증 체크리스트

내용	예	아니오
1. 거의 하루 종일 우울한 느낌이 든다.		
2. 대부분의 일상생활에서 흥미나 즐거움을 느끼지 못한다.		
3. 체중이나 식욕이 증가하거나 감소한다.		
4. 잠들기 어렵거나 반대로 지나치게 많이 잔다.		
5. 초조하고 안절부절못하거나 정반대로 축 처지고 늘어진다.		
6. 피로해하거나 활기가 없다.		
7. 스스로 가치가 없다는 느낌이 들고 과도한 죄책감을 느낀다.		
8. 생각하거나 집중하거나 어떤 결정을 내리기가 어렵다.		
9. 계속해서 죽음을 생각하고 자살을 시도한 적이 있다.		
* 9개의 항목 중 5개 이상에 체크하고 그것이 2주일 이상 지속되는 경우는 우울증 가능성이 높은 상태이므로 전문적인 도움이 필요함		

출처: 김영화(2011). 사춘기 뇌가 위험하다. 해피스토리. p. 193.

3. 정서·행동장애의 원인과 출현율

1) 정서 · 행동장애의 원인

정서 · 행동장애는 유전을 포함한 생물학적 요인과 환경 및 심리사회적 요인들 간의 복잡한 상호작용에 의하여 발생된다. 일반적으로 단일 위험요인에 의한 정서 · 행동장애의 발생은 10%도 되지 않는다. 정서 · 행동장애를 유발시키는 전반적인 위험요인으로는 아동과 아동이 생활하는 가족, 학교 및 사회요인을 들 수 있다.

(1) 아동요인

아동의 기질은 타고난 성향으로 출생 후 환경에 적응하는 데 영향을 미치게 된다. 즉, 양육자가 다루기 힘든 기질을 지닌 아동은 문제행동을 더 많이 보이고, 공격적인 행동을 보이는 경향이 더 높다. 그리고 아동기 초기에 신경학적 결함과 곤란은 품행장애와 비행으로 이어질 가능성이 높다.

아동기 행동장애는 비교적 장기간 동안 안정적으로 나타난다는 특징이 있다. 무엇보다 아동이 일관되게 다른 사람에게 반사회적이거나 공격적인 행동을 보인다면 그런 문제에서 벗어나기가 어렵고 결국 반사회적 청소년과 성인이 될 가능성이 높다. 아동기 초기에 나타나는 반사회적 행동패턴은 청소년비행과 성인 범죄행위를 예상해 볼 수 있는 가장 좋은 단일 변수이다(Walker, Ramsey, & Gresham, 2004).

또한 학업능력의 저하와 낮은 지능도 행동장애를 일으키는 요인과 매우 밀접한 관련성이 있다. 예로, 낮은 학업능력은 무단결석을 하거나 학교에 오는 시간을 줄이게 되고, 교사의 관심을 적게 받게 되어 결국 학업 수행에서 열등감을 가지게 된다.

(2) 가정환경요인

결손가정, 빈곤가정, 자녀교육에 대한 관심 부족 등은 정서·행동장애에 부정적인 영향을 미칠 수 있는 가정환경요인이다. 이와 같은 가정의 청소년들이 겪을 수 있는 문제들로는 가정에 대한 불만, 부모와 자녀 간의 대화 부족으로 애정 및 가족의 결합도 약화, 무관심한 가정교육으로 인간적 가치판단 빈약, 자녀들의 진로에 대한 부모의 무관심으로 미래에 대한 부정적 태도, 가족 구성원 간의 도덕성 결함으로 인해 잦은 부도덕 해이, 그리고 청소년의 성정체감 혼란 등이 나타날 수 있다. 가족관계에서 일탈된 모자관계, 일탈된 부자관계, 아버지가 없는 가정, 부모가 정신건강문제를 지닌 경우 아동이 위험군에 놓일 가능성이 높은 것으로 보고되고 있다(Aronen & Arajarvi, 2004).

그리고 부모가 분열적 장애나 관련 장애를 지니고 있을 경우 자녀가 이 장애를 가질 위험성이 높다. 유전적 요인과 환경적 요인을 함께 지니고 있을 경우에는 이러한 위험성이 훨씬 더 높아진다. 또한 부모의 가정생활 지도와 태도 역시 아동의 행동에 영향을 미친다. 분열적 행동장애를 지닌 아동의 가정을 보면 양육과정에서 자녀에게 극단적인 벌을 주는 경우가 많다. 이런 아동은 아동학대의 희생이 되기 쉽고, 결국 아동의 정서 · 행동문제를 더욱 빈번하게 나타내게 된다.

(3) 학교환경요인

학교환경요인으로 입시 위주의 교육, 불량교우관계, 교사의 생활지도 부족 등이 있다. 입시 위주의 교육에 치중하다 보니 낮은 성적 때문에 상급학교 진학이 어려운 학생은 심한 좌절감을 겪게 되고 빗나가기도 한다. 결국 이러한 요소들이 복합적으로 영향을 미쳐 학교부적응 행동을 일으키게 되고, 청소년들이 학교 밖으로 나가게 되면서 사회문제가 발생하게 되는 것이다. 또한 교사의 과중한 업무로 인해 대화 부족으로 오는 학생들의 소외감이 영향을 미치게 된다.

(4) 지역사회적 요인

지역사회적 요인으로 가치관의 혼란, 물질 만능주의, 매스컴의 영향 등이다. 즉, 지역사회 내의 사회분위기, 지역사회 내 지원 프로그램 미비, 상업주의적 소비문화, 대중문화의 확산, 청소년에 대한 사회적 보호체계 미약, 정보화 등의 사회변화로 인한 학교기능의 약화 및 학교 주변의 비교육적 환경이 영향을 주고 있다. 또한 현대생활에 밀착되어 있는 대중매체의 문화인 신문, 잡지, 영화, 라디오, TV 등의 매스컴은 청소년기의 인간발달에 직접적인 영향을 미치고 있으며, 성인들의 문란한 성의식, 왜곡된 가치관, 퇴폐향락문화의 보급, 사회구조의 파괴, 개인과 가정환경의 고립, 생활 수준 격차에서 오는 열등감 등이 있다.

그리고 사회적 문제는 분열적 행동장애를 지닌 아동을 진단하는 과정에 편견과 차별로 이어질 수 있다. 인종적 차별이나 사회경제적 실조, 적절한 보호자의 지원을 받지 못하거나 문화적으로 지체된 경우에 부당하게 특수교육대상자가 될 수 있다.

2) 정서 · 행동장애의 출현율

국립특수교육원(2001)은 정서행동장애를 지닌 특수교육대상 학생의 출현율을 6~11세까지 학령기 아동 중 0.15%로 밝히고 있으며, 전체 특수교육대상 학생들의 5.5%에 이르는 것으로 보고 있다. 교육부(2023)의 특수교육 통계에 의하면 정서 · 행동장애를 지닌 특수교육대상 학생은 1,831명으로 전체 특수교육대상 학생(109,703명)의 1.7%를 차지하고 있는 것으로 나타났다.

4. 정서·행동장애의 진단평가와 사정

정서 · 행동장애를 지닌 아동의 진단평가도구와 관련된 조사에 따르면 가장 자주 사용되는 도구는 지능검사, 학생행동의 직접 관찰, 행동체크리스트 또는 평정척도, 부모면접, 표준화성취도검사 그리고 학생면접이며, 일화보고서, 징계 기록, 투사검사는 가끔 사용되고 있다(Grosenick et al., 1991).

정서 · 행동장애를 사정할 때 체계적이고 종합적이며, 다학문적으로 접근하는 것이 가장 효과적이다. 아동을 평가할 때는 특수교사, 일반교사뿐만 아니라 아동과 관련된 인사들이 참여하여 인지, 정서, 사회, 학업, 의료, 기능 영역을 평가해야 한다. 평가대상에 따라서는 적응행동, 운동기능, 신경학적 기능, 지각능력 등을 추가로 평가해 볼 필요도 있다(정대영, 2011).

1) 부모면담

면담은 적절한 질문을 통해 문제 상황의 맥락적인 정보나 발달사에 대한 상세한 정보를 끌어낼 수 있으며, 기대나 예후 등과 같은 부가적인 정보를 얻을 수 있다는 장점이 있다. 정서 · 행동장애를 평가하기 위해 부모, 특수교사 및 일반교사를 대상으로 면담을 실시할 수 있으며, 특히 부모면담과정에서 수집되고 평가되어야 하는 내용을 요약하면 표 7-15와 같다(김이영 외, 2016).

〈표 7-15〉 부모면담에서 수집해야 하는 정보

구분	내용
주 호소문제	• 아동이 경험하는 주 호소문제는 무엇인가? • 이 문제로 일상생활에서 겪는 어려움이 무엇인가? • 문제가 발생했을 때 부모는 어떻게 대처하는가? • 이것들에 대한 아동의 반응은 어떠한가?
문제의 지속성과 심각성	• 문제가 언제부터 시작되었는가? • 아동의 일상생활에 미치는 영향은 어느 정도인가?
문제의 유발요인	• 문제가 발생한 시점에 아동은 어떠한 사건이나 상황을 경험했는가? • 그때 부모나 주변 사람들은 어떻게 대처했는가? • 주변 사람들의 반응에 대한 아동의 반응은 어떠했는가?
아동의 현재 적응상태	• 부모나 형제와의 관계는 어떠한가? • 아동의 사회적 기술이나 또래관계는 어떠한가? • 일상 생활습관과 태도는 어떠한가? • 인지사고력이나 학습능력 정도는 어떠한가?
아동의 발달력	• 부모의 결혼, 임신 및 출산과정을 비롯하여 아동의 성장과 발달적 양상이 정상적이었는가? 특이한 사항이 있었는가? – 신체발달(목 가누기, 기기, 걷기 등) – 언어발달(옹알이, 첫말단어, 언어표현력, 이해력 등) – 사회 · 정서발달(눈맞춤, 낯가림, 또래관계 등) – 기본 생활습관(식습관, 수면, 대소변 가리기 등) – 병력(가계유전병력, 체질, 간질, 각종 병력) – 교육상, 양육상 특이사항
아동의 문제에 영향을 미치는 부모환경	• 부모의 성장과정, 성격문제, 형제관계는 어떠한가? • 부모의 결혼생활(결혼동기, 부부관계, 가족관계의 갈등 등)은 어떠한가?

2) 아동관찰

행동을 관찰하는 것은 평가과정에 있어서 중요한 부분이라고 할 수 있다. 관찰은 아동이 일정 기간에 걸쳐 일정 상황에서 어떻게 행동하는가를 밝히기 위해서, 또한 아동의 행동에 영향을 미치는 상황과 환경을 알아보기 위해 행해지는 것을 의미한다. 이때 관찰자는 사전에 행동의 어떤 측면을 어떻게 평가할 것인지에 대해 미리 결정하고 훈련받는 것이 중요하다. 아동의 행동관찰은 체계적으로 이루어져야 하는데, 표 7-16은 체계적 행동관찰의 범주를 나타내는 것이다(김이영 외, 2016).

〈표 7-16〉 **체계적 행동관찰의 범주**

구분	내용
신체 · 신경학적 발달	아동의 자세, 균형감각, 대 · 소운동 협응능력, 발음의 정확성과 신체의 성장 정도, 건강상태를 파악한다.
기분과 정서	아동의 표정, 활동 정도로 기분을 파악하며, 아동이 전개하는 놀이나 이야기에 나타나는 주요한 정서를 파악한다.
언어와 지적 발달	언어 이해력과 표현력 그리고 주의집중 정도, 놀이를 전개해 가는 능력이나 놀이의 발달 수준 등이 지적 발달상태를 파악할 수 있는 준거가 될 수 있다.
행동과 활동 수준	자신이 접해 보지 못한 다양한 장난감이 준비된 낯선 놀이실 환경을 얼마나 적극적으로 탐색하고 활용하는지 파악한다. 이는 아동이 새로운 환경에 적응하는 능력 정도를 말해 주는 지표가 될 수 있다.
대인관계 맺는 능력	처음 만나는 상담자와 관계를 맺는 양상을 통해서 아동이 상담실 밖의 세계에서 대인관계를 맺는 능력을 파악할 수 있다. 또한 주도적이고 적극적인 태도를 보이는지 혹은 수동적이고 의존적인 태도를 보이는지 파악할 수 있다.
욕구좌절 시 행동	아동이 놀이실에 오면 오랫동안 놀이를 하고 싶어 한다. 그러나 면담은 일정한 시간 동안 이루어지므로 충분히 놀고 싶은 욕구가 좌절될 수 있다. 혹은 장난감이 아동 마음대로 조작되지 않을 수도 있다. 이럴 때 아동의 태도에서 평소에 욕구 좌절로 생긴 분노를 어떻게 다루는지 알 수 있다.
놀이주제의 적합성	아동의 놀이 수준이나 내용이 아동이 속해 있는 인지발달단계나 심리성적 발달단계에 적합한지 파악한다.

3) 선별검사

아동의 정서 · 행동장애를 평가하기 위한 선별검사는 주로 ADS(ADHD Diagnostic System), ACTERS(ADD-H Comprehensive Teacher's Rating Scale), 한국판 아동행동척도(K-CBCL: Korea-Child Behavior Checklist) 및 Coners 척도(부모용, 교사용)가 많이 사용되고 있다(글상자 7-2).

글상자 7-2

◈ 선별검사

- **ADS: ADHD Diagnostic System**

주의력 장애 진단 시스템은 아동 청소년들의 주의력 문제를 진단하는 전산화된 도구이다. ADS는 주의력 평가를 위해 사용할 수 있는 객관화되고 표준화된 연속수행검사로서 시각버전과 청각버전으로 구성된 비언어적 검사이다. 일정한 간격으로 자극과 비자극이 혼합되어 제시되고 피검자는 자극에 대해서만 반응하여야 한다. 시각자극, 청각자극에 대하여 각각 15분간 검사하게 된다. 단, 5세는 5분, 6세는 10분이다.

- **ACTERS(ADD-H Comprehensive Teacher's Rating Scale)**

주의력결핍 과잉행동장애아동들을 대상으로 울만 등(Ullmann et al., 1988)이 개발한 평정척도로, 아동의 부주의성과 충동성, 사회적 기술, 반항성 등에 대하여 부모나 교사를 통하여 알아보는 척도이다. 주의집중(6문항), 과잉행동(5문항), 사회성기능(7문항), 적대감 행동(6문항) 등 총 28문항을 평가하며 1점(전혀 그렇지 않다)에서 5점(거의 항상 그렇다)까지 평점을 주도록 구성되어 있다. 어느 하위영역에서도 백분위 점수가 25점 이하이면 결함이 있는 것으로 간주하며 25~40 사이의 점수를 얻으면 어느 정도 문제가 있다고 볼 수 있고 40~50 사이의 점수면 가벼운 문제가 있다고 보며, 50 이상일 때에는 문제가 없는 것으로 본다.

● 한국판 아동행동척도(K-CBCL: Korea-Child Behavior Checklist)

아헨바흐(Achenbach, 1983, 1991)가 제작한 CBCL은 부모 또는 아동, 청소년과 함께 생활하는 어른이 아동, 청소년의 문제행동과 사회적 능력을 표준화된 형태로 기록하는 행동평가도구로서 1997년 오경자, 이혜련, 홍강의, 하은혜가 미국 CBCL의 전 문항을 번역하여 각 문항별로 원 문항과의 동등성을 확인한 후, 초등학생을 대상으로 한 표준화 과정을 통해 미국판과 대등한 수준의 변별도를 얻어 한국판 표준화 작업을 거쳐 K-CBCL을 제작하였다. K-CBCL은 임상장면이나 학교 등 아동 개인의 평가자료를 필요로 하는 다양한 상황에서 실제적으로 활용이 가능할 뿐 아니라 역학조사, 병인론 연구, 치료효과연구 등 여러 가지 연구에서 다양하게 활용될 수 있다. 즉, 평가대상이 각 평가치에서 또래집단에 비해 얼마나 일탈되었는지, 사회능력척도와 문제행동 증후군 척도의 총점이 준거집단에 비해 얼마나 일탈되어 있는가를 평가하고 그 정도가 임상범위에 있는지 혹은 정상범위 내에 있는지를 판별하는 진단자료로서 활용될 수 있다.

● 단축형 Coners 척도(부모용, 교사용)

단축형 Coners 평가척도는 ADHD 아동이 보이는 여러 가지 행동문제를 평가하기 위해 코너스(Conners, 1970)가 제작한 93개 문항으로 이루어진 평정척도를 고예트, 코너스와 울리히(Goyette, Conners, & Ulrich, 1978)가 10문항으로 축약하여 개정한 것으로, 부모와 교사가 평가하도록 되어 있다. 1970년에 부모용 개정판(80문항: 단축형 27문항)과 교사용 개정판(59문항), 청소년들의 자기-보고형 척도가 제작되었고, 각 문항은 없음(0)에서 아주 심함(4)까지로 평정된다. 코너스 평정척도에 대한 요인 분석 결과, 충동성-과잉운동, 학습문제 부주의, 품행문제, 정신지체 문제, 불안 등 5개 요인이 추출되었다. 한국에서는 충동성-과잉운동요인을 구성한 단축형(10문항)이 자주 사용되고 있다. 코너스 부모 평정 척도의 경우, 미국에서는 15점을 ADHD 진단을 위한 분할점으로 보고 있으며, 국내 연구에서는 ADHD 아동들의 평균치에 표준편차를 가산한 16점을 잠정적인 분할점으로 간주하고 있다. 코너스 교사 평정척도의 경우에는 미국과 한국에서 각각 15, 17점을 분할점으로 보고 있다.

4) 투사검사

투사검사는 자극 자료가 덜 구조화되어 있으므로 피검사자는 이러한 자극 자료에 자유롭게 반응할 수 있기 때문에 반응을 왜곡하기 어려울 뿐만 아니라 검사반응이 사회적 가치에 영향을 적게 받는다. 또한 투사검사는 동기 및 갈등적 측면을 잘 반영해 주고 있으므로 전체적인 성격 이해에도 도움이 된다. 그러나 투사검사는 신뢰도와 타당도가 낮다는 단점을 가지고 있기 때문에 임상적 경험과 전문성이 풍부한 검사자가 검사를 시행해야 한다.

일반적으로 아동들을 대상으로 실시되는 투사검사로는 아동용 주제통각검사(CAT), HTP(House/Tree/Person: 집, 나무, 사람 그림검사), 동작성 가족화(Kinetic Family Drawing: KFD)가 주로 이용된다(글상자 7-3 참조).

글상자 7-3

◈ 투사검사

● 아동용 주제통각검사(CAT)

아동용 주제통각검사(Children's Apperception Test: CAT)는 1949년 벨락(Bellak)에 의해 개발된 아동용 투사검사로 TAT의 도판은 성인에게 맞게 그려져 있어 도판의 자극 장면들을 아동들에게 맞는 그림들, 즉 유아기와 아동기에 주로 나타나는 여러 가지 심리적 문제들이 쉽게 투사될 수 있는 그림들로 바꾸고, 도판에 등장하는 주인공도 동물로 바꾸어서 아동용 검사인 CAT를 만들었다. 벨락이 동물을 자극 재료로 사용한 이론적 가정은 아동은 사람보다 동물에 대해서 더 잘 동일시되며 따라서 사람 자극보다 동물 자극에 대해서 더 많은 아동 특유의 의미적 내용을 투사한다는 것이다(Bellak, 1954). CAT의 구성을 보면 검사 도판은 1949년에 제작된 9개 표준 도판과 1952년에 제작된 보충판인 CAT-S로 구성되어 있고 한국판 CAT 도판은 김태련, 서봉연, 이은화, 홍숙기가 1976년에 원판을 기초로 한국 아동에게 적용할 수 있도록 개정하였고, 이후 표준화 작업을 거쳐 CAT 표준판 9매와 CAT

보충판 9매로 재개정되었다.

HTP(House/Tree/Person: 집, 나무, 사람 그림검사)

HTP는 벅(Buck, 1953)이 인간의 심리상태에 대한 정보를 알기 위한 검사를 개발하면서 집, 나무 그리고 사람을 하나로 묶어서 검사로 제작하였으며 이후 햄머(Hammer, 1958)에 의해서 임상적 적용이 확대되었다. HTP는 일종의 투사적 성격검사로서 평가자의 지시에 따라 아동이 흰 종이 위에 집과 나무와 사람을 그리게 되며, 그 그림에 대하여 솔직하고 자유롭게 설명하게 된다. 이 검사는 친숙한 소재를 통해 아동의 생각이나 내부의 욕구상태, 자아개념, 부모와의 관계나 가족관계, 현재 보이는 정서적 상태 등에 대하여 알아볼 수 있다는 장점이 있다.

동작성 가족화(Kinetic Family Drawing: KFD)

1970년대 번스와 카프만(Bums & Kaufman, 1972)은 아동에게 그의 가족 구성원이 활동하고 있는 장면을 그리도록 요구하는 동작성 가족화 검사를 창안하였다. K-F-D는 흰 종이 위에 가족들이 무엇인가를 하는 활동들을 그리게 되는 투사검사의 일종으로 가족관계에서의 문제나 역동에 대하여 알아볼 수 있다. 특히, 피검자가 가족관계에서 느끼는 자신의 위치나 가족들에 대한 감정상태 등에 관하여 알 수 있다는 장점을 지닌다. 가족화는 아동이 주관적이고 심리적으로 느끼는 가족 구성원들에 대한 내적인 상이 시각적으로 표현되는 검사이다. 즉, 가족 내에서 아동에게 가장 영향을 비치는 인물, 혹은 아동에게 부정적인 영향을 끼친 인물에 대해 아동이 느끼는 감정이 솔직하게 드러날 수 있다. 가족화에는 아동의 눈에 비친 가족들의 일상생활이나 가족 구성원에 대한 감정이 반영되는데, 이는 아동의 주관적 판단에 크게 의존하게 되기 때문에 KFD는 의식적, 무의식적 투사기법이라 할 수 있으며, 따라서 아동, 청소년들을 진단하고 치료하는 데 중요한 임상적 의미를 제공한다.

5. 정서·행동장애아동의 교육적 지원

1) 행동관리

행동관리기술은 정서 · 행동장애아동들의 사회적 · 행동적 요구를 다루는 가장 일반적인 접근법이며 즉각적인 강화를 통해 부정적인 행동의 빈도를 줄이는 것이다. 그러나 단순히 문제행동을 줄이거나 없애려는 기술은 그들에게 적절한 대체행동을 강화하는 것이 빈번히 실패하기 때문에 비효율적이다. 이러한 상황을 피하기 위해 행동관리 중재는 일반적으로 그들의 문제행동을 약화시키기 위한 것으로서 동적이며, 즉각적인 대체행동을 강화하는 것이어야 한다.

강화를 사용할 때 특정 아동이 선호하는 강화인을 찾아내고 활용하는 것이 중요하다. 아동 관찰하기, 아동에게 직접 물어보기, 프리맥 원리 적용해 보기, 비슷한 또래의 아동 관찰하기 등이 있다. 격려하기, 관심 가져 주기, 가볍게 껴안아 주기 또는 읽기 코너에 가서 만화책이나 동화책을 읽도록 허용하기 등은 좋은 강화인이 될 수 있다.

특히, 토큰강화(token reinforcement)는 정서 · 행동장애와 관련된 행동을 증진시키거나 감소시키는 데 광범위하게 사용되는 가장 적절한 행동관리기법으로 알려져 왔다(김이영 외, 2015). 정서 · 행동장애학생을 담당하는 교사의 90%가 토큰강화가 효과적이라고 보고하고 있다(Rosenberg et al., 2004). 그러나 어떤 상황에서는 토큰강화가 행동에 변화가 있을 때 다양한 유형의 토큰이나 점수 중심체계의 변화를 통해 학생의 행동이 변화할 수 있도록 계획되어야 한다. 즉, 정서 · 행동장애학생을 위한 많은 환경은 최소제한환경 안에서 적절한 행동을 보일 때까지 지속적으로 그 수준을 진행시켜야 한다.

그리고 바람직한 행동을 시범 보이는 모델링 또한 효과적인 방법이다. 그러나 유의할 점은 학생들은 의미 있는 사람을 모델로 삼는 경향이 있어 교실에서는 학급 친구나 자원봉사자보다는 교사를 모델로 삼게 되고, 교사보다는 부모를 모델로 삼을 수도 있다. 따라서 교사나 부모는 학생이 모방하기를 원하는 행동을 특정한 방법으로 하여 좋은 모델이 될 필요가 있다. 만약 아동이 서로에게 소리 지르는 것을 원하지 않는다면, 교사는 화가 났을 때 소리를 지르기보다 평소의 목소리로 이야기하는 것이 필요하다.

2) 사회성기술 향상

사회성기술 향상은 정서 · 행동장애아동들에게 매우 중요한 교육과정의 한 요소이다. 이들은 상당수가 타인과의 대화에서 그들의 느낌을 표현하거나 집단활동에 참여하는 데 어려움이 있으며, 실패나 비판에 긍정적 방식으로 반응하지 못한다. 자신의 분노나 화를 다스리는 데 사회적 기술이 부족하기 때문에 싸움과 언쟁을 자주 하게 된다. 이들은 일반 학생들이 가볍게 넘길 수 있는 사소한 냉대, 충돌 혹은 오해 때문에 다른 학생들을 공격할 수도 있다(전헌선 외, 2012).

따라서 정서 · 행동장애아동들에게 직접 교수를 통해 사회성기술을 향상시키려는 노력이 필요하다. 사회석 기술훈련은 또래집단 속에서 공격성과 충동성을 적절히 조절하여 사회적응력을 키우는 방법으로 주로 집단에서 행해지는데, 모델링, 연습, 피드백, 강화 등을 통해 이루어진다(김이영 외, 2015). 구체적으로 사회성기술 수업활동에는 일반적으로, 첫째, 향상이 필요한 사회성기술의 확인, 둘째, 확인된 기술에 대한 시범과 설명, 셋째, 지도받는 동안 연습할 수 있는 기회 제공, 넷째, 연습하는 동안 피드백과 강화물의 제공, 다섯째, 기술이 적용될 수 있는 실제 상황에서의 검증이 포함된다(Kavale, Mathur, & Mostert, 2004).

3) 환경의 조성 및 관리

정서 · 행동장애를 지닌 아동들은 일시적이든 장기적이든 온화하고 안락하며 안전한 환경을 요구한다. 그들은 교사로부터 행동 지원을 받으며, 주변 사람들로부터 인정받을 필요가 있다. 그러므로 아동들이 자신의 속도에 맞게 활동할 수 있도록 도와주어야 한다. 이들이 검사 결과 학습능력을 지닌 것으로 나타나더라도 행동문제를 해결하고, 상황에 잘 대처할 수 있을 때까지 학습은 제대로 할 수 없다. 정서 · 행동장애 학생들을 위한 환경의 조성과 관리의 지침은 표 7-17과 같다.

〈표 7-17〉 정서 · 행동장애아동들을 위한 환경의 조성과 관리의 지침

구분	내용
환경의 조성	• 아동들과 지지적 대인관계를 수립한다. • 허락이 아닌 수용적이고 온정적인 분위기를 조성한다. • 생활에서 지켜야 할 행동의 한계를 분명히 정한다. • 학급 규칙을 관대하게 정하고, 아동들에게 자주 주지시킨다. • 일관성을 유지한다. • 교과학습기능에 초점을 둔다. • 아동들이 성공할 수 있다는 경험을 제시한다. • 용서를 하면 지나간 일은 잊어버린다. 즉, 과거의 잘못된 행동에 대한 선입견을 가지고 아동을 대하지 않는다.
환경의 관리	• 문제를 일으킬 만한 물건이나 장난감을 치운다. • 아동에게 적절한 자리를 배정한다. • 시간계획을 신중히 살펴본다. 즉, 어떤 시간이나 주제가 분열을 일으킬 것으로 예상되면 계획을 변경한다. • 가위, 칼, 연필 등 위험한 물건에서 눈을 떼지 않는다. • 잘못된 결과를 가져온 행동을 즉시 제거하도록 한다. • 수업시간이 길 때는 진도에 변화를 주거나 운동을 좀 할 수 있도록 중간중간 끊어서 진행한다. • 아동에게 일관성 있는 요구와 기대를 한다. • 위기 상황이 오지 않도록 사전에 대비한다. • 철저하게 기록을 남겨 둔다.

출처: 전헌선 외(2012). 특수교육학개론. 양서원. pp. 202-203.

4) 정서 · 행동장애아동을 대하는 태도

정서 · 행동장애아동에 대한 교사나 부모 그리고 일반인들의 인식이 그들에게는 무엇보다 중요한 요인이다. 물론 그들에게 도움이 되기 위해서는 먼저 정서 · 행동장애아동에 대한 이해가 필요할 것이다. 정서 · 행동장애아동에 대한 이해 부족은 그들의 행동을 장애로 보지 않고, 고의적인 행동으로 보게 되며, 그런 행동을 처벌하게 되면 무엇보다 그들의 자존감은 떨어지게 된다. 따라서 먼저 그들의 문제를 장애로 인정하는 것이 중요하다. 표 7-18은 부모 및 교사가 정서 · 행동장애아동들을 대하는 태도를 제시한 것이다.

〈표 7-18〉 정서 · 행동장애아동들을 대하는 태도

구분	내용
올바르지 않은 태도	• 아동의 좋은 행동에 대한 칭찬보다는 잘못된 행동에만 주로 관심을 기울인다. • 아동의 잘못된 행동을 보면, 그 행동을 중지시키도록 확실한 행동을 취하기보다, 멈추도록 반복해서 말을 하다가 언성이 높아지는 경향이 있다. • 말을 다 듣기도 전에, "안돼!"라고 말을 자른다. • 안 된다고 했던 일도 아이가 조르거나, 다음부터는 안 그러겠다고 하면 들어준다. • 벌을 주고 나서 안 된다고 했던 일을 들어준다.
올바른 태도	• 또래보다 정서적으로 미약하다는 것을 인정한다. • 이러한 미성숙 혹은 부적절한 행동은 심리적이기보다는 신경학적 원인에 기인한다. • 정확하게 잘하기 위해서는 또래보다 시간이 더 오래 걸린다는 것을 인정한다. • 원인, 결과 관계를 이해하는 데 시간이 더 오래 걸린다는 것을 인정한다. • 어떤 것은 잘하고 어떤 것은 못하는 것은 의도적인 것이 아니라는 것을 인지한다. • 또래 아이들과 모든 것을 똑같이 적용시키는 것은 공정한 것이 아니라는 것을 인정한다. • 완벽을 기대하여서는 안 된다. • 긴 설교나 훈계 대신 10개 단어 이내의 짧은 말을 이용한다. • 비난 대신 '나는'이라는 말을 이용한다(나-전달법 사용). • 모호한 말 대신 직접적으로 특정한 것을 집어서 얘기한다. • 다른 곳을 쳐다보며 잘 듣지 않고, 침묵하고, 팔짱 끼는 등의 행동을 하는 대신 눈을 맞추며 적극적으로 듣고, 몸을 기울여 고개를 끄덕인다. • 말할 때 끼어들지 말고 자기 이야기를 하기 전에 아동의 말을 끝까지 듣는다. • 쌀쌀맞은 대답, 위협적인 말투 대신 건설적으로 얘기한다.

구분	내용
	• 고함을 지르고 소리치는 대신 중립적이고 자연스러운 목소리로 말한다. • 주제를 옮기지 말고 한 가지 주제에 대해 이야기한다. • 지나간 과거 행동이 아닌 지금 현재, 이 자리에 초점을 맞춘다. • 말과 행동을 다르게 하지 말고 일치시킨다. • 아이의 생각을 읽었다고 추측하지 않는다. 대신 아이의 얘기를 듣는다. 그리고 이해했는지 확인하기 위해 질문한다.

Chapter

08

자폐스펙트럼 장애

배울 내용

1. 자폐스펙트럼장애의 이해
2. 자폐스펙트럼장애의 현황 및 원인
3. 자폐스펙트럼장애의 특성
4. 자폐스펙트럼장애아동의 교육

학습목표

자폐스펙트럼장애(Autism Spectrum Disorder)의 정의와 진단기준, 분류, 현황, 원인 및 특성을 이해하고, 교육현장에서 활용할 수 있는 교수방법과 적용방법을 배운다.

개　요

자폐스펙트럼장애는 캐너가 1943년 처음 진단한 이래, 그 특징 및 유형이 광범위하여 진단 및 판별에 지금까지 혼란을 나타내고 있는 장애이다. 용어에서 표현하고 있듯이 자폐스펙트럼장애는 하나의 독립된 장애가 아닌 범주적 개념으로 이해해야 한다. 따라서 이장에서는 자폐스펙트럼장애의 정의와 진단기준 및 분류를 살펴보고, 자폐스펙트럼장애의 현황 및 원인을 알아보고자 한다. 또한 자폐스펙트럼장애의 인지적, 사회적, 언어적 및 감각적 특징을 살펴보고 이에 적합한 교육방법을 제시하고자 한다. 더욱이 오늘날 대다수의 자폐스펙트럼장애아동이 통합교육을 받고 있는 실정을 고려하여 자폐스펙트럼장애아동을 위한 성공적 통합교육을 위한 준비 요소를 살펴보고자 한다.

08 Chapter 자폐스펙트럼장애

1. 자폐스펙트럼장애의 이해

자폐증이라는 용어는 1912년 브로일러(Bleuler)가 미국 정신이상 잡지에 조현병 환자들에게서 나타나는 자신만의 세계로 위축되는 현상을 설명하기 위하여 '자신'을 뜻하는 그리스어 'autos'라는 단어를 근거로 autism이라는 용어를 사용하였다. 그리고 1943년 존스 홉킨스 의과대학 레오 캐너(Leo Kanner)는 사회적 상호작용 및 의사소통의 결함, 제한적이고 반복적인 상동행동 등을 보이는 11명의 아동들을 대상으로 5년간에 걸친 임상 경험을 정리하여 「어린 아동들의 정동적 접촉에 있어서의 자폐적 장애(autistic disturbances of affective contact in young children)」라는 제목의 논문에서 특수한 임상 증후군으로서의 자폐증에 대해 언급하며 발달 초기부터 사람 또는 상황에 대해 정상적인 방법으로 관계를 가지지 못하는 일련의 아동들을 기술하기 위하여 초기 유아자폐증(early infantile autism)이라고 명명하였다(Gupta, 2004).

1944년 한스 아스퍼거(Hans Asperger)는 사회적 관계기술과 의사소통의 결함, 강박적인 관심사와 행동, 서투른 움직임 등 캐너가 기술한 자폐증과 유사한 특성을 보이지만 초기 언어발달과 인지발달이 크게 지체되지 않은 4명의 아동에 대한 논문을 발표

하며 자폐적 정신병(autistic psychopathy)이라고 기술하였다. 이후 1981년 윙(Wing)은 자신이 관찰한 34명의 사례를 발표하면서 이 장애를 아스퍼거증후군(Asper's syndrome)이라고 명명하였다.

자폐증은 1943년 레오 캐너에 의해 초기 유아자폐증으로 처음 소개된 이래 『정신장애 진단 및 통계편람』(DSM-Ⅳ, 1994)에 전반적 발달장애 범주의 하위 유형으로 자폐성장애, 아스퍼거 장애, 레트 장애, 아동기 붕괴성 장애 그리고 달리 구분되지 않는 전반적 발달장애를 포함하였다.

1) 자폐스펙트럼장애의 정의

자폐스펙트럼장애는 핵심적으로 낮은 사회적 의사소통과 상동행동이라는 의미 없는 신체활동이 지속하여 나타나며 생의 초기에 출현하는 것으로 정의할 수 있다(그림 8-1).

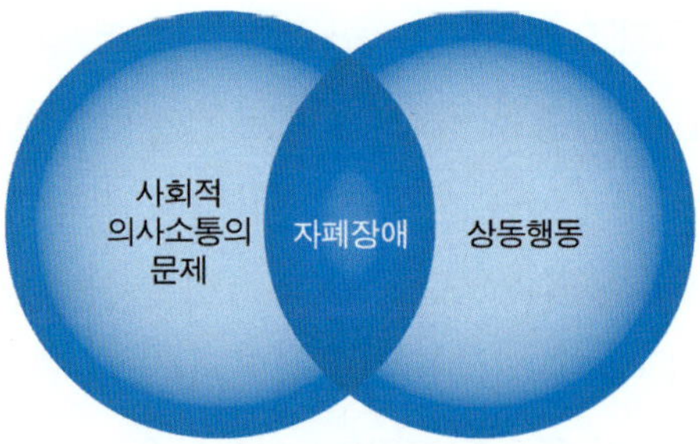

[그림 8-1] 자폐스펙트럼장애의 핵심 손상과 장애의 관계

2007년 「장애인 등에 대한 특수교육법」에서는 하나의 독립된 장애로 인정하고 정의를 내리고 있는데, 그 내용은 표 8-1과 같다.

〈표 8-1〉 **자폐스펙트럼장애를 지닌 특수교육대상자**

사회적 상호작용과 의사소통에 결함이 있고, 제한적이고 반복적인 관심과 활동을 보임으로써 교육적 성취 및 일상생활 적응에 도움이 필요한 사람

또한 우리나라의 「장애인복지법」에서도 자폐스펙트럼장애를 정의하고 있으며, 장애인복지법의 시행규칙에 따른 내용은 **표 8-2**와 같다(「장애인복지법 시행규칙」, 2016.06.30. 별표 1)(**표 8-2**).

〈표 8-2〉 **「장애인복지법」의 자폐스펙트럼장애 정의**

자폐성장애인(장애의 정도가 심한 장애인에 해당함)은 제10차 국제질병사인분류(International Classification of Diseases, 10th Version)의 진단기준에 따른 전반성발달장애(자폐증)로 정상발달의 단계가 나타나지 않고, 기능 및 능력 장애로 일상생활이나 사회생활에 간헐적인 도움이 필요한 사람

「장애인복지법 시행령」에서 규정하고 있는 자폐성장애는 “소아기 자폐증, 비전형적 자폐증에 따른 언어 · 신체표현 · 자기조절 · 사회적응 기능 및 능력의 장애로 인하여 일상생활이나 사회생활에 상당한 제약을 받아 다른 사람의 도움이 필요한 사람”으로 전반성발달장애(자폐증)가 확실해진 시점(최소 만 2세 이상)에서 판정을 받게 된다. 자폐스펙트럼장애는 발달의 전 영역에 걸쳐서 장애가 일어나는 것으로, 첫째, 대인관계의 형성이 일어나기 어렵고, 둘째, 언어의 발달에 어려움이 있거나 심각한 발달 지연이 나타나며, 셋째, 상동증, 과잉운동증, 공격적인 행동, 자해적인 행동 등의 행동장애가 동반되는 특징이 있다.

자폐스펙트럼장애는 우리나라에서 공식적인 정신질환 분류체계로 사용하고 있는 제10차 국제질병분류표 ICD-10(International Classification of Disease 10th Version)의 진단기준에 따르는데, ICD-10의 진단명이 F84 전반성발달장애(자폐증)인 경우에 자폐스펙트럼장애인(자폐증)으로 판정(진단)된다.

2) 자폐스펙트럼장애의 진단 기준

DSM-5 진단 기준에 따르면, 자폐스펙트럼장애(ASD)는 사회적 의사소통과 사회적 상호작용에서 지속적인 주요한 결함을 보이는 장애로 사회적·정서적 상호성, 비언어적 의사소통, 관계 형성 유지 및 이해에 어려움을 겪으며, 제한적이고 반복적인 행동, 관심, 활동으로 정의하고 있다(American Psychological Association: APA, 2013).

미국정신의학회(APA)는 1952년부터 DSM을 출판하고 있으며 처음 출판된 뒤 DSM-II(1968), DSM-III(1980), DSM-III-R(1987), DSM-IV(1994), DSM-IV-TR(2000)에 이르기까지 주요 범주와 하위유형들은 여러 차례의 개정이 이루어지면서 진단체계에도 많은 변화가 있었다.

DSM-II에서 전반적 발달장애(Pervasive Developmental Disorder: PDD)의 유형에 유아자폐증(Infantile Autism)이 포함되었다(APA, 1980). DSM-III에서는 유아자폐증에 대한 진단은 사회적 문제, 의사소통 결함 및 기괴한 행동과 관련된 특징이 생후 30개월 이내에 보여야 한다고 규정했으며, 30개월 이후 12세 이전에 증상이 나타나고 유아기 자폐증에 대한 모든 증상을 충족시키지 못한 소아기 발병 PDD(전반적 발달장애) 아형도 포함시켰다(문장원, 정병종, 2018).

DSM-IV에는 전반적 발달장애의 유형에 자폐성장애(Autistic Disorder), 레트 장애(Rett Disorder), 아스퍼거 증후군(Asperger Syndrome), 소아기 붕괴성 장애(Child Disintegrative Disorder), 달리 분류되지 않는 전반적 발달장애(PDD Not Otherwise Specified: PDD-NOS) 등 5개의 하위항목으로 분류되었다(APA, 2000).

그리고 개정된 DSM-5의 진단 기준의 큰 변화는 PDD(전반적 발달장애) 하위 유형 범주였던 자폐장애(Autistic Disorder), 소아기 붕괴성 장애(Childhood Disintegrative Disorder), 아스퍼거 장애(Asperger's Disorder)와 달리 분류되지 않는 전반적 발달장애(PDD-NOS)는 각 증상의 심각도에 차이가 있을 뿐 동일한 하나의 증상의 연속선상에 있는 질환으로 보며, 이를 모두 자폐스펙트럼장애(ASD)라는 하나의 진단명으로 통합하면서 자폐스펙트럼장애(ASD)라는 새로운 범주의 용어가 공식화되었다(APA, 2013). 지금까지 살펴본 자폐스펙트럼장애에 대한 DSM 주요 범주 및 하위유형 변화는 표 8-3과 같다(임연신, 2022).

〈표 8-3〉 DSM 주요 범주 및 하위유형 변화

DSM	주요범주 및 하위유형
DSM-III (1980)	전반적 발달장애(PDD) • 유아자폐증((Early Infantile Autism))
DSM-III-R (1987)	전반적발달장애(PDD) • 자폐장애(Autistic Disorder) • 달리 분류되지 않는 전반적 발달장애 (PDD Not Otherwise Specified: PDD-NOS)
DSM-IV (1994)	전반적 발달장애(PDD) • 자폐성장애(Autism Disorder) • 레트 장애(Rett Disorder) • 아스퍼거 증후군(Asperger Syndrome) • 소아기 붕괴성 장애(Childhood Disintegrative Disorder) • 달리 분류되지 않는 전반적 발달장애 (PDD Not Otherwise Specified: PDD-NOS)
DSM-IV-R (2000)	전반적 발달장애(PDD) • 자폐성장애(Autism Disorder), • 레트 장애(Rett Disorder), • 아스퍼거 증후군(Asperger Syndrome) • 소아기 붕괴성 장애(Childhood Disintegrative Disorder) • 달리 분류되지 않는 전반적 발달장애 (PDD Not Otherwise Specified: PDD-NOS)
DSM-5 (2013)	자폐스펙트럼장애(ASD) • 자폐스펙트럼장애(ASD)

DSM-Ⅳ(1994)에서는 사회적 상호작용과 의사소통에 있어서 비정상적인 발달을 보이며 사회적 상호작용 기술, 의사소통 기술, 상동행동, 흥미, 활동에서 아주 심한 전반적 손상으로 특징지어지며, 이러한 상태를 나타내는 질적 손상이 개인의 발달 수준이나

정신연령에 비해, 두드러지게 이탈되는 장애라고 정의하였다(APA, 1994).

이에 비해 2013년 개정된 DSM-5에서는 사회적 의사소통과 사회적 상호작용과 제한되고 반복적인 활동, 관심, 즉 2개의 요소에서 보이는 어려움을 자폐스펙트럼장애(ASD)의 핵심 증상으로 정의하였고, 사회적 의사소통 및 상호작용 영역에서 3개, 제한된 관심과 반복적인 행동(RRBI) 영역에서 적어도 2개가 충족되어야 자폐스펙트럼장애(ASD)로 진단되는 변화가 있었다(APA, 2013). DSM-5의 자폐스펙트럼장애 진단 준거는 **표 8-4**와 같다.

〈표 8-4〉 DSM-5의 자폐스펙트럼장애 진단 준거

DSM-5 자폐스펙트럼장애 진단 준거
A. 다양한 맥락에서 사회적 의사소통 및 사회적 상호작용의 지속적인 결함을 보이며, 이는 다음 세 가지 모두가 현재 또는 이전부터 지속해서 나타남. (a) 사회적-감정적 상호성 결함(예: 비정상적인 사회적 접근과 정상적인 대화의 실패, 사회적 상호작용의 시작 및 반응의 실패, 흥미나 감정 공유의 감소) (b) 사회적 상호작용을 위한 비언어적인 의사소통 행동 결함(예: 언어적, 비언어적 의사소통의 불완전한 통합, 비정상적인 눈 맞춤과 몸짓 언어, 몸짓의 이해와 사용의 결함, 표정과 비언어적 의사소통의 전반적 결핍) (c) 사회적 관계 발전, 유지 및 관계에 대한 이해 결함(예: 다양한 사회적 상황에 적합한 적응적 행동의 어려움, 상상 놀이를 공유하거나 친구 사귀기가 어려움, 또래들에 관한 관심 결여)
B. 제한적이고 반복적인 행동이나 흥미, 활동을 보이며 이는 다음 중 적어도 두 가지 현재 또는 이전부터 지속해서 나타남. (a) 상동증적이거나 반복적인 운동성 동작, 물건 사용 또는 말 반복(예: 단순 운동 반복, 장난감 배열하기, 사물 흔들기 또는 물체 튕기기, 반향어 사용, 특이한 말과 문구 사용 등) (b) 동일성에 대한 고집, 일상적인 것에 대한 융통성 없는 집착, 또는 의례적인 언어나 비언어적 행동 양상(예: 작은 변화에 대한 극심한 고통, 변화의 어려움, 경직된 사고 패턴, 의례적인 행동, 같은 길로만 다니기, 일정한 순서가 있는 행동, 동일한 음식 섭취에 대한 요구 등) (c) 강도나 초점에 있어서 비정상적으로 극도로 제한되고 고정된 흥미(예: 고통 또는 온도에 대한 무감각, 특정 소리나 감각에 대한 과민, 둔감 반응, 과도하게 냄새를 맡거나 과도하게 사물을 만짐, 특이한 물체에 대한 강한 애착 또는 집착, 과도하게 제한된 고집스러운 흥미) (d) 감각 정보에 대한 과잉 또는 과소 반응, 또는 환경의 감각 영역에 대한 특이한 관심(예: 고통 또는 온도에 대한 둔감, 특정 소리나 감촉에 대한 부정적 반응, 과도한 냄새 맡기 또는 물체 만지기, 빛이나 움직임에 대한 시각적 매료 감각에 대한 예민함, 둔함)

C. 증상은 반드시 발달 초기부터 나타나야 함.

D. 이러한 증상은 사회적, 직업적 또는 다른 중요한 현재 기능에서 임상적으로 뚜렷한 손상 초래

E. 이러한 장애는 지적장애(지적발달장애) 또는 전반적 발달지연으로 더 잘 설명되지 않음. 그러나 지적장애와 자폐스펙트럼장애는 자주 동반됨. 자폐스펙트럼장애와 지적장애를 함께 진단하기 위해서는 사회적 의사소통이 전반적인 발달 수준에 기대되는 것보다 저하되어야 함

3) 자폐스펙트럼장애의 분류

DSM-5의 자폐스펙트럼장애(ASD) 진단 기준은 이전의 범주적 틀에서 차원적 틀로 변화되었으며, 이는 자폐스펙트럼장애 증후에 대한 지속적 측정을 통해 개인의 결함 및 능력 수준을 기술하고자 하는 것이다(문장원, 정병종, 2018). 이를 위해 두 가지 핵심 준거 수행 결함에 따라 지원 수준을 지원이 필요한 수준(1단계), 많은 지원이 있어야 하는 수준(2단계), 상당히 많은 지원을 해야 하는 수준(3단계)으로 구분하여 제시하였고(APA, 2013), DSM-IV-RT과 DSM-5의 자폐성장애 진단 차이 및 심각도 수준은 **그림 8-2**, 심각도 기준은 **표 8-5**와 같다.

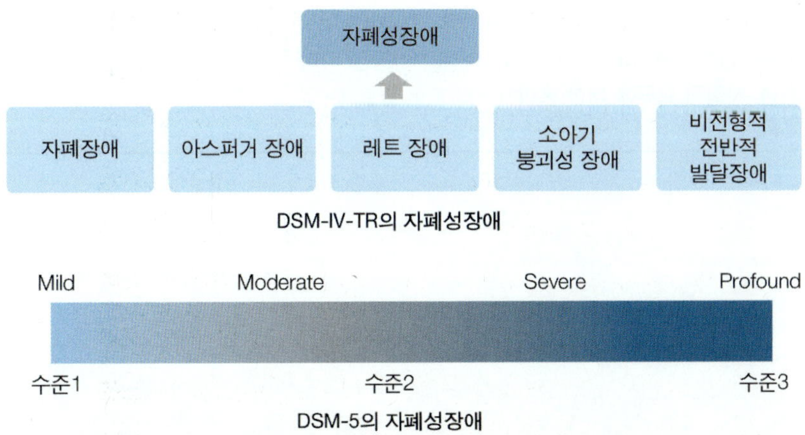

[그림 8-2] DSM-IV-RT과 DSM-5의 자폐성장애 진단 차이 및 심각도 수준

〈표 8-5〉 DSM-5 심각도 기준

수준	사회적 의사소통	제한적이고 반복적인 행동과 관심
3	언어적, 비언어적 사회적 의사소통 기술에 심각한 결함이 있고, 이로 인해 심각한 기능상의 손상이 야기됨. 사회적 상호작용을 맺음에 있어 극도로 제한적이며, 사회적 접근에 최소한의 반응을 보임. 예를 들어, 이해할 수 있는 말이 극소수의 단어로 제한되며, 비록, 상호작용을 하더라도 오직 자신의 필요를 충족하기 위해 이상한 방식으로 접근, 매우 직접적인 사회적 접근에만 반응함.	융통성 없는 행동과 변화에 대처가 매우 극심한 어려움을 보임. 다른 제한적이고 반복적 행동이 모든 분야에서 뚜렷한 방해를 함. 집중 또는 행동 변화에 극심한 고통과 어려움이 있음.
2	언어적 · 비언어적 사회적 의사소통 기술에서 뚜렷한 결함이 있고, 지원을 해도 명백한 사회적 손상이 있음. 사회적 의사소통의 시작이 제한되어 있고, 사회적 접근이 감소하며, 비정상적인 반응을 보임. 예를 들어, 단순한 문장 정도만 말할 수 있으며, 특정 관심사에 대한 제한이 있고, 기이하고 비언어적 의사소통 사용이 뚜렷하게 나타남.	융통성 없는 행동과 변화에 대처가 극심한 어려움을 보임. 다른 제한적이고 반복적인 행동이 우연히 관찰한 사람도 알 수 있을 정도로 자주 나타남. 다양한 분야에서 방해함. 집중 또는 행동 변화에 고통과 어려움이 있음.
1	지원이 없을 때에 사회적 의사소통의 결함이 손상을 야기함. 사회적 상호작용을 시작하는 데 어려움이 있으며, 사회적 접근에 대한 비전형적인 반응이나 성공하지 못함. 사회적 상호작용에 대한 흥미가 감소된 것처럼 보임.	융통성 없는 행동으로 한 가지 또는 그 이상의 영역에서 기능을 발휘하는 데 분명한 방해를 함.
	친구들을 만들기 위한 시도가 특이하고, 대개 실패(어려움). 사회적 교류의 도입에 곤란, 다른 사람들로부터 움직임에 대한 비정적이고 비연속적인 반응을 나타냄. 사회적 교류에 대한 흥미가 감소되어 있을 수 있음.	활동 전환이 어렵고 조직화하고 계획하는 어려움으로 독립을 방해함.

2. 자폐스펙트럼장애의 현황 및 원인

1) 자폐스펙트럼장애의 현황

자폐스펙트럼장애인의 성별 · 연령별 분포에 대한 현황은 표 8-6과 같다.

〈표 8-6〉 자폐스펙트럼장애인의 성별 · 연령별 분포 (단위: %, 명)

구분	남자	여자	전체
0~9세	23.0	19.3	22.4
10~19세	32.8	22.9	31.2
20~29세	25.9	25.8	25.9
30~39세	15.5	23.8	16.8
40~49세	2.7	8.2	3.6
50~59세	-	-	-
60~64세	-	-	-
65~69세	-	-	-
70~79세	-	-	-
80세 이상	-	-	-
계	100.0	100.0	100.0
전국추정수(N)	32,619(194)	6,332(34)	38,951(228)

출처: 보건복지부, 한국보건사회연구원(2020). 2020년 장애인 실태조사.

자폐스펙트럼장애의 연령별 현황을 살펴보면, 10대가 31.2%, 20대 25.9%, 10세 미만 22.4%, 30대 16.8% 순이었다. 자폐스펙트럼장애의 성별 차이는 10세 미만과 10대에서 남자의 비율이 여자보다 높았다. 자폐스펙트럼장애의 지적장애 또는 뇌전증 동반 여부에 대한 현황은 표 8-7과 같다.

〈표 8-7〉 **자폐스펙트럼장애의 지적장애 또는 뇌전증 동반 여부** (단위: %, 명)

구분	남자	여자	전체
아니오	40.8	57.2	43.5
지적장애만 동반됨	47.1	25.9	43.7
뇌전증만 동반됨	1.8	1.9	1.8
지적장애와 뇌전증 모두 동반됨	10.3	14.9	11.1
계	100.0	100.0	100.0
전국추정수	32,619	6,332	38,951

출처: 보건복지부, 한국보건사회연구원(2020). 2020년 장애인 실태조사.

자폐스펙트럼장애인의 지적장애 또는 뇌전증과 같은 동반장애 현황을 알아본 결과, 동반장애가 없다는 응답이 43.5%로 가장 많았고, 지적장애만 동반된 경우가 43.2%, 지적장애와 뇌전증 모두 동반된 경우가 11.1%로 나타났다. 동반장애의 성별 특성을 살펴보면, 지적장애만 동반된 경우는 남자가 여자보다 높았고, 동반장애가 없는 경우는 여자가 57.2%로 남자(40.8%)에 비해 높았다. 자폐스펙트럼장애의 장애발생 시기에 대한 현황은 **표 8-8**과 같다.

〈표 8-8〉 **자폐스펙트럼장애의 장애발생 시기** (단위: %, 명)

구분	남자	여자	전체
출생 전 또는 출생 시	14.1	6.6	12.9
만 1세 이전	8.4	1.5	7.3
만 1세 후	77.5	91.9	79.8
계	100.0	100.0	100.0
전국추정수	32,619	6,332	38,951

출처: 보건복지부, 한국보건사회연구원(2020). 2020년 장애인 실태조사.

자폐스펙트럼장애의 발생 시기는 만 1세 후가 79.8%로 대부분을 차지하였으며, 출생 전 또는 출생 시 12.9%, 만 1세 이전 7.3% 순이었다. 장애발생 시기를 성별로 살펴보면, 남자의 경우 출생 전 또는 출생 시 발생이 여자보다 높고 여자는 만 1세 이후가 더 높았다. 자폐스펙트럼장애의 후천적 장애발생 시기에 대한 현황은 표 8-9와 같다.

〈표 8-9〉 **자폐스펙트럼장애의 후천적 장애발생 시기** (단위: %, 명)

구분	남자	여자	전체
만 1~ 4세	76.7	65.6	74.6
만 5~ 9세	19.0	21.6	19.5
만 10~19세	3.9	12.7	5.5
만 20~29세	–	–	–
만 30~39세	0.5	0.0	0.4
만 40~49세	–	–	–
만 50~59세	–	–	–
만 60~69세	–	–	–
만 70~79세	–	–	–
만 80세 이상	–	–	–
계	100.0	100.0	100.0
전국추정수	25,276	5,817	31,093

출처: 보건복지부, 한국보건사회연구원(2020). 2020년 장애인 실태조사.

만 1세 이후 자폐스펙트럼장애의 연령을 구체적으로 살펴보면, 만 1~4세에 발생한 경우가 74.6%로 가장 많았고, 다음으로 만 5~9세 19.5%, 만 10~19세 5.5% 순이었다. 만 1세 이후 자폐스펙트럼장애 발생 시기의 성별특성을 살펴보면, 남녀 모두 만 5세 미만 발병이 가장 많았고 여자의 경우 만 5~9세 발생이 남자에 비해 약간 높았다. 자폐스펙트럼장애인의 의사소통 수행능력에 대한 현황은 표 8-10과 같다.

〈표 8-10〉 **자폐스펙트럼장애인의 의사소통 수행능력** (단위: %, 명)

구분	남자	여자	전체
완전하게 의사소통 가능	8.6	2.5	7.6
스스로 대부분의 의사소통 가능	12.8	5.2	11.6
스스로 간단한 의사소통 가능	30.2	32.3	30.5
도움을 통해 간단한 의사소통 가능	33.4	35.4	33.8
의사소통이 전혀 불가능	14.9	24.6	16.5
계	100.0	100.0	100.0
전국추정수	32,619	6,332	38,951

출처: 보건복지부, 한국보건사회연구원(2020). 2020년 장애인 실태조사.

자폐스펙트럼장애의 의사소통 수행능력은 도움을 통해 간단한 의사소통 가능이 33.8%로 가장 많았고, 스스로 간단한 의사소통 가능이 30.5%, 스스로 대부분의 의사소통 가능이 11.6% 순이었다. 자폐스펙트럼장애 중 의사소통이 전혀 불가능한 경우는 16.5%였으며, 완전하게 의사소통이 가능한 경우는 7.6%로 낮았다. 의사소통 수행능력의 성별 특성을 살펴보면, 남자와 여자 모두 도움을 통해 간단한 의사소통 가능, 스스로 간단한 의사소통 가능, 의사소통이 전혀 불가능 순으로 높았다. 자폐성장애인의 의사소통 방법에 대한 현황은 표 8-11과 같다.

〈표 8-11〉 **자폐스펙트럼장애인의 의사소통 방법** (단위: %, 명)

구분	남자	여자	전체
말	68.5	65.6	68.0
몸짓	23.1	31.2	24.4
의사소통보조기기(터치방식, 음향 사용)	0.4	0.0	0.3
의사소통 카드(그림카드 등)	1.0	0.0	0.8
기타	7.0	3.1	6.4
계	100.0	100.0	100.0
전국추정수	32,619	6,332	38,951

출처: 보건복지부, 한국보건사회연구원(2020). 2020년 장애인 실태조사.

자폐스펙트럼장애의 의사소통 방법에 대해 구체적으로 살펴보면, 말을 사용하는 경우가 68.0%로 가장 많았고, 다음으로 몸짓 24.4% 순이었다. 의사소통 방법에 대한 성별 특성은 큰 차이를 보이지 않았으나 몸짓을 통한 의사소통의 비율은 남자에 비해 여자가 약간 높았다. 자폐스펙트럼장애의 장애발생 원인에 대한 현황은 표 8-12와 같다.

〈표 8-12〉 **자폐스펙트럼장애의 장애발생 원인** (단위: %, 명)

구분		남자	여자	전체
선천적 원인		40.5	30.1	38.8
출생 시 원인		5.8	1.9	5.1
후천적 원인	질환	13.6	22.2	15.0
	사고	0.4	0.0	0.3
원인불명		39.7	45.8	40.7
계		100.0	100.0	100.0
전국추정수		32,619	6,332	38,951

출처: 보건복지부, 한국보건사회연구원(2020). 2020년 장애인 실태조사.

자폐스펙트럼장애의 장애 원인은 원인을 모르는 경우(원인 불명)가 40.7%로 가장 많았고, 다음으로 선천적 원인 38.8%, 후천적 질환 15.0%, 출생 시 원인 5.1% 순이었다. 장애 원인에 대한 성별 특성을 살펴보면, 남자가 여자보다 선천적 원인 및 출생 시 원인 비율이 높았고, 여자는 후천적 원인 중 질환의 비율이 남자보다 높았다. 자폐스펙트럼장애의 후천적 장애 원인에 대한 현황은 표 8-13과 같다.

〈표 8-13〉 **자폐스펙트럼장애의 후천적 장애 원인** (단위: %, 명)

구분			남자	여자	전체
후천적 원인	질환	신경계질환	41.8	9.5	34.1
		정신질환	23.2	47.2	28.8
		미상	32.3	43.3	34.9
	사고	기타	2.7	0.0	2.1
계			100.0	100.0	100.0
전국 추정수			4,547	1,408	5,955

출처: 보건복지부, 한국보건사회연구원(2020). 2020년 장애인 실태조사.

자폐스펙트럼장애의 후천적 원인에 대해 구체적으로 살펴보면, 신경계질환 34.1%, 미상 34.9%, 정신질환 28.8% 순으로 나타났다.

2) 자폐스펙트럼장애의 원인

자폐스펙트럼장애의 증상은 생후 2년 내인 12개월에서 24개월경에 인식되며 초기 발달지연에 대한 정보나 사회적, 언어적 기술의 저하에 의해 발견된다. 뇌의 발달장애로 인한 질병으로 특정 약물이나 심리치료로 치료할 수 있다고 생각하지만 아직 그 원인이 명확하게 밝혀지지 않고 있다(이소현, 박은혜, 2006).

〈표 8-14〉 **자폐스펙트럼장애의 원인**

- 초기에는 정신 · 사회적 원인이 중요한 것으로 간주되어 부모의 잘못된 양육에 의해 발생된다고 생각하였으나 부적절한 양육과는 관련이 없는 것으로 나타나고 있다. 단, 부모의 정신적, 사회적 스트레스에 의해 증상이 악화될 가능성은 높다.
- 최근에는 중추신경계의 장애로 보며 신체적이고, 기질적인 뇌기능 이상이 원인이 된다고 추정하고 있다.
- 다른 신경학적 장애를 동반하는 복합성에 의한 생물학적 원인으로 예측하기도 한다.
- 출생 중 혹은 태내기에 일어나는 뇌손상 또는 뇌이상이 원인이 될 수 있으며, 출산 중 산소결핍, 출산 전

후의 감염이나 환경적 독소, 신진대사의 이상 등에 의해 발생될 수 있다.
- 풍진, 뇌염, 홍역 등에 의한 감염, 뇌전증, 지적장애 등에 의한 영향으로 발병될 수 있다.
- 뇌손상의 경우 뇌간의 손상이나 전두엽의 이상에 의해 발생될 수 있다.

자폐스펙트럼장애의 원인에 대한 가설 및 견해는 매우 다양하다. 지금까지 밝혀진 자폐스펙트럼장애의 원인에 대한 연구를 살펴보면, 생물학적 요인이 대세를 이루고 있다. 과거 캐너(1946)가 처음 자폐스펙트럼장애를 소개하면서 원인으로 부모의 양육태도 및 부모의 정신병적인 등의 심리역동적 요인이나 행동주의 요인을 제기하였으나 이는 자폐의 원인으로 부적합한 것으로 판명되었다.

따라서 이 장에서는 생물학적 요인을 중심으로 살펴보고자 한다. 생물학적 요인으로는 유전, 신경학적인 화학 불균형과 뇌구조적 이상과 신경병리학적 이상이 해당된다. 특히, 최근 연구에서는 표 8-15와 같이 뇌의 신경전달물질로 인한 뇌기능의 장애가 중요한 요인으로 작용하는 것으로 인식되고 있다(김이영 외, 2020).

〈표 8-15〉 자폐스펙트럼장애의 생물학적 요인

생물학적 요인	특성
유전적 요인	쌍생아 연구 결과 일란성 쌍생아의 경우 95.7%가 같은 자폐성장애를 나타낼 확률이 있으며 이란성 쌍생아의 경우 23.4%가 같은 자폐성장애를 나타낼 확률을 보임
신경학적인 화학 불균형	세로토닌의 과대 함량, 높은 수준의 생체 자연 아편 물질 생성으로 타인과의 상호작용 의지가 낮음
뇌구조 문제	전두엽의 기능 이상과 좌측 뇌가 작고 우측 뇌가 크거나, 커다란 미상핵 등의 구조 문제로 인해서 주의력결핍 및 언어능력, 강박적 행동 출현

(1) 유전적 요인

유전적 요인은 자폐스펙트럼장애가 진단된 이후 지속적으로 거론되는 원인론 중 하나이다. 가족력에 대한 연구결과, 자폐스펙트럼장애가 있는 가족에서 다른 자녀가 자폐로 출현할 확률이 증가하였다. 파워(Power, 2000)의 연구에 의하면, 자폐스펙트럼장애의 자녀를 둔 가정의 경우 또 다른 자녀가 자폐스펙트럼장애를 보일 확률이 2~3%였다. 쌍생아 연구를 살펴보면, 일란성 쌍생아가 이란성 쌍생아에 비해 쌍둥이 둘 다 자폐스펙트럼장애를 나타낼 확률이 더 높았다. 또한 변형 X 증후군이나 결절성 경화증, 다운 증후군 등의 염색체 이상에 의한 유전성 질환에서도 자폐스펙트럼장애가 동반되는 경우가 많다. 특히, 레트증후군은 X 염색체의 MECP2 유전자 이상에 의해 나타나는 것으로 밝혀졌다. 이는 자폐스펙트럼장애와 관련된 염색체가 있을 수 있다는 가정을 뒷받침하는 하나의 증거라고 할 수 있다.

(2) 신경전달물질의 이상

많은 수의 자폐스펙트럼장애아동에게서 세로토닌이 과다하게 발견되거나(Anderson & Hoshino, 2005), 거울 신경(Dapretto et al., 2006)세포의 연결 부분인 시냅스(Garber, 2007)의 기능이상이 발견되고 있다. 또한 생체 자연 아편 물질의 과다 분비로 사회성의 어려움을 보이는 것으로 예측되고 있다.

(3) 뇌구조 및 신경병리학적 이상

전두엽은 주의집중과 기억력을 담당하는 뇌의 부분인데 자폐스펙트럼장애아동의 경우 전두엽 기능 저하가 가장 많이 보고되고 있다. 또한 좌측 뇌의 성장이 저하되고 우측 뇌의 크기가 큰 것으로 보고되고 있다. 이는 자폐스펙트럼장애아동의 낮은 의사소통능력과 관련되어 있어 보인다. 뇌의 기저핵 안의 미상핵(caudate nucleus)이 큰 것 또한 자폐스펙트럼장애아동의 강박적 행동과 변화에 적응하지 못하는 행동과 관련 있는 것으로 나타났다(조수철 외, 2011).

이렇게 자폐스펙트럼장애는 이미 선천적 기능의 결함으로 자폐 가능성을 가지고 태어나는 것으로 볼 수 있다.

3. 자폐스펙트럼장애의 특성

1) 자폐스펙트럼장애의 상호작용 특성

자폐스펙트럼장애(ASD)아동들의 사회적 상호작용 결함은 어릴 때부터 나타나기 시작하는데 그 특성은 주로 사회적 미소나 눈맞춤의 결여와 분리불안이나 낯가리기 등의 행동이 나타나지 않으며, 자폐스펙트럼장애(ASD)아동들은 정상 발달하는 아동이나 다른 장애아동들에 비해 눈맞춤, 시선 주시하기, 공동주의의 어려움으로 인한 상호작용의 결함을 보인다고 하였다(김미삼 외, 2012; 김은경, 2011). 또한 사회적 상호작용에 사용되는 눈맞춤, 얼굴 표정, 자세 몸짓과 같은 비언어적 의사소통을 사용하더라도 부적절하게 사용하거나 공동주의나 시작하기의 목적을 위한 의사소통이 적거나 눈맞춤, 가리키기, 물건 보여 주기 등의 제한된 범위의 비언어적 행동만 나타난다고 하였다(Stone et al., 1990).

자폐스펙트럼장애(ASD)의 경우, 다양한 사회적 맥락과 상황에서 타인에게 상호작용을 시도하는 것과 다른 사람의 몸짓이나 얼굴 표정 등의 단서들을 이해하고 대처하는 데 어려움을 경험하며, 의사소통을 하기 위해 다른 사람을 데려가고, 손을 잡아당기고, 다른 사람의 손을 조작하기와 같은 주로 단순한 몸짓을 사용하고, 상징적인 몸짓의 사용을 잘 하지 않는다. 타인에게 대화를 시도할 때 대부분 상대방의 이름을 부르거나 시선을 맞추어서 상대방이 본인에게 집중하도록 하는 데 반해, 자폐스펙트럼장애(ASD)아동들은 타인으로부터 본인에게 주의를 이끌어 내는 기술이 부족하고(민용아, 김진호, 2013), 주의를 끌어도 다른 사람이 몸짓이나 얼굴표정 등의 단서들을 이해하고 대처하는 데 어려움을 보인다. 이러한 사회적 상호작용과 의사소통의 결함은 또래 관계에도 부정적인 영향을 미쳐 또래들 사이에서 거부되거나 기회 감소, 분리되는 경우가 많아 학교 환경에서 또래 관계 형성에서 어려움을 경험하게 된다.

2) 자폐스펙트럼장애아동의 의사소통 특성

자폐스펙트럼장애(ASD)아동에게서 가장 눈에 띄는 특징은 언어와 의사소통의 결함이며 다른 영역에 비해 성인기까지도 지속적인 어려움을 보이는 영역이다. 자폐스펙트럼장애(ASD)의 의사소통 특성 중 가장 두드러진 어려움은 정상 발달하는 아동에 비해 의사소통 의도와 빈도가 낮고 스스로 대화를 개시하는 자발성이 거의 없으며, 타인과의 대화에 참여하는 의도가 나타나지 않으며, 의사소통의 의도가 있어도 그 내용을 어떻게 타인에게 적절한 방법을 통해 표현하고 전달해야 하는지에 대한 어려움이 있다.

전형적으로 발달하는 아동들은 초기에는 제스처와 같은 비언어적인 수단을 많이 사용하다가 점차 발성을 동반하게 되고, 이후에 구어를 사용하기 시작하면서 제스처의 사용은 감소되고 구어의 사용이 증가한다. 즉, 연령이 증가할수록 의사소통 수단이 제스처와 같은 비언어적 형태에서 언어적 형태로 발달하게 되고 이러한 기능들은 점차 다양한 의사소통 기능으로 세분화된다. 그러나 언어 사용이 있는 자폐스펙트럼장애(ASD)아동들의 75~80% 정도는 다른 사람의 말을 따라 하는 반향어와 모방의 형태로 구어를 나타내는 의사소통의 질적 결함을 보인다. 이러한 반향어는 언어적 기능 수준이 낮은 아동에게서 많이 나타나며, 기능적인 의사소통 사용에 있어서도 어려움을 경험한다.

자폐스펙트럼장애(ASD)의 구어 이해 및 표현 능력에 있어서도 또래와 유의한 차이를 보이며, 대표적으로 말소리에 대한 반응성이 떨어지고, 이에 따라 호명 반응이 낮으며 발성 및 언어 표현에 있어 비전형적인 양상을 보이고, 타인과 주고받는 대화에서 적절하게 반응하는 데 어려움을 보이게 된다. 이는 자폐스펙트럼장애(ASD)의 대표적인 특이성 화용언어의 결함이라고 볼 수 있는데, 화용론적 어려움이란 청자와 화자 사이에서 대화의 의도를 인식하고 이해하는 능력으로 상황과 맥락에 맞게 언어를 사용하는 능력을 말한다. 이러한 화용적 의사소통의 어려움은 타인이 말하는 의도와 대화내용을 이해하는 데 어려움을 보이고, 본인의 생각과 감정을 표현하거나 기본적인 욕구를 적절하게 표현할 수 없게 하여 문제행동으로도 표출될 수 있다(최진혁 외, 2016).

3) 자폐스펙트럼장애아동의 반복적이고 상동적인 행동

자폐스펙트럼장애아동들에게서 관찰되는 대표적인 행동으로는 상동행동, 자해행동, 공격행동 등이 있다. 상동행동이란 몸 흔들기, 손가락이나 막대 돌리기와 흔들기, 물건이나 몸통 빙빙 돌리기 등의 반복적이고 부적절한 행동을 말한다. 자폐스펙트럼장애아동들에게서 빈번하게 관찰되는 반복적이고 리드미컬한 상동행동에 대해 대부분의 행동주의자들은 어떠한 건설적인 목적이나 기능도 담겨 있지 않은 병적인 행동으로 간주하고 있다. 그러나 기능주의 연구자들은 이러한 자폐스펙트럼장애아동들이 나타내는 상동행동에도 그들 나름의 따분함이나 짜증 등을 다른 사람에게 알리는 것과 같은 어떤 특정한 의사소통기능이 포함되어 있다고 본다.

자해행동은 머리를 들이박거나, 깨물고, 할퀴는 등의 자신의 신체에 해를 가하는 행동이다. 일부 심한 자해행동을 하는 자폐스펙트럼장애아동의 경우 영구적 손상을 가지게 되거나, 드물게는 목숨을 잃는 경우도 있다. 그리고 공격행동은 자해행동과는 달리 그 대상이 자기가 아닌 남에게 가하는 일종의 폭력성향을 수반하는 행동을 말한다.

자폐스펙트럼장애아동의 놀이는 단순하고, 반복적이고, 무의미하며, 감각적인 것처럼 보인다. 그러나 그들 나름의 목적성을 가지고 반복하며 즐기는 것이다. 또한 상상놀이와 극놀이에 제한성을 가지며, 창조적이거나 상징적인 놀이요소가 결여되어 있고, 소꿉놀이라든가 동물놀이 등에는 관심을 보이지 않기도 한다. 다른 특징으로는 변화에 대한 거부와 저항으로 새로운 환경을 받아들이는 데 힘들어 하며 자신이 경험한 것이거나 관심 있는 것들에 대해 고집하고 유지하려는 경향이 강하다. 예를 들어, 자신이 선택한 같은 길로만 가려고 하며, 편식이 심하여 새로운 음식을 먹는 데 주저한다. 이러한 성향들은 고집이 세고, 이상하게 보이기도 하며 새로운 것에 대한 학습을 어렵게 하는 요인이 되기도 한다.

4) 자폐스펙트럼장애아동의 인지 특성

자폐스펙트럼장애(ASD)의 약 20~25% 정도는 평균과 경계선 사이의 지능을 보이고 대부분은 중간 정도 또는 그 이하의 심한 정도의 지적장애를 지니고 있다. 또한 자폐스펙트럼장애(ASD)의 인지능력은 불균형한 패턴을 보이는데, 이러한 불균형한 패턴이 어린 아동의 비언어적 인지능력에 있어서도 자폐스펙트럼장애(ASD)의 경우, 정상 발달 아동에 비해 지각적 능력은 강점인 반면 비언어적 개념 형성 능력은 약점으로 보고되었다. 특히, 라이터 지능검사 프로파일 분석에서 자폐스펙트럼장애(ASD)의 경우, 시공간적 능력이 들어간 검사에서는 강점을 보였고, 세부에 초점이 맞추어진 처리에 있어서도 좋은 수행능력을 보였지만 추상화 및 개념 형성 능력에 있어서는 약점을 보였다. 이는 자폐스펙트럼장애(ASD)의 인지 프로파일의 핵심 양상이 반영된 것을 의미하며, 자폐스펙트럼장애(ASD)의 지능을 측정하면 동작성 지능(Performance IQ)이 언어성 지능(Verbal IQ)에 비해 높았다(조은영 외, 2017).

자폐스펙트럼장애(ASD)의 지능과 제한적이고 반복적인 행동에 대한 연구결과, 일반적으로 연령이 높거나 전반적인 기능수준이 높은 아동은 동일성이나 의례적 일과 고집하기, 제한된 특별한 관심 등을 포함한 높은 수준의 제한적 반복행동에 몰입하는 반면, 연령이 낮거나 전반적인 기능수준이 낮은 아동의 경우 상동행동과 반복적인 행동, 감각행동을 더 자주 하는 것으로 나타났다.

4. 자폐스펙트럼장애아동의 교육

자폐스펙트럼장애의 특성은 아동에 따라 다를 수 있으나 일반적으로 일상적인 일과가 변경되거나 자신이 선호하는 상동행동이 저지되었을 때, 원하는 요구에 대한 의사소통이 일어나지 않을 때에 불안하여 자해나 공격적 행동, 상동행동을 보이게 된다. 자폐스펙트럼장애의 일반적인 특징인 사회성 및 의사소통 결함을 지원하기 위해 교사나 일반 아동들은 표 8-16과 같은 방법으로 접근할 수 있다(강순희 외, 2022; 손혜숙 외, 2019; Kaiser & Rasminsky, 2013).

〈표 8-16〉 자폐스펙트럼장애아동의 지도방법

- 자폐스펙트럼장애를 가진 아동은 시각, 청각, 후각, 미각, 촉각 등의 감각적 자극에 대하여 일반적인 사람들과 다르게 반응할 수 있다. 따라서 자극에 지나치게 두려움이 있거나 전혀 반응하지 않을 수 있음을 이해한다. 예를 들어, 작은 벨이나 자명종 소리를 두려워하는 경우, 자동차의 큰 경적소리를 반복해 누르며 듣기를 즐기는 경우, 계속적인 자해에도 아픔을 잘 느끼지 못하는 경우 등이다.
- 자폐스펙트럼장애를 가진 아동이 반복적으로 단어와 리듬을 중얼거리는 것은 스스로 편안함과 안도감을 느끼기 위한 행동임을 이해한다.
- 교사는 평상시와 달리 변화된 상황이나 예측할 수 없는 위기 상황에서 침착하게 대처하여 자폐스펙트럼장애를 가진 아동이 안전감을 느끼도록 한다.
- 교사는 아동에게 따뜻하고 부드럽게 반응하여 아동으로 하여금 교사가 자신을 돌봐 주고 있으며 학급에 소속된 구성원임을 느낄 수 있도록 한다.
- 교사는 자폐스펙트럼장애를 가진 아동이 일상에서 반복적인 일과가 변화할 경우 저항하며 못 견뎌 하는 것을 인식하여 시각적인 스케줄표를 제공함으로써 일과시간을 미리 예측할 수 있도록 한다.
- 아동의 사회적 언어를 증가시키기 위해 환경을 구조화한다. 예를 들어, 도움을 줄 수 있는 아동과 짝 되어 보기, 인형, 노래, 리듬, 활동적인 제스처 등을 사용하여 의사소통을 촉진하기 등이다.
- 기능적인 언어가 발달하지 못한 자폐스펙트럼장애아동의 좌절을 줄이고, 문제행동을 감소시키기 위해서는 대체 의사소통인 가리키기, 제스처, 쓰기 등을 사용하도록 한다.
- 아동이 말하려고 시도하는 것에 대해 교사는 무조건적으로 반응하고, 듣고, 관찰하기 위해 노력한다.
- 통합환경에서 또래와 함께 놀이하며 언어나 동작을 모방하도록 하여 기능적인 의사소통과 규칙 지키기 등의 사회적 상호작용능력이 증진되도록 한다.

그리고 자폐스펙트럼장애아동의 교육은 그들이 가진 다양하고 복합적인 특성을 고려하여 특별히 고안된 기능적이고 구조적인 학습환경을 조성하여야 한다. 자폐스펙트럼장애의 교육에 있어서 가장 중요한 것은 조기 발견과 조기 개입이며 현재 아동의 관심과 요구를 파악한 후 실현 가능한 학습방법을 찾아 성공감과 신뢰감을 확신할 수 있도록 적절한 교수전략과 아동의 발달 정도 및 수준에 따라 교육과정을 편성하고 자폐스펙트럼장애의 전형적이고 독특한 특성들을 고려한 자연적이고 자원적인 교육환경을 제공하는 것이다. 또한 구조적이고 예측 가능한 계획과 학습으로 낯선 환경에 대한 저항을 최소화하여 교육이 용이하도록 긍정적이고 효과적인 참여를 유도하여야 한다. 자폐스페트럼장애아동의 교육을 의사소통기술과 사회적 상호작용, 학습지도, 행동문제 및 가족참여로 구분하여 구체적으로 살펴보면 다음과 같다(김이영 외, 2020).

1) 의사소통기술과 사회적 상호작용

자폐스펙트럼장애아동의 언어발달은 특이한 형태를 가지며 대체로 늦거나 이루어지지 않는 경우도 있다. 언어 사용 이전 단계에 있거나 또는 말을 하지 않는 자폐스펙트럼장애아동의 의사소통을 위해 사물에 대한 개념 이해, 표현하기, 보완대체의사소통(Augmentative Alternative Communication)을 통해 의사소통기술을 가르치는 것이 중요하다. 보완대체의사소통판은 의사소통에 제한성과 어려움이 있는 자폐스펙트럼장애아동에게 사회적 상호작용을 촉진시켜 일반적인 활동에 참여하는 기회를 제공하여 언어발달을 촉진시키는 데 효과적인 지도방법 중 하나이다.

자폐스펙트럼장애아동은 복잡한 언어를 이해하고 사용하기도 한다. 그러나 아동이 가진 증후로 인해 이들이 사용하는 얼굴 표정, 몸짓 이해와 표현, 대화 흐름을 인지하고 참여하는 데에는 많은 어려움을 가진다. 그러므로 교사는 아동의 언어발달 수준과 특징을 파악하여 사회화를 위한 기술지도와 지시를 통한 시각 정보를 다양하게 제시하여 특정한 과제나 활동을 위해 활용하는 것이 도움이 된다. 언어와 대화를 통한 지시의 내용이 모든 아동들에게 유사할지라도, 문제와 전략은 각기 다를 수 있다.

따라서 전문가와 함께 광범위한 교육 프로그램을 개발하는 것이 필요하다. 그러나 무엇보다 중요한 것은 아동이 사회적 활동에 적극 개입하여 언어를 사용하려는 동기와 기회를 많이 만들어 주는 것이다.

많은 자폐스펙트럼장애아동도 친구를 사귀거나 어울리며 사회의 한 구성원으로 살아가길 원한다. 그러나 사회적 단서를 이해하고 반응하는 데 어려움을 가짐으로써 당황스럽고 곤혹스러운 상황에 처하게 된다. 사회적 상황에 적절한 기술과 기능적인 사회성발달을 위해서는 일상적인 환경 속에서 자연스럽게 습득한 기술들을 활용해 볼 수 있는 기회를 제공하고, 교육을 통한 체계적이고 반복적인 지도를 통해 학습하도록 한다. 모델링을 통한 학습, 규칙 지키기와 역할놀이, 일반 상황과 특정 상황에 대해 이야기 나누기, 또래와 관계 형성하기 등은 사회적 상호작용에 필요한 기술을 체계적으로 가르치기 위한 효과적인 전략이다.

2) 학습지도

일반적으로 많은 자폐스펙트럼장애 아동은 새로운 기술을 학습하는 것에 대해 저항하는 경향이 있어 학습지도와 학업성취에 어려움이 있다. 따라서 아동의 학습지도를 위해서는 현재의 관심도를 활용하여 발달수준에 적절한 교육과정과 교수방법으로 그 기능을 습득할 수 있도록 반복적인 학습지도와 구조적인 환경을 조성해야 한다. 즉, 아동의 현재 학습 수행 수준에 따른 목표 설정과 효과적인 교재, 자료, 강화제, 도움의 유형, 수정 절차 등을 고려하여 아동의 특성에 맞는 개별화된 교수계획을 수립하는 것이 필요하다. 자폐스펙트럼장애아동을 위한 효과적인 교육 프로그램의 목적에는 대화능력, 사회화능력, 인지능력, 문제행동 양식을 다루고, 지각 및 운동근육

발달, 적응능력을 개발하는 것 등이 포함되어야 하며, 새로이 습득된 기술의 일반화 및 유지를 위한 프로그램의 계획이 중요하며, 이런 방법들을 통한 의미 있는 기술의 일반화와 유지를 위한 다양한 교수전략들을 적극 활용하여야 한다.

3) 행동문제

자폐스펙트럼장애아동의 효과적인 행동중재방법 중의 하나는 문제행동의 예방이다. 예를 들어, 상동행동의 경우 기분이 좋지 않거나 심심할 때, 자극이 없는 환경일 때 주로 나타난다. 그러므로 이런 행동이 일어날 수 있는 조건들을 최소화하는 것이 필요하다. 즉, 인공적인 감각자극을 주어 상동행동에서 오는 만족감을 방지하며, 상동행동을 못하게 하기보다 아동이 느끼지 못할 정도로 조금씩 시간이나 활동을 변화해 가는 점진적인 변화를 시도하는 것이 좋다. 통제 불가능한 고집행동, 공격적이고 파괴적인 행동, 자해행동, 식습관문제 등을 다루는 데 강압적인 행동수정방법은 자폐스펙트럼장애아동을 위축되게 하거나 또 다른 이상행동을 유발할 수도 있다. 그러므로 이상행동 감소에 목표를 맞추기보다 긍성적인 행동을 증가시키는 데 중점을 두면 이상행동이 상대적으로 감소하게 된다.

효과적인 중재방법에는 환경 수정과 교과과정 중재, 학생의 요구에 알맞은 교수설계 등이 있다. 중재는 부적응행동과 같은 다른 의미의 대체행동에 접근한 것을 찾고 가르치는 것을 포함한다. 이런 부적응행동을 줄이는 방법의 하나로 긍정적 행동 지원이 일반적으로 많이 사용된다.

4) 가족참여

가족의 참여는 자폐스펙트럼장애아동을 위한 교육 프로그램의 필수 구성요소이다. 자폐스펙트럼장애아동은 그들이 가진 특성들로 인하여 사회적 상호작용이나 의사소통기술의 제한성, 그리고 특이한 행동패턴에 대한 대처방법의 미숙으로 다른 사람들과의 사회적 관계를 형성하는 데 어려움이 많다. 그러므로 가족은 전문가의 도움을 받아 아동의 행동을 이해하고 발달수준, 교육적인 필요성, 예후 등에 대한 정보를 획득하여 보조자로서 교육에 참여하여 효과적인 문제해결의 기술을 획득하고 아동에 대한 교육방법과 기술, 자원획득방법, 지역사회에서의 활동 등에 대해 배운다. 또한 개인적 요구, 부부관계, 다른 가족들의 요구와 문제에도 관심을 가지고 민감하게 대처하도록 지원하는 것이 필요하다. 부모가 장애에 대한 죄책감이나 분노, 좌절 등을 극복하는 방법 등을 전문가와의 상담과 지원을 통해 모색하고 해결하는 것이 도움이 된다.

Chapter

09

의사소통장애

배울 내용

1. 의사소통 및 의사소통장애의 정의
2. 말 언어기관의 생리
3. 의사소통장애의 유형별 특성 및 평가
4. 의사소통장애의 교육적 접근

학습목표

의사소통장애의 정의 및 의사소통에 필요한 말 언어기관의 생리, 의사소통장애의 하위 유형별 장애특성 및 평가방법, 교육적 접근방법을 살펴봄으로써 의사소통장애에 대해 올바르게 이해한다.

개 요

의사소통장애는 가장 쉽게 접할 수 있는 장애이며, 다른 장애영역과도 연관되어 있다. 의사소통장애의 정의에서는 의사소통에 대한 이해를 돕기 위해 언어의 구성요소 및 말, 글, 정의에 대해 살펴보고, 의사소통을 위해 필요한 말 언어기관의 생리학적 주요 내용을 간략히 다루었다. 또한 의사소통장애의 하위의 다양한 장애영역을 다루고 의사소통장애에 대한 이해를 도모하고자 하였으며, 교실 현장에서 만나게 되는 의사소통장애아동에 대한 교육적 접근방법에 대해 살펴보고자 한다.

09 Chapter

의사소통장애

1. 의사소통 및 의사소통장애의 정의

1) 의사소통의 정의

의사소통은 자신의 생각이나 감정, 정보를 전달하고 교환하는 과정으로 인간이 사회적으로 생존해 나가는 데 필수적인 요소이다. 의사소통은 매우 다양한 방법으로 이루어지지만 가장 일반적으로는 언어와 말을 사용한다.

(1) 언어

언어는 인간과 동물을 구별하는 유일한 척도라고 해도 과언이 아니다. 이러한 언어에 대한 정의를 내린다는 것은 쉽지도 않거니와 간단하지도 않다. 그래서 언어학자들마다 보는 관점에 따라 다르게 내려진다.

촘스키(Chomsky, 1986)는 "언어는 인간이 가지고 태어난 생득적 언어능력이 주위의 여러 환경을 통해 성숙된 것"이라고 정의하였고, 사피어(Sapir, 1967)는 "언어란 자의적으로 생성된 상징체계를 통하여 다른 사람에게 자신의 생각, 감정, 원하는 것을 전달하는 인간적인 그리고 음성적으로 습득된 어떤 수단"으로 정의하고 있다. 볼린저(Bolinger, 1974)는 "언어란 인간의 상호작용과정에서 파생된 임의적인 소리의 형태와 규칙들로 구성된 인습적인 기호를 사용하는 음성적 의사소통의 체계"라고 하였다. 또한 웹스터(Webster)의 사전에는 "언어란 음성기관을 통하여 생성되어 들려지는 인간의 말소리이며, 감정과 생각을 표현하고 전달하는 음성적인 또는 어떤 다른 수단"이라고 정의하고 있다.

언어에 대해 "언어란 이런 것이다"라는 학문적인 정의를 내린다는 것은 쉽지 않지만, 여러 학자들의 견해를 종합해 볼 때, "언어란 자신의 감정, 지식, 사고, 의사 등을 전달할 목적으로 신체상의 많은 근육과 신경 조직을 이용한 청각적이고 시각적인 기호의 체계"라고 말할 수 있다. 이러한 언어는 한 문화권 내에 있는 사람들이 의사소통이 가능하도록 하는 규칙체제라 할 수 있다. 이러한 언어는 음운론, 형태론, 통사론, 의미론 및 화용론으로 구성된다.

음운론은 말소리들의 어떤 특정 언어에서의 소리체계를 연구한다. 이는 소리들이 의미를 구별하는 데 어떻게 사용되는가 하는 기능과 조직, 음운현상과 규칙들을 연구한다. 따라서 음운론은 그 언어를 사용하는 사람이 자기 나라 말소리에 대해 가지고 있는 언어지식이라고 할 수 있다.

형태론은 언어의 형태를 연구하는 것이다. 언어의 형태라고 하면 단어의 형태, 문장의 형태, 발화의 형태 등 구조적 계층에 따라 다양하게 분류할 수 있으나 형태론에서 말하는 형태는 문장이나 발화가 아닌 단어의 형태를 말하므로 형태론은 곧 단어의 형태를 연구하는 것이다.

통사론은 구문론이라고도 하며, 어느 언어에 있어서 음소를 함께 모아 형태소로 만드는 음운 규칙들 외에 문장이 어떻게 구성될 수 있는지를 명시해 주는 한 묶음의 문법 규칙을 말한다. 단어의 연결은 일정한 규칙을 가지고 문장을 구성하며 단어의 연속에서 이루어지는 문장은 한 개의 구조(construction)이고, 그 구조를 이루고 있는 요소인 단어는 그 문장의 구성요소가 되는 것이다.

의미론은 의사소통의 도구인 말소리나 글자에도 하나의 체계가 있고, 이런 체계의 바탕이 곧 의미이며 언어의 이런 체계를 밝히는 것을 말한다. 언어가 의사소통 수단의 하나인 만큼 언어는 반드시 그 의미가 있어야 하는데, 의미에 있어서 다음과 같은 몇 가지의 관점을 살펴볼 필요가 있다. 첫째, 의미에는 의미의 매개체인 음성적 표현이 있고, 음성적 표현이 지시하는 지시물이 있다. 예를 들어, '돌'과 '바위'는 성분이 같은 물질로서 의미론적으로 크기의 차이가 있을 뿐이다. 둘째, 음성적 표현과 지시물의 관계가 항상 같지는 않다. 예를 들어, 말이라고 했을 때, '말(horse)'과 '말(language)'은 음성적 표현은 같지만 지시물은 서로 다르다. 이런 경우를 우리는 '동음이의어'라고 한다. 셋째, 음성적 표현은 다르지만 그 지시물이 같은 경우이다. 이런 경우를 '이음동의어'라고 하는데, '금성(Venus)'과 '샛별(Morning Star)'은 음성적 표현은 다르지만 그 지시물과 의미는 같다. 넷째, 음성적 표현과 지시물은 항상 일대일의 관계가 아니다. 예를 들어, '귀신'과 '도깨비'는 음성적 표현은 있으나 지시물이 없다. 한편으로는 지시물은 있으나 국어에 음성적 표현이 없는 경우로서 '라디오, 텔레비전' 등의 외래어를 들 수 있다. 다섯째, 단어나 문장의 음성적 표현이 문구가 의미하는 내용을 의미하지 않고 전혀 다른 것을 의미할 때가 있다. 예를 들어, '양상군자'인 경우 도둑을 지칭하는 말과 영어의 'Good Morning'은 '좋은 아침'이 아니라 눈 오는 날, 비 오는 날에도 관계없이 '안녕하세요'라는 인사말로 쓰이는 경우이다.

화용론은 사람들이 언어를 사용하면서 어떻게 상호작용하는가에 대한 연구이다. 여기서 언어 사용(language-in-use)이라는 것은 인간의 상호작용의 일부로 정의한다. 사람들은 사회에서 생활한다. 사람들은 아침에 일어나 가족들을 보고 직장이나 학교에 가기 위해 집을 나와, 거리에서 이웃을 만나고, 버스나 지하철 또는 기차를 타고 직장이나 학교에 가서 다른 사람들을 만나고, 일이나 학교가 끝난 후에 모임을 갖거나 동호회에 가기도 한다. 가정, 이웃, 마을, 도시, 학교 또는 직장, 각종 동호회, 종교 모임 등과 같은 이 모든 사회 조직 속에서 사람들은 상호교류한다.

(2) 말

말은 언어학적 기호를 음향학적으로 산출하는 것을 의미하며, 의미를 전달하기 위한 가장 보편적이고 흔한 수단이다. 말은 호흡기관, 발성기관, 조음기관에 의해 산출되는 소리이다. 이와 관련해서는 본 장의 '2. 말 언어기관의 생리'에서 살펴보기로 한다.

(3) 의사소통

의사소통은 화자와 청자가 생각, 감정, 정보, 지식 등의 메시지를 공유하는 과정을 의미한다. 즉, 의사소통은 최소 두 사람 이상이 어떠한 정보를 상호 교환하는 것이다. 의사소통은 음성언어인 말과 문자언어인 글자를 포함하며 몸짓, 눈짓, 표정 등 비언어적 단서를 통해 부수적인 내용을 전달한다.

2) 의사소통장애의 정의

의사소통장애는 앞서 살펴본 언어와 말을 사용하는 데 있어서 장애를 보이는 것을 의미한다. 의사소통장애에 대한 정의를 우리나라의 「장애인 등에 대한 특수교육법」과 「장애인복지법」(표 9-1), 미국의 말-언어-청각협회(American Speech-Language-Hearing Association: ASHA)(표 9-2)의 정의로 구분하여 살펴보면 다음과 같다.

〈표 9-1〉 의사소통장애에 대한 우리나라의 법적 정의

구분	내용
장애인 등에 대한 특수교육법 시행령 [별표] (2022)	다음 각 목의 어느 하나에 해당하여 특별한 교육적 조치가 필요한 사람 가. 언어의 수용 및 표현 능력이 인지능력에 비하여 현저하게 부족한 사람 나. 조음능력이 현저히 부족하여 의사소통이 어려운 사람 다. 말 유창성이 현저히 부족하여 의사소통이 어려운 사람 라. 기능적 음성장애가 있어 의사소통이 어려운 사람

구분		내용
장애인복지법	시행령 [별표1] (2021)	〈언어장애인〉 음성 기능이나 언어 기능에 영속적으로 상당한 장애가 있는 사람
	시행규칙 [별표1] (2022)	〈언어장애인〉 가. 장애의 정도가 심한 장애인: 음성기능이나 언어기능을 잃은 사람 나. 장애의 정도가 심하지 않은 장애인: 음성·언어만으로는 의사소통을 하기 곤란할 정도로 음성기능이나 언어기능에 현저한 장애가 있는 사람

〈표 9-2〉 **미국언어청각협회의 의사소통장애의 정의**

Ⅰ. 의사소통장애는 개념이나 구어, 비구어 및 그래픽 상징체계를 수용하고 전달하고 처리하는 능력에 있어서의 손상을 의미한다. 의사소통장애는 청각, 언어 또는 말의 처리과정에서 분명하게 나타날 수도 있다. 의사소통장애는 경도에서 최중도에 이르는 범위를 보이며, 발달적이거나 후천적으로 나타난다. 한 가지 이상의 의사소통장애가 혼합적으로 나타나기도 한다. 의사소통장애는 주장애로 또는 기타 장애의 2차적인 장애로 나타날 수 있다.

A. 말장애는 말소리의 발성, 흐름, 음성에 있어서의 손상을 의미한다.
1. 조음장애는 말의 이해를 방해하는 대치, 탈락, 첨가, 왜곡으로 특징지어지는 말소리의 비전형적인 산출을 의미한다.
2. 유창성장애는 비전형적인 속도, 리듬 또는 음절, 어절, 단어, 구절의 반복으로 특징지어지는 말하기 흐름의 방해를 의미한다. 유창성장애는 과도한 긴장, 힘들여 애쓰는 행동, 2차적인 매너리즘과 함께 나타날 수 있다.
3. 음성장애는 자신의 나이나 성별에 부적절한 음성의 질, 높이, 크기, 공명, 지속시간에 있어서의 비정상적인 산출이나 결여를 의미한다.

B. 언어장애는 말, 문자, 기타 상징체계의 이해 및 활용에 있어서의 손상을 의미한다. 언어장애는 (1) 언어의 형태(음운론, 형태론, 구문론), (2) 언어의 내용(의미론), (3) 언어의 의사소통기능(화용론)에 있어서의 손상을 포함한다.
1. 언어의 형태
   a. 음운론은 언어의 소리체계와 소리의 합성을 규정하는 규칙을 의미한다.
   b. 형태론은 단어의 구조와 단어 형태의 구성을 규정하는 체계를 말한다.
   c. 구문론은 문장을 만들기 위한 단어의 순서와 조합 및 문장 내에서의 요소들 간의 관계를 의미한다.
2. 언어의 내용
   a. 의미론은 단어와 문장의 의미를 규정하는 체계를 말한다.
3. 언어의 기능

a. 화용론은 기능적이고 사회적으로 적절한 의사소통을 위해서 이상의 언어 요소들을 조합하는 체계를 말한다.

II. 의사소통의 다양성

A. 의사소통상의 차이/방언은 지리적, 사회적, 문화/민족적 요소를 반영하고 이들에 의해서 결정되는 개인의 집단이 사용하는 상징체계의 다양성을 의미한다. 상징체계의 지리적, 사회적, 문화/민족적 다양성은 말이나 언어장애로 간주되어서는 안된다.
B. 보완/대체 의사소통체계는 심각한 표현 및 언어 이해의 장애를 지닌 개인의 손상과 장애 패턴을 위해서 일시적이거나 영구적으로 보상하고 촉진하려고 시도하는 의사소통체계다.

출처: 이소현(2020)에서 재인용.

2. 말 언어기관의 생리

1) 호흡기관

호흡기관은 사람이 숨을 쉬는 데 관련된 기관인 폐(허파)를 말할 수 있다. 폐는 두 개의 풍선 모양으로 되어 있으며 횡격막 위에 위치해 있다. 횡격막은 호흡 시 가장 큰 역할을 하는 호흡 근육이다. 호흡은 늑골의 수축과 이완운동에 의해 가능하며 이는 흉곽과 횡격막의 움직임으로 인해 호흡과정이 나타난다. 호흡과정 중 흡기(들숨)는 공기를 폐 안으로 빨아들이는 것을 의미하며, 호기(날숨)는 공기를 폐 밖으로 내뿜는 것을 말한다. 횡격막은 이러한 공기를 빨아들이면 아래로 향하며, 공기를 내뿜으면 위쪽으로 향하게 된다. 이러한 일련의 과정을 통해 호흡을 하게 되고, 호흡을 통한 폐의 공기량은 발성, 즉 말소리를 내는 데 필요한 에너지의 근원이 된다.

2) 발성기관

발성은 폐에서의 공기가 기도의 후두와 성문을 통과하여 목소리로 전환되는 것을 말한다. 후두는 기도를 보호하며 발성의 기능을 한다. 그리고 후두에는 후두개가 있고 우리가 음식을 삼킬 때 음식이 후두를 통해 허파로 들어가지 못하도록 통로를 닫았다 열었다 하는 역할을 한다.

후두의 기능 중 발성은 폐에서의 공기가 후두를 지나 성대에 부딪혀 성대의 진동을 통해 목소리가 되는 것이다. 성대는 성문 안에 두 조각의 살로 이루어져 있는데, 이것이 서로 붙거나 떨어지면서 공기의 흐름을 조절한다. 성대의 두 조각이 서로 밀착되면 성대는 진동하게 되어 유성음(voiced)이 만들어지고, 공기가 성대를 자유롭게 통과하게 되면 무성음(voiceless 또는 unvoiced)이 만들어진다. 다시 말해 유성음은 성대가 닫혀 있어 성대의 떨림에 의한 음이고, 무성음은 성대가 완전히 열려 있어 후두에서의 떨림을 느끼지 못하는 상태이다.

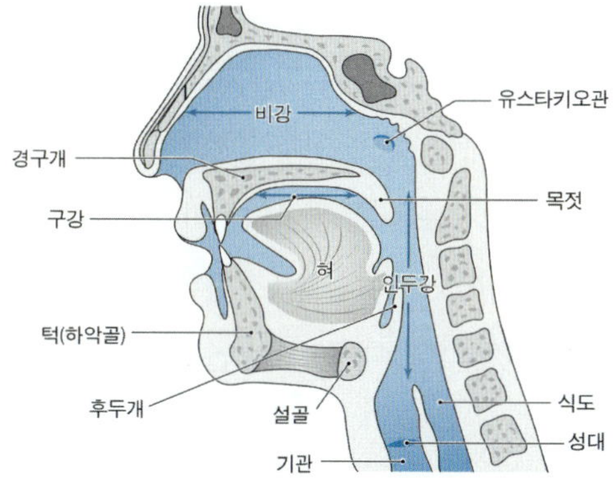

음성기관

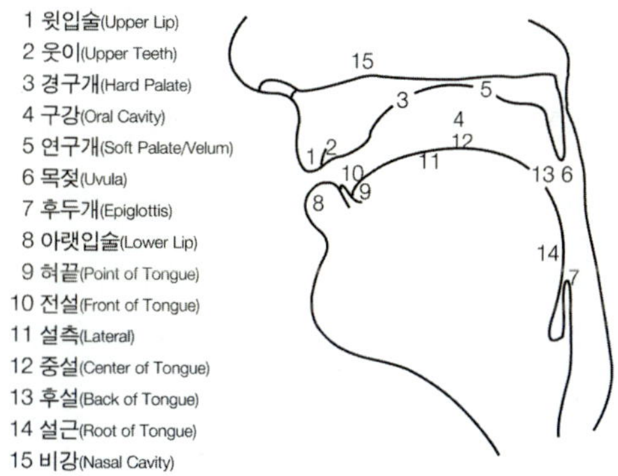

조음기관 단면도

[그림 9-1] 음성기관과 조음기관

3) 조음기관 및 공명기관

조음은 음성기관의 구강 안에서 자음과 모음을 만드는 과정이다. 폐에서 빠져나온 공기가 성문을 지날 때 진동이 발생하지만 그 자체만으로 소리가 만들어지는 것은 아니다. 후두의 윗부분인 성도를 통해 조음기관인 혀, 입술, 턱과 치아, 잇몸, 입천장, 인두 등을 통해 만들어진다.

공명은 후두에서의 소리가 증폭되거나 변형되는 것을 말한다. 공명기관에는 비강, 구강, 인두강이 있다. 이러한 공명기관은 소리의 생성보다는 소리의 특성에 영향을 주는 것으로 소리의 크기, 배음으로 인해 소리가 어떻게 들리는지와 관련이 있다.

4) 신경기관

신경기관은 말과 언어를 위해 전반적으로 명령하고 조절하는 역할을 한다. 인간의 신경기관은 뇌로서, 인간의 뇌는 두 개의 반구, 즉 좌반구와 우반구로 조직되어 있다. 뇌는 신경해부학적인 관점에시 대뇌피질이라고 하는 외부 층이 있고, 그 커다란 피질 밑에는 뇌의 피질하 부위가 있다. 피질은 추론이나 계획 등의 고등정신기능을 통제하고, 피질하 구조는 먹고 쉼쉬는 기능 등의 원시적인 기능을 통제한다. 피질은 두 개의 대뇌 반구로 나뉘는데, 좌반구와 우반구는 뇌량이라고 알려진 신경섬유로 연결되어 있다. 뇌 신경계의 특이한 점은 각 대뇌반구가 신체의 반대쪽으로 연결되어 있다는 점이다.

3. 의사소통장애의 유형별 특성 및 평가

1) 단순언어장애

단순언어장애(specific language impairment: SLI)는 언어발달장애, 언어발달지체와는 구분되는 새로운 개념이라 할 수 있다. 언어발달장애는 언어의 구성요소인 음운론, 형태론, 구문론, 의미론, 화용론에서의 문제를 보이는 경우를 말하며, 언어발달지체는 발달과정 중에 언어가 시간적으로 늦는 것으로 다른 장애나 정서적인 요인으로 나타나는 모든 경우를 포함한다. 그러나 단순언어장애는 감각장애, 인지장애 및 정서적, 신경학적인 결함을 전혀 가지고 있지 않고 언어발달에 문제를 보이는 경우를 말한다. 다시 말해 다른 장애나 발달장애, 질병 등의 요인이 완전히 배제되어야 한다.

단순언어장애를 가진 아동들은 대부분 첫 낱말의 습득이 느리며, 새로운 낱말을 습득하는 데 어려움을 겪는다. 그리고 낱말 조합의 시기도 늦고 주요 문법을 구사하거나 습득하는 데 어려움이 있다. 낱말보다는 몸짓을 더 자주 사용하기도 한다.

단순언어장애 위험아동을 선별하기 위해서는 언어발달검사를 실시할 수 있으며, 영유아 언어발달검사(SELSI)와 같은 부모대상 검사나 취학 전 아동의 수용언어 및 표현언어발달척도(PRES), 수용 · 표현어휘력검사(REVT) 등을 사용한다.

2) 조음 · 음운장애

조음 · 음운장애는 조음장애와 음운장애를 포괄하는 개념으로 조음기관의 이상으로 발음상의 문제와 음운체계와 관련한 문제를 모두 포함하고 있다. 조음장애는 말소리를 만드는 데 어려움을 갖는 장애로 말장애라고 할 수 있다. 즉, 발음을 하는 데 영향을 주는 조음기관의 결함으로 인해 특정 음에서의 오류를 보이는 경우를 말한다. 음운장애는 말소리의 규칙과 관련하여 이를 습득하고 사용하는 데 어려움을 보이는 경우를 말한다.

조음·음운장애를 가진 아동들은 모음보다는 자음을 산출하는 데 오류를 많이 보이며, 이러한 조음·음운장애는 자발화 분석, 한국 표준 그림조음음운검사, 우리말 조음·음운평가 등을 사용한다. 표 9-3은 조음·음운장애아동의 생략, 대치, 왜곡, 첨가 등의 오류 형태이다.

〈표 9-3〉 대표적인 조음·음운 오류 형태

오류 형태		정의	예시
조음	생략(omission)	특정 음소를 빠뜨리고 발음하는 경우	단추 → /다추/
	대치 (substitution)	목표음을 다른 음으로 바꾸어 발음하는 경우	사탕 → /타탕/
	왜곡(distortion)	목표음을 변형하여 발음하는 경우	서울 → /ʧəl/
	첨가(addition)	필요 없는 음을 삽입하여 발음하는 경우	먹고 → /먹으고/
음운	초·종성 생략	음절에서 초성이나 종성을 생략	책상 → /채쌍/ 연필 → /연피/
	전설음화	목표음의 조음점보다 혀를 앞으로 움직인 경우	자동차 →/자돈차/ 자가용 →/다가용/
	양순음동화	음소가 양순음로 대치되는 경우	장난감 →/방난깜/
	파찰음화	목표음이 파찰음으로 대치되는 경우	눈썹 →/눈첩/
	순행동화	앞 음소의 영향으로 뒤의 음소가 변화	책상 →/책강/

3) 유창성장애

유창성장애는 말할 때의 속도와 흐름이 자연스럽지 못한 경우를 말한다. 즉, 말을 할 때 흐름이 부자연스럽고 음절이나 단어를 반복하는 등의 특성을 보이거나 말이 너무 빠른 특성을 보인다. 이처럼 유창성장애는 말더듬(suttering)과 속화(cluttering)로 나눌 수 있다.

(1) 말더듬

유창성장애의 가장 흔한 형태이다. 말더듬은 크게 두 가지의 행동특성을 가지는데, 1차적 행동으로 핵심행동이라 불리는 반복, 연장, 막힘의 특징을 나타낸다. 말더듬의 초기 단계에는 반복이 주로 나타나며, 이후 증상이 심화됨에 따라 핵심행동과 더불어 2차적 행동으로 부수행동인 탈출행동, 회피행동 등이 나타난다. 말더듬은 주로 면담, 유창성검사 등을 통해 이루어진다. 유창성검사는 파라다이스-유창성 검사(P-FA)를 사용하는데, 사례면담지, 구어평가, 의사소통 태도 평가로 구성되어 있다.

〈표 9-4〉 말더듬의 행동특성

구분	특성
핵심행동	반복: 말소리나 음절을 반복
	연장: 하나의 소리를 길게 지속시켜 발음
	막힘: 혀, 입술, 성대 등의 조음기관 움직임이 고착되거나 음이 중단
부수행동	탈출행동: 말을 더듬으면서 말더듬을 벗어나기 위해 하는 행동으로 고개를 흔들거나 발을 구르거나 하면서 말더듬에서 빠져 나오게 된다.
	회피행동: 말을 더듬을 상황을 미리 예견하고 이를 피하기 위한 행동으로 돌려 말하기, 순서 바꾸어 말하기, 상황회피, 동의어로 바꾸어 말하기 등이 있다.

(2) 속화

속화는 '말빠름증'이라고도 한다. 말을 할 때 그 속도가 너무 빠른 것으로 조음의 생략, 대치하거나 동시조음, 두 개 이상의 단어를 압축해서 발음하는 현상 등이 나타난다. 그러나 말더듬증의 증상은 나타나지 않으며, 말할 때 주의를 기울일 경우 말의 속도를 조절할 수 있다(Hulit, Howard, & Fahey, 2010).

4) 음성장애

음성장애(voice disorders)는 음성 산출기관에서 기질적, 심리적 문제나 성대의 잘못된 사용으로 인해 나타나는 장애로 목소리의 강도, 음질, 음도가 비정상적인 것을 말한다. 음성장애는 기질적 음성장애, 기능적 음성장애, 신경학적 음성장애로 구분할 수 있다.

기질적 음성장애는 후두염, 성대 유두종 등과 같은 발성기관의 구조적 손상 및 변화로 인해 나타나는 음성장애를 포함한다. 기능적 음성장애는 성대 결절, 변성기 가성 등 성대의 오용, 남용과 관련하여 생리적이나 신경계적 손상이 없이 갑작스럽게 음성이 상실된 경우를 말한다. 신경학적 음성장애는 성대마비, 후두암 등의 발성에 필요한 호흡과 성대근육 이상과 같은 신경학적 문제로 인해 나타나는 경우를 말한다. 이러한 음성장애는 지각적인 음성평가 혹은 검사기기를 통한 객관적 음성평가를 통해 이루어진다.

5) 실어증

실어증(aphasia)은 후천적 신경계 손상으로 나타나는 언어장애이다. 말하기, 듣기, 쓰기, 읽기와 같은 모든 영역에서 나타나는 장애로 언어의 능력 상실보다는 언어 사용에 문제가 있는 경우를 말한다. 실어증은 알츠하이머 환자들에게 보이는 기억력 등과 같은 문제로 나타나는 증상과는 다른 경우로 볼 수 있다. 실어증은 신경계의 손상부위에 따라 크게 베르니케 실어증과 브로카 실어증으로 구분할 수 있다.

베르니케 실어증은 뇌의 좌반구 측두엽 쪽 베르니케 영역에 손상이 있을 때 나타난다. 베르니케 영역은 수용적 언어 처리와 관련이 있으며, 대표적인 증상은 청각적 정보에 대한 이해가 떨어진다는 것이다. 특히, 복잡한 문법이나 긴 문장일 경우 증상이 심해진다.

브로카 실어증은 언어 처리과정 중 산출언어처리와 관련이 있으며, 뇌의 전두엽 쪽 브로카 영역의 손상으로 인해 나타난다. 브로카 실어증은 대화, 그림 등을 설명하는 표현능력이 떨어지며, 유창성에도 문제를 보인다. 베르니케 실어증과 달리 청각정보의 이해력은 크게 이상이 없으나 조사, 전치사, 접속사, 문법적 관계를 나타내는 기능어가 많거나 복잡한 문법 구조를 가진 문장에서의 이해력이 많이 떨어진다.

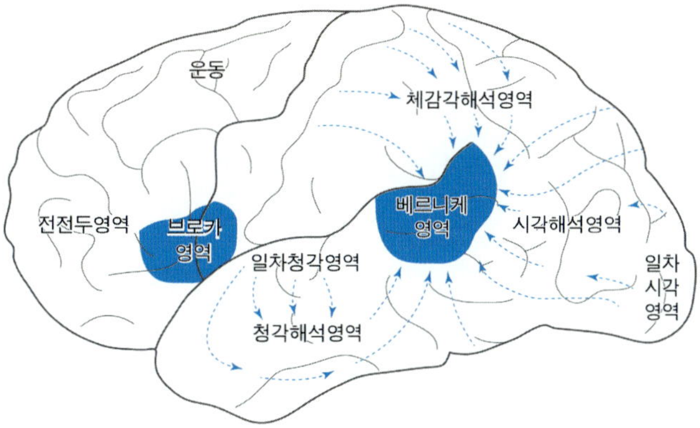

[그림 9-2] 언어를 담당하는 영역

6) 청각장애

의사소통장애의 한 유형으로 청각장애도 포함될 수 있다. 청각장애를 가진 경우 일반적으로 음성, 조음, 언어능력 등에 대해 어려움을 겪는다. 의사소통이 주로 두 사람 사이에서 언어를 사용하여 말로 표현하고 이를 듣고 이해하는 과정이기 때문에 청각장애는 청력손실의 정도와 무관하게 언어 사용에 있어 제한을 주게 된다.

4. 의사소통장애의 교육적 접근

1) 의사소통 중재전략

의사소통장애의 유형과 정도는 매우 다양하다. 의사소통장애의 유형별 중재전략을 바탕으로 중재전략을 종합하여 보면 다음과 같다(Braithwaite & Braithwaite, 2000; Lewis & Doorlag, 2001; Saunders, 2001; Vaughn, Bos, & Shumm, 2009).

- 메시지를 이해하기 힘들더라도 아동의 말에 관심을 갖고 기다려 준다.
- 너무 긴 문장으로 지시하기보다는 짧고 명확하게 그리고 여러 번 나누어 말한다.
- 다양한 시각적 자료를 활용하여 이해를 도울 수 있게 한다.
- 지속적으로 오류나 오반응을 보인다면 적절한 모델링과 피드백을 제공한다.
- 계속 다시 말해 보라고 다그치지 않고 아동이 말할 수 있는 시간을 충분히 제공한다.
- 아동의 말을 이해하지 못했다면 이해하지 못한 부분에 대해 구체적으로 요구한다.
- 오류 및 오반응에 대한 중재는 자연스러운 환경 내에서 이루어지게 한다.
- 아동의 말 실수에 대해 비판하지 않는다.
- 아동의 말 실수에 대해 또래들이 비웃거나 놀리지 않도록 주의를 기울인다.
- 다양한 활동을 통해 아동이 말할 수 있도록 한다.

2) 환경 중심 언어중재

환경 중심 언어중재(Milieu Teaching: MT)는 일상적인 의사소통 상호작용 과정 안에서 사회적이고 기능적인 언어중재에 초점을 두고 있다. 자연스러운 환경적 맥락 안에서 아동의 관심과 흥미에 따라 언어를 중재하는 것이다. 환경 중심 언어중재는 행동주의의 원칙과 절차를 적용하여 의사소통에 필요한 기능적 언어기술을 가르치는 것으로 일상적이고 자연스러운 환경 안에서 이루어진다. 표 9-5는 환경 중심 언어중재의 유형인 모델링, 요구-모델링, 시간지연, 우발교수이다.

〈표 9-5〉 환경 중심 언어중재

전략	기능	방법 및 절차
모델링 (아동중심시범)	• 아동의 관심이 어디 있는지 그 행동을 관찰하고 공동관심을 형성한 후 아동이 관심을 보이는 물건이나 행동에 같이 참여하면서 그에 대한 적절한 시범을 보여 주며 모방하도록 함	1. 아동과 공동 관심 형성 2. 아동이 관심을 보이는 것에 대해 언어적 시범 제공 3. 아동이 정반응을 보이면, 즉각적인 칭찬과 언어 확장, 재료를 제공 4. 아동이 반응이 없거나 부정확한 반응을 보이면, 다시 시범 제공 5. 아동이 두 번째 시범에서 정반응을 보이면, 즉각 칭찬과 언어확장, 재료를 제공 6. 아동이 두 번째 시범 후에도 부정확한 반응을 보이면 교정적 피드백 제공
요구-모델링	• 공동관심을 형성하여 아동과 함께 활동을 하다가 아동에게 언어적인 반응을 구두로 먼저 요구해 본 후에 시범을 보이는 것 • 비모방적인 구어 촉진을 한다는 점에서 모델링 절차와 차이가 있음 • 새롭거나 어려운 형태를 훈련하거나 명료성 향상을 위해 주로 사용	1. 아동과 공동 관심 형성 2. 아동에게 먼저 반응 요구(예: "뭐 줄까?") 3. 아동이 정반응을 보이면, 즉각적인 칭찬과 언어 확장, 재료를 제공 4. 아동이 반응이 없거나 부정확한 반응을 보이면, 두 번째 요구(아동의 흥미가 고조되고 아동이 대답을 알고 있을 때)를 하거나 시범(아동의 흥미가 감소되고 있고 아동이 대답을 하기 어려울 때) 제공 5. 아동이 두 번째 요구나 시범 후에도 부정확한 반응을 보이면 교정적 피드백 제공
시간지연	• 공동관심 형성 후 아동과 함께 활동하다가 아동의 언어적 반응을 기다려 주는 것으로, 아동이 말해야 하는 상황에 말을 하게 되면 그에 적절하게 교정 또	1. 아동과 공동 관심 형성 2. 아동이 자료나 요구를 필요로 하는 상황을 찾거나 만듦 3. 아동의 언어적 반응을 수 초간 기다림(약 3~5초) 4. 아동이 정반응을 보이면, 즉각적인 칭찬과 언어 확장, 재료를 제공

전략	기능	방법 및 절차
	는 시범을 보임 • 초기 의사소통 단계보다 자발적인 언어 사용을 유도하기 위해 사용	5. 아동이 부정확한 반응을 보이면, 다음 절차 실시 ① 두 번째 시간지연 – 만약 아동이 두 번째 시간지연에서 부정확하게 반응하면 요구–모델링이나 모델링 사용 ② 요구–모델링 또는 모델링 실시
우발교수	• 학습자가 우연히 어떤 상황이 발생하였다고 생각하는 것(의사소통의 기회, 언어학습의 기회)을 이용하여 실시함 • 아동 주도적이며 자연적인 후속 결과에 의해 적절한 행동이 강화되고 유지될 수 있다는 장점이 있으나, 구어나 비구어적으로 요구할 수 있는 능력과 목표행동을 모방할 수 있는 능력이 선행되어야 함	1. 아동과 공동 관심 형성 2. 아동이 언어적 또는 비언어적 도움이나 자료 요구 시 시작 3. 아동의 요구에 시간지연, 요구–모델링, 모델링 중 한 가지 방법을 사용

출처: 강혜경 외 7명(2018)에서 수정 발췌.

3) 강화된 환경 중심 언어중재

강화된 환경 중심 언어중재(Enhanced Milieu Teaching: EMT)는 기존의 환경 중심 언어중재의 한계와 제한점을 해결하기 위해 제안된 것이다. 강화된 환경 중심 언어중재는 전통적인 환경 중심 언어중재에서 사용된 전략에 환경조절 전략(표 9–6)과 반응적 상호작용 전략(표 9–7)을 강화한 언어접근 방법이다.

〈표 9-6〉 환경조절 전략

전략	방법
흥미 있는 자료	아동이 흥미 있어 하는 자료를 이용한다.
닿지 않는 위치	아동의 시야 안에 자료를 두되, 손이 닿지 않는 곳에 둔다.
도움	아동이 자료를 조작하기 위해 성인의 도움을 필요로 하는 상황을 만든다.
불충분한 자료 제공	아동이 추가 자료를 요구하도록 수와 양을 적게 제공한다.
중요 요소 빼기	과제 수행 완성을 위한 중요 요소를 빼고 과제 수행을 요구한다.
선택 기회 제공	유사한 물건을 제시하여 선택의 기회를 제공한다.
우스운 상황	아동의 기대에 어긋나는 상황을 만들거나 우스꽝스러운 요소를 만든다.

출처: 강혜경 외 7명(2018)에서 수정 발췌.

〈표 9-7〉 반응적 상호작용 전략

전략	방법
아동 주도 따르기	아동의 말이나 행동과 유사한 언어적 · 비언어적 행동을 하고 아동의 주도에 따른다. 아동을 관찰하고, 아동이 말하도록 기다려 주고, 아동의 말을 경청하고, 아동의 말이나 행동을 모방하고, 지시나 질문은 피한다.
공동 관심 형성하기	아동이 하는 활동에 성인이 참여한다. 아동이 활동을 바꾸면 성인도 아동이 선택한 활동으로 이동한다.
정서 일치시키기	아동의 정서에 맞추어 반응한다. 아동의 정서가 부적절하면 아동의 정서에 맞추지 않는다.
상호적 주고받기	성인과 아동이 상호작용할 때 교대로 대화나 사물을 주고받는다.
시범 보이기	혼잣말기법: 성인이 자신의 입장에서 보고, 듣고, 느끼는 것을 혼자 대화하듯 말하여 아동에게 들려준다. 평행적 발화기법: 성인이 아동이 하는 행위에 대해 아동의 입장에서 생각하고 느끼는 것을 아동이 말할 만한 문장으로 말해 준다.
확장하기	아동의 발화에 적절한 정보를 추가하여 보다 완성된 형태로 발화를 다시 들려준다.
아동 모방하기	아동의 말이나 행동을 모방하여 아동과 공동관심을 형성하거나, 아동에게 자신의 말이 전달되었다는 것을 알려 준다.
아동 발화에 반응하기	아동이 한 말에 대해 고개를 끄덕이거나 '응', '그래', '그랬어?'와 같은 말을 해 줌으로써 아동의 말을 이해했다는 것을 알려 주고 아동의 발화를 인정해 준다.
아동 반응 기다리기	아동이 언어적 자극에 반응할 수 있도록 적어도 5초 정도의 반응 시간을 허용하여 반응을 기다려 준다.

출처: 강혜경 외 7명(2018)에서 수정 발췌.

4) 보완 · 대체 의사소통

보완 · 대체 의사소통(Augmentative and Alternative Communication: AAC)은 의사소통의 결함으로 인한 한계를 보상하고 보완하기 위한 전략이라고 할 수 있다. 보완 · 대체 의사소통체계는 의사소통판, 음성출력기, 컴퓨터 등의 보조기기를 사용하거나, 발성, 수화, 제스처 등의 방법을 통해 의사소통에 어려움을 겪는 아동의 의사소통의 효율성을 높이려는 모든 수단에 대해 시도를 한다(Mirenda, 2001). 보완 · 대체 의사소통 체계의 효과의 극대화와 효율성을 높이기 위해서는 사용자 및 대화 상대자의 훈련이 필요하며, 특히 보조기기를 사용하는 보완 · 대체 의사소통체계는 사용자의 친숙도 정도가 효과성에 영향을 미친다. 최근에는 이러한 보완 · 대체 의사소통체계의 효과가 입증되어 점점 더 많은 의사소통장애아동에게 사용되고 있다(Binger & Light, 2006; Millar, Light & Schlosser, 2006).

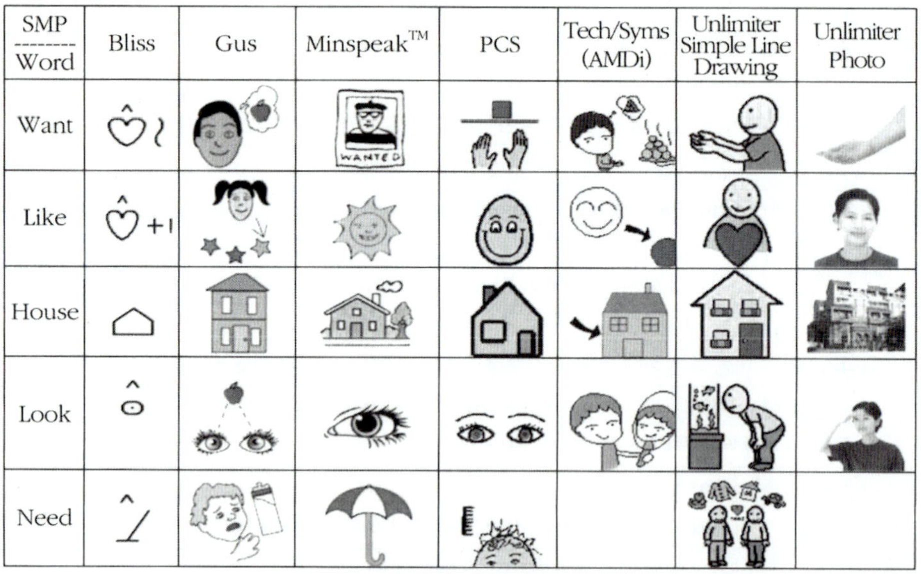

[그림 9-3] 상징체계

출처: 김성민 외(2016). 장애유아를 위한 AAC 활동. 학지사. p. 10.

보완 · 대체 의사소통의 실행은 크게 4가지의 구성요소로 이루어진다(김성민 외, 2016). 첫째, 상징은 일반적인 구어를 제외한 간단한 수화, 아이콘을 말한다. 이러한 상징체계는 특정 기기를 필요로 하지 않는 것(얼굴표정, 몸짓, 음성, 수화 등)과 특정 기기를 필요로 하는 것(실제사물, 축소 모형, 그림, 사진 등)으로 나누어 볼 수 있다.

둘째, 보조기기는 상징체계를 구현하기 위해 제작된 물리적 기기이다. 이는 교사나 부모가 직접 제작하는 그림판, 전자 의사소통 기기 등이 있다. 의사소통판은 출력하거나 복사하여 소지하고 다닐 수 있고 비용 절약 및 제작의 용이성을 갖추고 개인별 특성에 따라 다양하게 사용할 수 있다. 전자 의사소통기기는 최근 공학의 발달로 다양하게 개발되었으며, 의사소통 책보다 더 많은 정보와 메시지를 저장할 수 있고, 음향적 · 청각적 피드백을 제공할 수 있다. 최근에는 모바일 기기를 통해 애플리케이션(My First AAC, 토크 프렌드, 마이토키 스마트 등)의 형태로 많이 개발되고 있다.

의사소통책 의사소통책

[그림 9-4] 의사소통판

출처: 김성민 외(2016). 장애유아를 위한 AAC 활동. 학지사. p. 11.

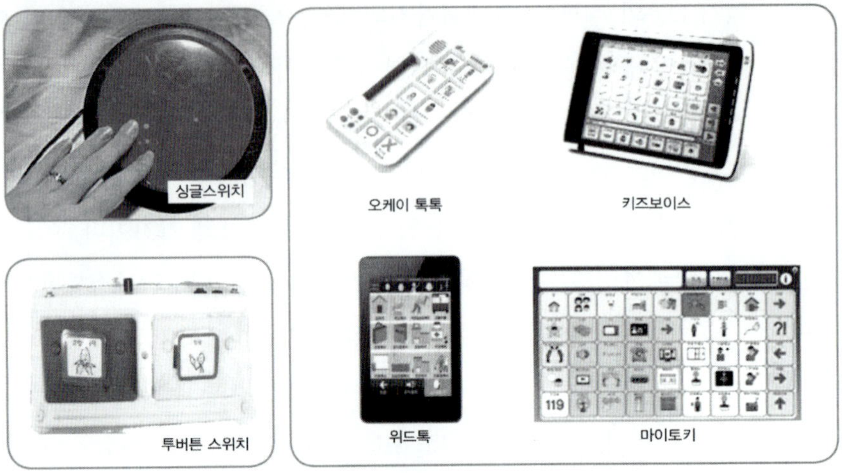

[그림 9-5] 음성 출력 전자 의사소통도구

출처: 김성민 외(2016). 장애유아를 위한 AAC 활동. 학지사. p. 12.

셋째, 전략은 보완·대체 의사소통체계를 지도하는 것과 대화 상대자에게도 적절한 전략을 지도하는 것을 의미한다. 교사, 부모가 먼저 적절한 사용방법과 전략을 배우고, 장애인 및 비장애 또래들을 대상으로 교육하는 것 또한 필요하다.

넷째, 산출기술은 장애아동의 운동기술능력에 따른 보완·대체 의사소통 자료 접근성에 관한 방법을 결정하는 것이다. 산출기술은 크게 직접선택과 간접선택 방법이 있다. 직접선택은 아동이 손으로 직접 가리키고 조작하거나 움직임이 가능한 신체의 일부분을 사용하거나 보조공학기기 등을 활용하도록 지원하는 것이다. 간접선택은 신체 일부분의 활용에 제한이 있을 경우 사용하는데, 대표적인 방법으로 스캐닝이 있다. 스캐닝은 의사소통판의 메시지를 대화상대자가 장애아동에게 어떤 내용을 전달할 것인지를 하나씩 짚어 가면서 장애유아가 해당하는 것에 고개 및 눈깜박임, 눈마주침 등의 반응으로 선택하는 것을 말한다.

Chapter

10

학습장애

배울 내용

1. 학습장애의 정의와 분류
2. 학습장애의 원인과 출현율
3. 학습장애의 진단 및 판별
4. 학습장애의 교육적 지원

학습목표

학습장애에 대한 정의 및 분류, 원인 및 특성, 진단 및 판별방법을 명확하게 이해하여 학습장애에 대한 교육적 지원방안에 대한 전문적 소양을 기를 수 있다.

개 요

학습장애를 지닌 학생들은 학급 내의 다른 아동들처럼 잘 생활하지만, 정보처리과 정상의 문제로 인해 한두 영역에서 학업적 과제를 효율적으로 처리하지 못하게 된다. 일부에서는 취학하기 전에는 특별한 어려움이 없이 잘 지냈으나 학교에 들어가서 문제를 가진 것으로 보기 때문에 '학교장애'라는 용어를 사용하기도 하고, 학교를 졸업하고 나면 문제가 없을 것이라고 가정하기도 한다. 학습장애의 개념과 판별에 관한 연구는 50여 년 이상 진행되어 왔으나 아직도 명확히 해결되지 못하고 있는 분야이지만 특수교육서비스를 받은 학생들 중 큰 비중을 차지하는 영역 중의 하나로 자리 잡고 있다. 이 장에서는 학습장애학생을 이해하기 위해 학습장애의 정의와 원인에 대해 살펴보고, 학습장애의 특성과 이들을 진단하고 분류하기 위해서 어떤 기준으로 진단하고 평가하는지, 그리고 그들을 위한 교육 지원에 대해 살펴보고자 한다.

학습장애

10 Chapter

1. 학습장애의 정의와 분류

학습장애는 1800년대 유럽에서 시작해서 지속적으로 소개되어 오다가 1900년대에 지각이나 주의집중능력의 결함을 보이는 뇌손상과 읽기 및 언어결함을 보이는 아동들을 대상으로 연구가 활발히 이루어졌다(전헌선 외, 2012). 이 당시 학습장애를 나타내기 위해서 사용된 용어는 90개가 넘었으며, 가장 많이 사용된 용어는 '뇌손상'이나 '미세뇌기능 이상'이라는 용어들이다(Kavale & Forness, 1995). 그러나 이들 용어가 내포하고 있는 부정적 의미 때문에 많은 사람들이 이들 용어 사용을 반대하였고, 1963년 미국 일리노이 대학 교수였던 사무엘 커크(Samuel Kirk) 박사가 처음으로 학습장애라는 용어를 제안하였다. 이후 학습장애의 정의에 대한 논의가 지속되고 있으며, 현재까지도 학습장애의 정의가 명확하게 제시되지 않고 있는 실정이다.

1) 학습장애의 정의

학습장애를 가진 아동에게 체계적인 서비스를 제공하기 위해 선행되어야 하는 것은 학습장애에 대한 명확한 정의를 내리는 것이다. 그러나 학습장애는 이질적인 다양한 장애집단으로 구성되어 있기 때문에 학습장애의 특성과 개념에 대해 명확한 정의를 내리기는 어렵다. 또한 학습장애는 다른 장애, 즉 주의력결핍 과잉행동장애, 품행장애, 반항성장애 및 우울장애 등을 동반하는 경우가 많기 때문이다. 따라서 학습장애란 용어가 사용되기 시작한 이후 학습장애에 대한 정의가 다양하게 제시되고 있지만 아직까지도 논란이 계속되고 있다. 최근 학습장애의 정의와 관련하여 가장 많이 언급되고 있는 학습장애의 정의들에 대해 살펴보면 다음과 같다.

먼저 미국 장애인교육개혁법(Individuals with Disabilities Education Improvement of Act: IDEA, 2004)에서는 학습장애를 다음과 같이 기술하고 있다(표 10-1).

〈표 10-1〉 미국 장애인교육개혁법의 정의

- **일반적 규정**: 특정 학습장애(specific learning disability)는 언어, 즉 구어와 문어의 이해와 사용에 포함된 기본적인 심리과정 중 한 가지 또는 그 이상의 장애를 의미하며, 듣기, 사고, 읽기, 쓰기, 철자법 혹은 수학계산에서 불완전한 능력으로 나타날 수 있다.
- **학습장애에 포함되는 장애**: 특정 학습장애는 지각장애, 뇌손상, 미소뇌기능장애, 난독증, 발달적 실어증 등의 조건을 포함한다.
- **학습장애에 포함되지 않는 장애**: 특정 학습장애는 주로 시각장애, 청각장애, 운동장애, 지적장애, 정서장애 또는 환경적, 문화적 및 경제적 실조에 의한 학습문제는 포함시키지 않는다.

미국 학습장애연합회(National Joint Committee on Learning Disabilities: NJCLD, 1998)에서는 다음과 같은 대안적인 정의를 제시하고 있다(표 10-2).

〈표 10-2〉 미국 학습장애연합회의 정의

학습장애는 듣기, 말하기, 쓰기, 추론하기, 수학적 능력의 습득과 이용에 심한 곤란을 나타내는 이질적인 장애집단을 말하는 일반적인 용어이다. 이들 장애는 개인의 내적인 것으로 중추신경계 기능장애에 의한 것으로 추정되며 일생에 걸쳐 일어날 수 있다. 자기조절 행동, 사회적 지각 및 사회적 상호작용에서의 문제들은 학습장애와 같이 일어날 수 있으나 이러한 문제들만으로 학습장애를 구성하지 않는다. 학습장애가 다른 장애 조건(예: 감각장애, 지적장애, 심각한 정서장애)들이나 외적인 영향(예: 문화적 차이, 불충분하거나 부적절한 교수)과 함께 일어날 수 있다고 하더라도 조건과 영향의 직접적인 결과는 아니다.

지금까지 살펴본 장애인교육개혁법(IDEA)과 미국 학습장애연합회(NJCLD)의 정의에서의 차이점은 장애인교육개혁법(IDEA)에서는 학습장애를 기본적 심리과정에서의 장애로 보는 반면, 미국 학습장애연합회(NJCLD)에서는 오늘날 많은 학자들이 동의하고 있는 중추신경계 장애를 학습장애의 원인으로 정의를 내리고 있다는 점이다. 우리나라 「장애인 등에 대한 특수교육법」의 특수교육대상자 선정기준에서는 학습장애를 지닌 특수교육대상자를 다음과 같이 기술하고 있다(표 10-3).

〈표 10-3〉 「장애인 등에 대한 특수교육법」의 정의

학습장애를 지닌 특수교육대상자의 기준을 '개인의 내적 요인으로 인하여 듣기, 말하기, 주의집중, 지각, 기억, 문제해결 등의 학습기능이나 읽기, 쓰기, 수학 등 학업성취영역에서 현저하게 어려움이 있는 사람'이라고 규정하고 있다.

한국특수교육연구회(2009)에서는 좀 더 구체적으로 학습장애에 대해서 정의를 내리고 있다(표 10-4).

〈표 10-4〉 한국특수교육연구회의 정의

학습장애란 개인 내적 원인으로 인하여 일생 동안 발달적 학습(듣기, 말하기, 주의집중, 지각, 기억, 문제해결 등)이나 학업적 발달(읽기, 쓰기, 수학 등)영역들 중 하나 이상에서 심각한 어려움을 겪는 것을 말한다. 이 장애는 다른 장애조건(감각장애, 지적장애, 정서장애 등)이나 환경실조(문화적 요인, 경제적 요인, 교수적 요인 등)와 함께 나타날 수 있으나 이러한 조건이 직접적인 원인이 되어 나타난 것은 아니다.

2) 학습장애의 분류

학습장애는 앞에서 정의된 다양한 종류의 장애를 통해 이해될 수 있다. 그리고 『정신질환의 진단 및 통계편람(DSM-5)』에서는 특정학습장애를 읽기 손상 동반, 쓰기 손상 동반, 수학 손상 동반으로 분류하고 있으며, 커크와 챌펀트(Kirk & Chalfant, 1984)는 학습장애를 발달적 학습장애와 학업적 학습장애로 구분하고 있다(강위영, 정대영, 2001).

그림 10-1에서 보는 것과 같이 발달적 학습장애란 발달기 동안에 일어나는 학습장애로 일차적 장애(주의력, 기억, 지각)와 이차적 장애(사고, 구어)로 구분되며, 학업적 학습장애는 주로 취학아동들이 경험하는 학습장애로 읽기장애, 산수장애, 쓰기장애로 구분된다. 특히, 학업적 학습장애는 읽기, 산수, 쓰기를 평가하기 위해 개별적으로 시행된 표준화 검사에서 나이 그리고 지능에 비해 기대되는 수준보다 성적이 현저하게 낮게 나오게 될 때 진단 내려진다. 주의해야 할 점은 이들은 정상적인 지능과 신체상태를 가지고 있으면서 공부, 언어 등에 장애가 있다는 것이다. 즉, 학습장애는 나이나 지능에 비해 실제적인 학습기능이 낮은 경우를 말한다.

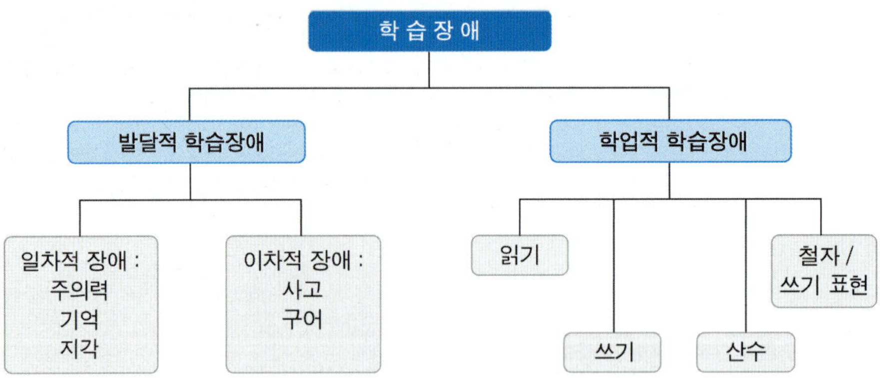

[그림 10-1] 커크와 챌펀트(1984)의 학습장애 분류

(1) 발달적 학습장애

발달적 학습장애는 학령 전기 아동들 중 학습과 관련된 기본적인 영역에서 현저한 어려움을 보이는 것으로 주의집중장애, 기억장애, 지각장애, 사고장애 및 구어장애로 나누어진다.

① 주의집중장애

주의집중은 주변의 방해에도 불구하고 한 가지 일에 집중할 수 있는 능력을 의미한다. 주의집중에 결함이 생기면 한 가지 일을 꾸준히 하지 못하고, 쉽게 주의가 분산된다. 이러한 주의집중은 학습을 위해 필수적인 선행조건이다. 왜냐하면 주의집중은 학습 중에 발생하는 다양한 자극 중 필요한 자극을 선별해 내는 능력이기 때문이다. 따라서 주의집중장애는 학습 중에 학습과 관련된 필요한 자극을 선별해 내는 능력에 문제가 발생한 경우이다.

② 기억장애

기억은 과거의 경험을 뇌의 특정영역에 저장해 놓았다가 필요할 때 끄집어 내는 인지과정이며, 기억장애는 단기기억, 장기기억 등의 능력 결함으로 인하여 보고, 듣고, 경험한 것을 기억하지 못하는 경우를 말한다.

③ 지각장애

지각이란 감각기관으로부터 들어온 정보에 의미를 부여하는 과정이다. 따라서 지각장애란 방향 표시나 도로의 표지, 상징적으로 그린 그림 등을 이해하지 못하는 경우이다. 즉, 시력에는 문제가 없음에도 불구하고 그림 등의 의미를 이해하지 못하고, 심할 경우에는 사람의 얼굴을 잘 식별하지 못하는 경우도 있다.

④ 사고장애

사고에는 판단, 비교, 계산, 추리, 평가, 비판적 사고, 문제해결 및 의사결정 등의 활동이 포함되며, 사고과정은 개념과 단편적인 지식들을 조직하여 목표를 달성하거나 새로운 이해 수준에 도달하기 위하여 그 같은 요소들을 각기 관련시킬 수 있는 능력을 필요로 한다. 따라서 사고장애는 개념이나 지식을 조직하기 위해 다양한 사고 활동을 포함시키지 못하는 경우이다.

⑤ 구어장애

인간은 언어적인 요소 혹은 비언어적 요소(시선 접촉, 얼굴표정, 자세, 제스처, 목소리 등)를 사용하여 의사소통을 하게 된다. 구어장애는 언어적인 요소를 도구로 하여 다른 사람의 의사를 수용하거나 통합하지 못하고 자신을 표현할 수 없는 경우이다.

(2) 학업적 학습장애

학업적 학습장애는 주로 취학아동들이 겪는 문제이다. 학업적 학습장애는 읽기, 쓰기 및 산수 학습장애로 구분된다. 아동이 학습 잠재력을 가지고 학교에서 정상적인 학습 경험을 하고서도 읽기, 쓰기, 산수 등의 영역에서 학년 수준에 비해 성취 수준이 크게 떨어지는 경우를 말한다. 발달적 학습장애와 학업적 학습장애는 상관이 높기 때문에 조기에 보이는 발달적 학습장애에 대한 중재가 충분히 이루어지지 못하면 학업적 학습장애로 이어지게 된다.

① 읽기장애

읽기장애는 읽기의 정확도 또는 이해능력을 평가하기 위해 개별적으로 실시된 표준화 검사에서 읽기 성적이 개인의 생활연령, 측정된 지능, 그리고 나이에 적합한 교육에 비해 기대되는 정도보다 현저하게 낮은 경우이다. 즉, 읽기장애는 지능은 정상이고, 지각장애가 없고 정상적인 수업을 받았음에도 불구하고, 글자를 인지하지 못하거나, 느리게 또는 부정확하게 글을 읽고, 글을 이해하는 능력이 떨어지는 경우에 해당된다. 학령기 아동의 4% 정도 이상이 읽기장애를 나타내며, 대략 학습장애의 5분의 4가 읽기장애에 해당된다. 대표적인 읽기장애로는 난독증을 들 수 있다(**글상자**

10–1 참조).

읽기장애는 남자 아동이 3~4배 정도 더 많다. 주로 언어발달장애가 동반되고, 정확한 원인이 밝혀지지는 않았지만 가족력, 인플루엔자 감염, 측두엽 · 두정엽 등 대뇌 반구 이상, 경련성 질병, 뇌성마비 등 신경학적 질병 등과 관련이 있는 것으로 추정하고 있다. 지능이 발달한 아동은 조기에 치료한 경우에는 예후가 좋지만 초등학교 3학년 이후까지 방치하면 성인기에도 장애가 남을 수 있다.

글상자 10-1

◈ 난독증

난독증은 듣고 말하기에는 어려움이 없는 정상 지능을 가진 사람이 좌반구의 경미한 뇌기능장애로 인해 읽기, 쓰기 등에 어려움을 경험하는 경우를 말한다. 읽기는 단순히 글자를 눈으로 보는 1차원적인 판별 과정이 아니라, 왼쪽 시야와 오른쪽 시야, 좌뇌와 우뇌를 각각 사용하는 복잡한 과정이다. 그러나 언어를 처리하는 좌뇌의 경미한 신경학적 손상은 읽기, 쓰기와 관련한 학습활동에 큰 어려움을 겪게 만드는데, 이를 난독증이라고 한다. 즉, 난독증은 언어를 습득하고 처리하는 것을 방해하는 신경학적이고 유전적인 장애를 말한다. 지능이 정상이고 시력, 청력에는 문제가 없으나 글자를 읽거나 쓰는 데 어려움이 있다. 보통 사람들에게는 자연스럽게 습득되는 글 읽기(reading)가 반복적인 학습에도 불구하고 어려움이 있으며, 쓰기(writing)와 철자법(spelling)에도 곤란을 보인다. 미국 학습장애협회에서는 난독증을 학습장애의 하나로 정의하고 있으며, 단어를 정확하게 알아보지 못하고, 단어를 잘 쓰지도 못한다. 이것은 말의 최소 단위인 음소를 구분하지 못하기 때문인데, 듣고 말하는 데는 문제가 없지만 문자를 판독하는 데 이상이 있기 때문이다. 난독증은 시각적 난독증, 청각적 난독증, 운동성 난독증으로 구분할 수 있다.

첫째, 시각적 난독증은 글자는 볼 수 있으나 시지각세포의 이상으로 인한 시지각적 왜곡 현상(얼렌 증후군)이 있거나, 양안시의 문제가 있거나 안구추적의 문제가 있을 때, 방향감각의 상실로 글자의 상하, 전후의 관계를 이해하지 못하는 경우로, 난독증의 20% 정도가 시각적 난독증에 해당된다.

둘째, 청각적 난독증은 소리는 들을 수 있으나 귀를 통해서 들어오는 음성정보를 뇌에서 제대로 이해하지 못하는 경우이며, 난독증의 70%가 청각적 난독증에 해당된다. 책을 읽고 이해하는 데 근본적으로 가장 중요한 기능은 정상적인 청각정보의 처리기능인데, 이러한 청각정보가 처리되는 여러 과정 중에 문제가 있다면 난독증으로 이어질 가능성이 매우 크다.

셋째, 운동난독증은 공간적 지각력의 문제 및 시각 운동협응능력의 문제로 인해 보거나 듣고 나서 제대로 읽거나 쓰지 못하는 경우 운동성 난독증에 해당되며, 난독증의 10% 정도가 운동성 난독증에 해당된다.

출처: 김이영 외(2016). 유아발달. 양성원. pp. 252-253.

② 산수장애

산수장애 역시 표준화된 검사에서 아동의 산수능력이 나이, 지능, 교육 수준에 비해 현저하게 낮을 때 진단되며, 산수장애는 학습장애의 5분의 1에 해당되며, 지능지수를 고려하지만 산수능력에 상당한 장애가 있는 경우이다. 산수장애는 기본적인 계산기능인 덧셈, 뺄셈, 곱셈, 나눗셈 등의 학습과 추론능력, 언어능력을 필요로 하는 수학교과영역의 학습에 장애를 가지며, 언어문제, 주의집중문제, 시공간변별, 감각통합문제 등에 의해 일어난다.

산수장애는 정상 지능을 가진 아동의 1~5% 정도에게 나타나는데, 여자 아동이 좀 더 많다. 다른 학습장애 또는 언어장애를 동반할 수 있다. 정확한 원인은 밝혀지지 않았지만 인지적 · 정서적 · 교육적 · 사회적 등 여러 요인이 복합적으로 작용하는 것으로 알려져 있다. 적절한 치료를 받지 않으면 합병증으로 우울장애, 행동장애 등을 동반하기도 한다.

③ 쓰기장애

개별적으로 실시된 표준화 검사(또는 쓰기 기술능력 기능평가)에서, 쓰기능력이 개인의 생활연령, 측정된 지능, 그리고 나이에 적합한 교육에 비해 기대되는 정도보다 현저하게 낮은 경우이다. 쓰기장애는 유병률을 밝히는 것이 쉽지 않으며, 또한 다른 학습장애를 동반하지 않은 쓰기장애는 매우 드문 것이 특징이다. 쓰기장애는 내적 요인이나 운동기능 통제, 지각, 시기억 및 기능의 우세성을 고려하지 않은 손의 선택(오른손잡이, 왼손잡이) 등으로 인하여 쓰기가 곤란하거나, 다른 사람이 읽을 수 없을 정도의 난필을 쓰는 경우를 의미한다.

쓰기장애는 학령기 아동의 3~10% 정도에게서 나타나며, 가족력에 의한 경우가 많다. 이는 뇌의 정보 전달 부위에 문제가 있기 때문인 것으로 추정된다. 행동장애, 주의력결핍 과잉운동장애, 우울장애 등과 함께 나타나기도 한다.

2. 학습장애의 원인과 출현율

1) 학습장애의 원인

학습장애는 학습의 기회나 교육적인 환경 자극이 부족한 경우, 집중력 저하, 우울증 및 불안 등 정서적 문제, 신경학적 이상에 의한 경우 등이 그 원인일 수 있다. 또한 학습과 관련이 있는 뇌의 기능 특정영역에 결함이 있거나 발육 지연 또는 장애가 있는 경우, 부모가 조기에 자녀의 능력과 적성을 잘 알지 못하는 경우에도 나타날 수 있다.

학습장애는 원인에 대한 일부 단서를 가지고 있기는 하지만, 그 원인이 명확히 밝혀지지 않아서 원인과 관련된 과학적 연구가 꾸준히 이루어지고 있다. 학습장애의 원인을 밝히기 위한 두 가지 기본적인 접근은 의료적 모델과 교육적 모델이다. 의료적 모델은 학습장애의 생물학적 측면과 중추신경계에서 원인을 찾고자 하는 것이며, 교육적 모델은 학습자와 환경 간의 상호작용, 학습환경의 변화 및 행동을 형성시키기 위한 행동적 강화 이용하기의 상호작용에서 그 원인을 찾고자 하는 것이다(정대영 외, 2012). 학습장애의 원인을 크게 세 가지 신경학적, 유전적, 환경적 측면에서 살펴보면 다음과 같다.

① 신경학적 요인

뇌의 활동을 정확하게 진단하고 측정할 수 있는 의료장비, 즉 컴퓨터 단층촬영(CT), 자기공명촬영(MRI), 기능성 자기공명촬영(fMRI), 양전기 방출 단층촬영(PET-scan)의 발달로 학습장애의 원인이 중추신경계의 기능 이상이라는 신경학적 요인이 지지를 받고 있다. 신경계의 손상은 임신 중이나 출산기에 발생할 수 있으며, 출생 후에 발생될 수도 있다. 출생 전 요인은 다른 유전적 요인이라기보다는 산모의 영양결핍 문제와 태아에 영향을 미치는 질병과 관련성이 더 높다. 임신 중에는 알코올이나 약물이 손상의 원인이 될 수 있고, 출산기에는 태아의 미숙, 산소결핍증, 분만과정에서의 의학적 기구의 잘못된 사용, 출산 합병증 등이 손상의 원인이 될 수 있으며, 출산 후에는 사고나 질병이 손상의 원인이 될 수 있다(김원경 외, 2009).

② 유전적 요인

과학자들은 통찰력을 갖고 생물학적 원인이 어떻게 학습장애를 일으키는지 찾고자 한다. 일부 연구에서는 유전적 원인이 일정 역할을 하고 있다는 증거들이 드러나기 시작했다. 인간의 유전자 지도를 그리게 됨으로써 학습장애의 유전적 원인에 관한 연구가 증가하고 있다. 염색체의 위치 1, 2, 3, 6, 13, 14, 15, 18은 학습장애 및 난독증과 관련이 있다(Demonet, Taylor, & Chaix, 2004). 난독증은 염색체 6번의 유전자 배열이 잘못

되어 나타난다(Howard, 2000). 이러한 요인은 유전되며, 가족의 유전성과 관련이 있고, 가족 중 읽기장애가 있으면 출현율이 35~45%에 이르는 것으로 보고되고 있다(Shapiro, Church, & Lewis, 2002).

③ 환경적 요인

어떤 장애를 가지고 특별한 교육적 요구를 가진 아동들은 그 아동이 처한 환경적 요인을 간과할 수 없다. 학습장애아동은 이들을 둘러싼 환경이 그들이 가지고 있는 학업적 수행을 더 악화시킬 수도 있고, 극복하도록 도와줄 수도 있다. 학습장애아동의 환경적 요인으로는 부모의 낮은 사회적 · 경제적 지위, 빈곤한 환경, 영양결핍, 열악한 교육환경, 심리적 자극의 결핍 등이 지적되고 있으며, 이러한 환경에서 학습상의 문제가 나타날 확률이 높다(전헌선 외, 2012). 또한 학습장애아동의 환경적 원인으로 교사의 질적인 문제를 들 수 있는데, 교사의 부적절한 교수가 학습장애를 일으킬 위험이 높다는 것이다(Hallahan et al., 2005).

2) 학습장애의 출현율

학습장애를 지닌 특수교육대상 아동의 출현율은 특수교육대상자 범주 중에서 많은 비중을 차지한다. 교육부(2023)에 의하면 전체 특수교육대상자(109,703명) 중 1,037명으로 0.9%에 해당되는 것으로 나타났다. 그러나 미국의 학습장애 출현율 추정치를 살펴보면 1~30%에 이르기까지 매우 다양하게 보고되고 있다. 이처럼 다양한 출현율이 보고되고 있는 이유는 학습장애의 정의가 통일되어 있지 않고, 개념적 모델이 다르며, 진단평가 접근방식에 차이가 있고, 사정에 적용된 검사도구가 다르기 때문에 나타나는 현상으로 추정할 수 있다(정대영, 2011).

3. 학습장애의 진단 및 판별

1) 학습잠재력과 학업성취 수준 간의 불일치 모델

학습잠재력과 학업성취 수준 간 불일치 모델은 표준화된 지능검사에서 측정된 지능점수와 실제 학업성취도 사이에 현저한 차이가 있다는 것을 의미한다. 즉, 측정된 지능검사와 학업성취도 검사에서 심각한 불일치가 나타나는 경우 학습장애로 진단하는 것이다. 불일치를 결정하는 방법으로는 다양하지만 일반적으로 학년 수준 불일치 모델, 학년 및 연령점수에 기초한 불일치 모델, 표준점수 비교 모델, 회귀 불일치 모델 4가지이다. 첫째, 학년 수준 불일치 모델은 학생들의 현재 학년과 성취 점수 간의 차이에 의해 학습장애를 판별하는 방법이다. 둘째, 학년 및 연령점수에 기초한 불일치 모델은 현재의 학령과 연령점수의 차이에 의해 학습장애를 판별하는 방법이다. 셋째, 표준점수 비교 모델은 지능지수(IQ)로 나타내고 성취도의 차이 점수를 사용하여 판별하는 방법이다. 즉, 지능과 성취점수는 각각 평균 100, 표준편차 15로 나타낼 수 있다는 전제하에 두 가지 점수의 차이가 최소 15점일 때 불일치 준거로 설정한다. 넷째, 회귀 불일치 모델은 지능점수가 평균으로 회귀하려는 통계적 흐름을 고정시켜 학생의 성취점수가 지능점수와 관련하여 합리적인 것으로 고려되는 범위에 있는지를 조절하여 불일치를 계산하는 방법이다.

그러나 학습장애아동이 얻는 실제 점수는 자기의 수행 수준을 의미 있게 나타내는 것이지만 아동마다 특이한 수행을 보이고 그것이 대부분 검사점수에 영향을 미치기 때문에 불일치 정도를 수량화하여 판별하는 것에 대한 문제점으로 지적되고 있다. 구체적인 불일치 모델의 문제점으로는, 첫째, 차이 점수에 대한 낮은 신뢰성, 불일치 공식과 검사도구의 다양성에 따른 비일관성, 불일치 유무에 상관없이 읽기 곤란을 겪는 아동들의 기본적인 장애의 측면에서 비슷하다는 점이다(Fletcher et al., 2002). 둘째, 학습장애를 진단하는 데 있어 통계적 기준과 임상적 기준 간의 충돌이 있고, 학습장애아동의 능력 수준이 감소하고 성취도는 그대로 낮은 수준에 있다면 불일치는 존재하지 않게 되나 아동에게는 학습상의 어려움을 나타내게 된다는 것이다(전헌선 외, 2012). 셋째, 불일치 기준을 사용할 경우 초등학교 학년 초기에 학습장애를 진단하기가 매우 어렵다는 점이다.

2) 중재반응 모델

학습장애를 진단하는 데 가장 기준이 되었던 불일치 모델이 학습장애를 진단하는 데 유일한 기준이 되어서는 안 된다는 주장과 함께 여러 가지 대안적인 방법이 연구되어 왔는데, 그중 하나가 중재반응 모델(Response to Intervention: RTI)이다. 중재반응 모델은 효과적인 수업에 아동이 얼마나 반응하는가 하는 정도로 학습장애 여부를 판단하는 접근법이다. 미국의 「장애인교육법」(2004)에서는 불일치 모델의 적용을 지양하고 중재반응 모델을 사용하도록 권장하고 있다. 불일치 모델은 표준화검사도구를 활용하여 학습장애학생의 내적 결함을 확인한 후 교육적 측면을 고려한 모델인 반면, 중재반응 모델은 학습에서의 어려움을 보이는 학생을 조기에 선별하여 중재를 제공하고 이러한 중재에 대한 반응 정도가 낮은 학생을 추후에 학습장애로 진단하는 모델이다. 즉, 중재반응 모델은 효과적인 교수를 통해 학습 곤란을 겪는 아동을 조기에 발견하고 진단하기 위한 개별적이고 포괄적인 평가과정이라고 할 수 있다(전헌선 외, 2012). 표 10-5는 중재반응 모델에 의한 학습장애 판별 절차를 나타낸 것이다.

〈표 10-5〉 **중재반응 모델에 의한 학습장애 판별 절차**

단계	선별 및 진단활동 내용	결정기준
1단계	모든 학생 대상 국어와 수학을 중심으로 표준화된 학력평가 실시, 또래에 비해 심각하게 낮은 성적(하위 25% 혹은 평균 1.5 표준편차 미만) 소지자 판별	또래에 비해 심각하게 낮은 성적인가?
2단계	해당 교과영역(주로 국어와 수학)에서 평상시의 통합교육에 각 학생들이 어떻게 반응하는지를 교육과정중심특정(CBM)을 통해 점검	또래에 비해 심각하게 낮은 반응을 보이는가?
3단계	소집단 중심의 효과적인 수업을 일정 기간(보통 10~15주 정도) 체계적이고 집중적으로 투입하면서 역시 그 반응도를 교육과정중심측정(CBM)방법을 사용하여 추적	또래에 비해 심각하게 낮은 반응을 보이는가?
4단계	1~2단계를 통과한 학생은 잠재적으로 학습장애로 규정하고 다학문적 평가팀에 장애 정도 및 특수교육대상자 여부 확인을 위한 정밀 판별 절차 의뢰	배제요인 제외

출처: 전헌선 외(2012). 특수교육학개론. 양서원. p. 135.

중재반응 모델과 불일치 접근과 비교해 보면, 중재반응 모델은 이미 학생이 보이고 있는 결함을 판별하기보다는 장애 위험이 포착되는 시점에서 추적할 수 있다는 점이다. 그러므로 학습장애학생을 조기에 판별해 낼 수 있고 평가과정이나 절차에 상관없이 일단 효과적인 교육을 제고할 수 있다. 또한 잘못 판별할 수 있는 가능성을 줄일 수 있고, 교육과정의 질이 학습문제의 원인이 아니라는 점을 확인할 수 있다. 그리고 판별을 위한 평가와 교수계획, 성취도 점검 등을 서로 유기적으로 연결시킬 수 있다. 그러나 중재반응 모델의 단점으로는 전통적으로 학습장애는 중추신경계통상의 결함으로 인한 심리과정상의 기능결함이 일차적인 원인으로 지목되어 왔음에도 불구하고 그에 관한 어떠한 정보도 제시할 수 없고, 어느 것이 효과적인 교육방법인지, 그에 대한 반응도를 어떻게 타당하고 신뢰할 수 있게 측정할 것인지에 관한 합의를 도출하기 어렵다는 것이다.

3) 학습장애 사정방법

(1) 관찰

행동을 관찰하는 것은 평가과정에 있어서 중요한 부분이라고 할 수 있다. 관찰은 아동이 일정 기간에 걸쳐 일정 상황에서 어떻게 행동하는가를 밝히기 위해서, 또한 아동이 나타낼 행동범위에 미치는 영향을 결정하기 위해서 행해지는 것을 의미한다. 이때 관찰자는 사전에 행동의 어떤 측면을 어떻게 평가할 것인지에 대해 미리 결정하고 훈련받는다.

관찰이 유용하고 과학적인 평가 절차가 되기 위해서는 목표, 관심, 수집된 자료량의 한계, 표준화된 기록법, 효율적인 신뢰도, 적당한 타당도를 가지고 있어야 한다. 관찰의 장점은 관찰자가 아동의 자기 행동에 관한 주관적 기술에 의존하지 않고 객관적인 행동이라는 자료에 근거한다는 것이다. 이에 비해 단점은 관찰자가 아동의 행동을 주관적으로 해석할 수 있다는 것과 경비 및 시간이 많이 든다는 것이다. 더하여 관찰당한다는 사실이 아동의 행동에 영향을 줄 수 있다.

(2) 면담

면담은 적절한 질문을 통해 문제 상황의 맥락적인 정보나 발달사에 대한 상세한 정보를 끌어낼 수 있으며, 기대나 예후 등과 같은 부가적인 정보를 얻을 수 있다는 장점이 있다. 반면, 신뢰도나 타당도에 대한 준거가 없으며, 면접자의 전문성 정도와 상황에 따라 응답이 달라질 수 있다는 단점을 지니고 있다.

부모와의 면담과정에서 문제행동의 본질, 지속기간, 심각성, 문제행동이 발생했던 상황이나 사건에 대한 정보를 얻는다. 또한 문제행동에 대해서 부모나 주변 사람들이 어떻게 반응해 왔으며, 그리고 아동의 문제행동해결을 위해 지금까지 이루어졌던 시도들(이전의 치료 경험, 기관 이용 경험 등)에 관한 정보를 얻는다. 그리고 아동의 발달과업이 이루어진 시기를 중심으로 발달력, 병력, 유치원 · 학교 적응 상황, 또래관계에 대한 정보를 얻는다. 이때 아동의 문제행동을 악화시키는 원인을 부모-자녀관계 맥락에서 파악하는 것도 중요하다. 부모 면담에서는 문제행동에 대해 부모가 어떻게 반응해 왔는지, 그동안의 훈육방법에 대한 정보수집이 반드시 필요한데, 이는 개입과정에서 부모환경의 변화를 위한 목표설정에 있어서 중요한 정보를 제공하기 때문이다.

아동과의 면담 형태는 아동의 발달 수준에 따라 다르게 구조화되어야 한다. 언어표현능력에 제한이 있는 어린 연령 수준에서는 아동과 상호작용하며 아동의 행동을 관찰할 수 있는 놀이실에서 면담이 이루어지는 것이 일반적이다. 반면에 연령이 높은 아동과의 면담은 놀이보다 이야기 나누기에 더 중점을 두고 실시하게 된다.

(3) 행동 체크리스트

행동 체크리스트는 교사나 부모가 측정할 수 있는 양식으로 그들이 아동과 함께한 경험과 관찰을 바탕으로 기록을 하는 것이다. 아동의 행동특성에 대한 교사의 판단은 학습장애아동을 판별하는 데 매우 유용하며, 평정척도는 이러한 과정에서 유용한 검사도구의 기능을 담당하게 된다. 우리나라에서 사용되고 있는 행동 체크리스트는 국립특수교육원(1996)의 Kise-학습장애 선별척도, 신민섭 등(2006)의 한국판학습장애평가척도(K-LDES), 조용태와 이근매(2008)의 학습장애평정척도(LDCL) 등이 있다. **표 10-6**은 학부모나 교사가 간편하게 학습장애에 대해 알아볼 수 있는 척도 중의 하나이다.

〈표 10-6〉 학습장애증상 체크리스트

내용	예	아니오
1. 장소나 위치를 혼동한다.		
2. 숫자를 셀 때 손가락을 이용한다.		
3. 좌우 개념을 자주 혼동한다.		
4. 스스로 먼저 얘기하는 것이 어렵다.		
5. 무관심하고 무엇인가를 직접 해 보려는 동기가 없다.		
6. 글자나 숫자를 아무리 배워도 익힐 수 없다.		
7. 공상을 하거나 생각 속에 빠져 멍해 보일 때가 있다.		
8. 교과서를 읽고 그 뜻을 잘 이해하지 못한다.		
9. 같은 질문을 반복할 때가 있다.		
10. 손으로 하는 일이 어색하고 서툴 때가 많다.		
11. 특정 글자나 단어를 생각해 내는 데 어려움이 많다.		
12. 처음 글자나 숫자를 배울 때 자주 거꾸로 쓴 적이 있다.		
13. 받아쓰기를 잘하지 못한다.		
14. 빨리 마칠 수 있는 공부나 과제를 시간을 끌고 하는 편이다.		
15. 책을 읽을 때 글자를 빼놓고 읽거나 글자를 바꾸어서 읽는다.		
16. 자기 생각을 글로 잘 옮기지 못한다.		
17. 맞춤법이 자주 틀린다.		

* 17개의 항목 중 10개 이상에 체크한 경우 학습장애의 가능성이 높은 상태이므로 전문적인 도움이 필요함
출처: 김영화(2011). 사춘기 뇌가 위험하다. 해피스토리. p. 97.

(4) 심리검사도구

① 지능검사

학습장애아동을 판별하기 위한 지능검사에는 박혜원 등(1996)이 개발한 K-WPPI, 곽금주 등(1996)이 개발한 K-WISC-Ⅲ가 주로 사용되고 있다(글상자 10-2 참조).

글상자 10-2

◈ K-WISC-Ⅲ

우리나라에서 현재 가장 널리 사용되고 있는 아동용 지능검사로, 아동용 웩슬러 지능검사-3판(WISC-Ⅲ)을 곽금주, 박혜원, 김청택이 한국판으로 개발한 것이 K-WISC-Ⅲ이다. 이 검사는 11개 연령 220명의 아동을 대상으로 한 예비연구를 통해, 전국 규모의 2,200명의 아동을 대상으로 표준화 연구 후 규준이 제작되었으며, 만 6세에서부터 16세 11개월 된 아동까지의 지능을 임상적으로 평가할 수 있는 개인용 지능검사이다. K-WISC-Ⅲ의 경우, 언어성, 동작성, 전체 검사 IQ뿐만 아니라, 요인에 근거한 지표점수들(factor-based index score)이 계산될 수 있다. 많은 연구 결과들은 언어성과 동작성 두 개의 주요인 이외에 세 번째 요인으로 주의집중을 지적하고 있으며 이는 기호 쓰기, 산수, 숫자 소검사에서 주로 나타난다.

■ K-WISC-Ⅲ의 소검사들

언어성 검사		동작성 검사	
소검사	문항 수	소검사	문항 수
2. 상식	30	1. 빠진 곳 찾기	30
4. 공통성	19	3. 기호 쓰기	A형59, B형119
6. 산수	24	5. 차례 맞추기	14
8. 어휘	30	7. 토막 짜기	12
10. 이해	18	9. 모양 맞추기	5
[a]12. 숫자	15	[b]11. 동형 찾기	45
		[a]13. 미로	10

a 보충소검사, b 기호 쓰기에만 대치할 수 있는 보충소검사/번호는 실시 순서

■ K-WISC-Ⅲ 소검사에 대한 설명

소검사	설명
1. 빠진 곳 찾기	여러 색상의 그림으로 된 각 물건이나 장면 그림에는 아동들이 구별할 수 있는 중요한 부분이 빠져 있다.
2. 상식	일상적인 시간, 물건, 장소, 사람들에 대한 아동들의 지식을 알아보기 위한 것으로, 정해진 일련의 질문들을 말(구두)로서 제시한다.

소검사	설명
3. 기호 쓰기	일련의 간단한 형태(기호 쓰기 A형)나 숫자(기호 쓰기 B형)가 단순한 기호와 짝지어 있다. 아동은 대응하는 형태나 대응하는 숫자를 아래의 설명에 따라 기호를 그려 넣는다. 기호 쓰기 A형과 B형은 기록용지에 한 장의 절취선으로 된 종이에 포함되어 있다.
4. 공통성	구두로 제시되는 쌍으로 짝지어진 일련의 낱말에 대해 아동은 낱말이 나타내고 있는 공통성을 설명한다.
5. 차례 맞추기	여러 가지 색채의 그림들이 혼합된 순서가 뒤섞인 채 제시되고 아동들은 논리적인 이야기 순서로 재배열을 한다.
6. 산수	일련의 산수문제로 아동들이 암산으로 풀고 구두로 대답한다.
7. 토막 짜기	모양이 있거나 또는 인쇄된 두 가지 차원의 기하학적 형태에 대해 아동들은 두 가지 색상의 정육면체를 사용하여 똑같은 형태를 만들어 낸다.
8. 어휘	일련의 구두로 제시된 단어로 구성되어 있으며, 아동들은 구두로 정의를 내린다.
9. 모양 맞추기	일상적인 물건의 퍼즐로 모양마다 한 표준화된 모양이 한 개씩 제시되고 아동들은 그 퍼즐들을 모아서 의미 있는 하나의 전체 모양으로 만든다.
10. 이해	일련의 구두로 제시되는 질문으로 아동의 일상생활에서의 문제해결능력과 사회적 규칙 및 개념에 대한 이해능력을 요구한다.
11. 도형 찾기	일련의 쌍으로 이루어진 기호들로서, 각 쌍은 목표집단과 탐색집단으로 구성되어 있다. 아동은 두 개의 집단을 훑어보고 목표 기호가 찾기 집단에 있는지 여부를 지적하는 것이다.
12. 숫자	검사자가 차례대로 숫자를 말하면 아동은 숫자를 순서대로 그리고 역순으로 따라 한다.
13. 미로	미로는 점차 난이도가 높아지도록 구성되어 있고, 아동들은 연필을 사용하여 문제를 푼다.

② 개별 학력검사

개별 학력검사는 아동의 학습 수준이 정상과 어느 정도 차이가 나타나는지를 알아보려는 시도에서 주로 실시되는 검사이다. 현재 주로 이용되는 검사로는 박경숙 등(1989)이 개발한 기초학습기능검사, 김동일(2000)의 기초학습기능수행평가(읽기 검사, 수학 검사, 쓰기 검사) 등이 사용되고 있다(글상자 10-3 참조).

글상자 10-3

◈ 기초학습능력검사

박경숙, 윤점룡, 박효정(1989)이 제작한 검사로서 아동의 학습 수준이 정상으로부터 어느 정도 떨어지는가를 알아보거나 학습집단 배치에서 어느 정도 수준의 아동집단에 들어가야 하는가를 결정하며, 특히 선수학습 정도나 학습결손 사항의 파악, 학습 곤란의 현상이나 요인을 밝혀내어 구체적인 개별화 교수안(IEP)을 계획하는 검사목적을 가지고 있다. 대상 아동은 유치원부터 초등학교 6학년까지이며 정보 처리, 셈하기, 읽기 I, 읽기 II, 쓰기의 5개 하위 소검사들로 구성되어 있다. 검사의 구성과 측정요소는 다음과 같다.

■ 기초학습능력검사의 구성과 세부 내용

구성영역	세부 내용
1. 정보 처리	모든 학습의 기초가 되는 다음의 세 가지 기능을 측정하는 검사로서, 첫째, 정보에 대한 학습자의 지각과정, 자극에 반응하는 시각-운동과정, 시각적 기억과 양, 길이, 무게 및 크기에 대한 관찰능력과, 둘째, 묶기, 분류하기, 공간적 특성과 시간에 따라 순서 짓기 등 조직능력, 셋째, 학습자의 추론 및 적용능력, 유추, 부조화된 관계 알기 등의 관계능력을 측정한다.
2. 셈하기	숫자 변별, 수 읽기 등 셈하기의 기초개념부터 간단한 가감승제, 십진 기수법, 기하 측정영역의 계산 및 응용문제 등 실생활에 필요한 기초적인 수학적 지식과 개념을 측정하는 문항들로 구성되어 있다. 이 검사는 다른 검사들과 마찬가지로 4개의 답지에서 정답을 고르도록 되어 있다.
3. 읽기 I	문자를 변별하고 낱말을 듣는 사람들이 이해할 수 있는 언어음(발음)으로 읽는 문항으로 구성되어 있으며, 읽기 능력을 측정하는 검사이다.
4. 읽기 II	피검자에게 하나의 문장을 제시하고 속으로 읽게 한 다음, 그 문장의 의미, 즉 문장에 나타난 간단한 사실과 정보를 기억하고 재생하여 그 문장의 의미를 가장 잘 나타내는 그림을 고르도록 하는 문항들로 구성되어 있다.
5. 쓰기	피검자가 얼마나 낱말의 철자를 잘 알고 있는가를 측정하는 검사로서 다음의 세 가지 내용으로 구성되어 있다. 첫째, 사물, 숫자, 기호 및 문자를 변별하는 내용으로서 4개의 답지에서 3개의 답지와 같지 않은 답을 찾아야 하는 문항들로 구성되어 있다. 둘째, 낱자의 정확한 철자를 아는 능력, 즉 낱소리를 낱자와 짝짓는 문항들로 구성되어 있다. 이 문항들은 검사자가 먼저 낱자의 명칭을 말해 준 다음, 기억해서 불러 준 명칭과 같은 낱자를 4개의 답지에서 찾도록 되어 있다. 셋째, 낱말의 정확한 철자를 아

구성영역	세부 내용
	는 능력, 즉 낱말의 소리를 낱말과 짝짓는 능력을 알아보는 문항으로 구성되어 있으며, 이 문항들은 검사자가 읽어 주고 다시 그 낱말이 포함된 문항을 읽어 준 다음, 그 낱말만 다시 별도로 읽어 주고서 읽어 준 낱말의 발음과 같은 철자의 낱말을 4개 답지에서 찾도록 되어 있다.

■ 기초학습능력검사의 검사명 및 측정요소

기능	측정요소	하위검사명
정보처리	• 관찰 • 조직 • 관계짓기	• 정보처리
언어	• 문자와 낱말의 재인 • 철자의 재인 • 독해력	• 읽기 I • 쓰기 • 읽기 II
수	• 기초개념 이해 • 계산능력 • 문제해결능력	• 셈하기

각 소검사 원점수들은 연령 규준과 학년 규준에 따라 평가치로 전환되며 5개의 소검사 평가치 점수를 합산하여 전체 학년배치 수준 점수가 산출된다. 이때 지능지수(IQ)에 의해 산출된 조정된 정신연령을 구하고 각 소검사들의 점수를 조정된 정신연령과 비교해서 학습장애 여부를 진단한다.

4. 학습장애의 교육적 지원

1) 교수적 접근

(1) 인지훈련

인지훈련은 아동의 사고과정에 영향을 미침으로써 수행에서 나타나는 관찰 가능한 행동에 영향을 미치고자 하는 다양한 교수방법을 총칭하는 용어이다. 이와 같은 인지훈련은 학습장애아동들이 경험하는 여러 가지 형태의 학업성취상의 어려움을 극복하는 데 효과적인 것으로 보고되고 있다(Hallahan et al., 2005).

인지훈련방식의 주요 특성은, 첫째, 한 번에 한 가지 혹은 두 가지의 전략만을 가르친다. 둘째, 자기점검을 위한 기법을 가르친다. 셋째, 언제, 어디서 그 전략을 사용할 것인지를 결정하도록 한다. 넷째, 학생의 동기를 유지하도록 한다. 다섯째, 맥락 안에서 선택한 전략을 사용하는 방법을 가르친다. 여섯째, 비전략적 지식기반을 무시하지 않도록 한다. 일곱째, 직접교수를 사용한다. 마지막으로 인지훈련을 장기적인 것으로 간주한다(전헌선 외, 2012).

(2) 직접교수

직접교수는 학습자의 특성보다는 가르쳐야 할 교수의 내용에 초점을 맞추는 접근법으로 특정 학업영역의 기술을 성취하도록 돕는 데 그 목적이 있다. 즉, 직접교수법은 교사 주도적인 교수법이며 행동주의적 접근에 기반을 둔다. 따라서 인지훈련이 아동 주도적 특성을 지니는 것과는 달리 직접교수는 교사가 미리 준비한 교안에 따라 진행되는 교사 주도의 연습과 훈련을 중요시한다.

직접교수법은, 첫째, 과제들을 작은 단계들로 나누기, 둘째, 조사 실시하기, 셋째, 피드백을 제공하기, 넷째, 이해를 향상시키기 위해서 도표들과 그림들을 제공하기, 다섯째, 충분한 연습을 제공하기와 같은 과정을 통해 아동의 학습을 지원할 수 있다.

(3) 또래교수

또래교수는 일반학급에서 정상아동이 학습장애아동에게 교사로서의 역할을 담당하는 것을 말한다. 학급 전체를 대상으로 하는 학급 차원의 또래교수와 성취 수준이 높은 아동과 낮은 아동이 일대일 짝짓기를 통하여 이루어지는 또래 보조학습전략이 있다(Fuchs & Fuchs, 1998). 또래교수가 성공적으로 이루어지기 위해서는 교사의 주의 깊은 계획과 실행이 필요하다.

또래교수의 장점은 또래교사(tutor)는 가르치면서 내용을 보다 확실하게 파악하게 되고 또래학습자(tutee)는 성인보다는 사고과정이 비슷한 또래로부터 더욱 효과적으로 배울 수 있다는 것이다. 또한 또래교수를 받음으로써 학습장애아동이 학급에서 사회적 관계를 수립하는 기회를 제공하게 된다는 장점을 지닌다.

2) 발달시기 및 학습영역별 교수 지원법

발달시기 및 학습영역별 교수 지원법은 표 10-7, 표 10-8과 같다.

〈표 10-7〉 발달시기별 학습장애아동을 위한 학습전략

구분	학습전략
학령 전기	• 언어적 지시를 짧고 단순하게 한다. • 내용 수준을 학생의 발달 수준에 맞춘다. • 의미를 분명히 하기 위해 여러 가지 예제를 준다. • 재료가 새로운 것일 경우, 평상시보다 연습을 더 많이 하게 한다.
학령기	• 언어적 지시를 짧고 단순하게 한다. • 아동이 이해했는지 지시를 반복하게 한다. • 아동에게 외우는 방법을 가르치기 위해 지도할 때 상위인지전략을 사용한다. • 핵심 내용들은 여러 번 반복한다. • 학습과 연습을 위해 추가시간을 제공하고 필요한 경우 재교육을 실시한다.
청소년기와 전환기	• 아동이 자기교시 훈련전략을 가르치고 익히게 한다. • 새로운 재료는 아동이 이미 가지고 있는 지식과 연결시킨다. • 아동이 외적 기억전략이나 대안 공학기기들을 사용하도록 가르친다.

출처: 전헌선 외(2012). 특수교육학개론. 양서원. p. 138.

〈표 10-8〉 학습영역별 학습장애아동을 위한 학습전략

구분	학습전략
읽기 장애	• 글의 주제를 나타내는 핵심 단어 찾아보기 • 자기 경험과 이미 알고 있던 지식을 글과 연관지어 생각해 보기 • 글의 내용을 그림이나 만화로 표현하기 • 제시된 삽화와 글의 내용을 연관지어 보기 • 글 내용을 자신의 말로 소화하여 다른 사람에게 이야기해 보기 • 질문 만들어 보기 • 전혀 상관없는 단어들 사이에서 공통점과 차이점을 찾아내기, 비교하기, 분류하기
쓰기 장애	• 교사나 부모의 모델링 • 아동이 베껴 쓴 문자의 이름 교수 → 아동의 독립적인 연습 • 번호가 매겨진 화살표 단서를 보고 글자 따라 쓰기 → 단서 없이 글자 따라 쓰기, 단어 쓰기 • 쓰기 유창성을 향상시키기 위해 문장 빨리 베껴 쓰기
수학 장애	• 계산기 사용법 가르쳐 주기(학습장애를 가진 아동들은 문제해결능력이 있어도 계산과정에서 오류를 범하게 되므로 계산기를 이용해 공부를 하면 효과를 얻을 수 있으며, 수학적 사고가 향상되고 수학 과목에 대한 긍정적인 개념이 형성될 수 있음) • 도형 및 공간 감각 익히기(퍼즐이나 블록, 간단한 도형 전개도를 만들어 보기, 반대로 전개도를 보고 도형을 예상해 보기)

Chapter

11

영재아동

배울 내용

1. 영재아동의 정의 및 판별
2. 영재아동의 특성
3. 영재아동에 대한 교육적 접근

학습목표

영재아동의 정의와 판별, 특성, 그리고 영재아동에 대한 교육적 접근에 대해 살펴봄으로써 영재아동에 대한 이해가 선행된 예비교사로서의 전문적 소양을 기를 수 있다.

개 요

영재아동의 미국 교육부, 렌줄리, 그리고 우리나라 「영재교육진흥법」과 학자들의 다양한 정의에 대해 살펴본다. 그리고 영재아동의 판별은 다양한 평가방법과 판별 원칙 및 유의사항을 살펴본다. 영재아동의 특성으로 일반적 특성과 인지적 · 정서적 특성을 살펴본다. 영재아동에 대한 교육적 접근에서는 영재교육을 위한 여러 가지 교수학습 모형들에 대해 살펴보고 적용방안을 모색해 본다.

Chapter 11

영재아동

영재아동도 타고난 잠재력을 개발하기 위해 특수교육의 대상이 되는 아동이다. 왜냐하면 영재아동 중에서도 지적능력은 우수하지만 학습에 어려움을 겪는 경우도 있으며, 이러한 미성취 영재아동에 대해서는 교사와 부모의 특별한 관심과 교육적 배려가 필요하기 때문이다. 즉, 영재아동이 항상 긍정적인 모범생의 모습으로만 존재하는 것은 아니다. 자신에게 잠재되어 있는 우수성으로 인해 동전의 뒷면과 같은 부정적인 행동을 보이는 경우도 흔히 찾아볼 수 있다. 우리나라에서는 영재아동의 가장 큰 조건이 인지능력의 우수성이라고 잘못 알고 있는 경우가 많으며, 그중에서도 암기력, 읽기, 쓰기 등과 같은 언어능력이 영재아동을 결정하는 주요 요인이라고 오인하고 있는 부모와 교사가 많다. 그러므로 교사와 부모의 이러한 영재아동에 대한 정확하고 올바른 이해가 매우 중요하다(김이영 외, 2020; 이소현, 박은혜, 2011; Howard, 2000).

1. 영재아동의 정의 및 판별

1) 영재아동의 정의

영재아동에 관한 정의는 학자에 따라서 아동의 영재성에서 다루는 내용이 상이하고 시대적 변화의 요구에 따라 영재성의 정의는 계속해서 변화되어 왔기 때문에 매우 다양하다. 구체적으로 영재성이란 키가 큰 사람 또는 머리가 큰 사람처럼 눈으로 직접 확인할 수 있는 구체물이 아니라 개념적인 것이며, 절대성을 갖는 것이 아니라 우리가 영재의 속성이라고 판단되는 인간의 행동 특성을 측정하여 이를 하나의 연속선상 위에서 정도를 표시하는 상대적인 개념이기 때문에 영재성에 대해 명확하게 정의를 내리기는 어렵다(박경림, 2011).

또한 로셀 등(Roesell et al., 1980)이 주장하였듯이 영재성을 무엇으로 볼 것이냐에 대한 정의가 시대 가치관에 따라 달라지기 때문에 영재아동에 대한 연구의 초기 단계에서는 영재성의 규정을 일반적으로 지능만의 단일요인에 근거를 둔 연구가 주로 이루어져 왔다. 예를 들어, 터먼(Terman, 1926)은 영재를 '스탠퍼드-비네 지능검사 또는 이와 비슷한 검사로 측정한 일반지능이 상위 1% 이상에 속하는 자'로 정의하였다. 이러한 정의는 오늘날까지 영재아동을 판별하는 데 영향을 주고 있지만 영재아동을 지능지수라는 단일 기능에 의해 정의하는 것은 한계가 있음을 인식하게 되었다. 이후 많은 영재교육 연구자들이 영재아동의 정의에 있어 지능과 창의성, 수행능력, 예술적 잠재력, 사회적 지도력 등 지능과 함께 다른 영역도 포함해야 한다고 주장하게 되었다(박경림, 2011).

그 결과, 오늘날 대다수의 영재교육 연구자들 역시 지능의 단일 요인[1])에서 다양한

1) 초기 영재아동에 대한 정의가 이루어질 때 그 기초가 된 것이 지능이다. 그 지능의 개념은 시대가 변함에 따라 변화하고 있다. 스턴버그(Sternberg)의 이론은 영재아동의 정의와 관련해서 최근에 받아들여지고 있는 지능이론이다. 스턴버그가 정의한 영재아동은 분석적 영재성, 종합적 영재성, 현실적 영재성이 어떤 형태로 조합되는가에 따라 다양한 형태의 영재성이 나타날 수 있으며, 여러 지능이 잘 조화를 이룬 상태의 아동이라고 정의하였다.

요인을 포함하여 영재성을 정의하고 있는 추세이다. 이렇게 지속적으로 영재에 대한 연구가 진행되는 흐름 위에서 말랜드(Marland, 1972)가 의회에 제출한 보고서를 바탕으로 미국 교육부는 1978년에 "영재는 뛰어난 능력을 갖고 있어서 훌륭한 성취를 보일 가능성이 있다고 전문가에 의해 판별된 아동으로서 그 자신과 사회에 기여하기 위하여 정규 교육과정이 제공하는 것 이상의 변별적인 프로그램이나 도움을 필요로 하는 학생들이다. 뛰어난 성취를 할 수 있는 학생들은 일반 지적능력(general intellectual ability: IQ가 높은 경우), 특수 학문 적성(specific academic aptitude: 특정 과목에서의 높은 성취와 점수를 보이는 경우), 창의적이고 생산적인 사고(creative or productive thinking: 높은 창의적 행동을 보이며 창의성 검사에서 높은 점수를 나타내는 경우), 지도력(leadership ability), 시각 및 공연 예술(visual and performing arts: 예술적 영역에서 높은 성취를 보이는 경우), 정신운동능력(psychomotor ability: 높은 신체 운동감각을 가지고 있어 신체의 전부 혹은 일부를 효과적이고 효율적으로 사용하여 과제를 완수하는 능력)들 중 한 영역 또는 여러 영역에서 이미 성취를 나타내거나 성취할 잠재능력이 있는 학생"이라고 영재아동에 대한 정의를 내렸다. 이러한 정의는 일반 지능뿐 아니라 구체적 학문 영역과 예술 분야의 재능도 고려하고 있어 창의적, 지도자적, 정신운동적 재능에서 관심을 보일 것을 촉구하였고, 영재들은 '변별적인 교육 프로그램과 서비스'를 필요로 한다는 점을 명백히 하였으며, 영재아동들을 위하여 특별 프로그램을 개발하는 것을 합리화하였다. 또한 영재교육 프로그램의 목적으로서 영재아동들로 하여금 자신의 높은 잠재능력을 개발시키도록 돕는 것뿐만 아니라 사회에 잘 훈련된 창의적 지도자와 문제해결자를 제공한다는 것을 명시하였고, 잠재능력이 있는 자를 포함시킴으로써 이미 높은 성취를 보이지 않는 아동도 영재교육의 혜택을 받을 수 있도록 하

모든 인간은 어느 정도 이러한 능력을 가지고 있지만 특히 영재아동은 이러한 능력이 하나 혹은 그 이상의 영역에서 높은 수준에 있는 아동이라고 주장하였다. 그리고 최근에 영재아동의 정의와 관련해서 받아들여지고 있는 또 다른 지능이론이 가드너(Gardner)의 다중지능이론(multiple intelligence theory)이다. 그는 다중지능이론에서 인간의 지능은 하나가 아닌 다양한 지능으로 세분화되어 있다고 주장한다. 가드너가 언급한 다중지능의 여덟 가지 요소에는 공간지능과 논리 수학지능, 대인관계지능, 신체운동지능, 언어지능, 음악지능, 자기이해지능, 그리고 자연탐구지능이 있다. 이러한 다양한 분야에서 우수성을 나타내는 아동이 발견되면 그에 따라 흥미와 능력을 확장시킬 수 있는 기회가 제공되어야 한다고 주장한다(김이영 외, 2020).

였다는 점에서 우수한 정의로 받아들이고 있다(박경림, 2011).

지금까지 살펴본 미국 교육부의 정의 다음으로 널리 사용되고 있는 정의는 렌줄리(Renzulli)의 정의이다. 렌줄리(1986)는 사회에 공헌하는 창의적, 생산적 사람이나 위인들에 대한 기술을 바탕으로 영재의 정의를 제시하였다. 구체적으로 그는 그림 11-1과 같이 '세 고리 모형(three-ring model)'을 통해 영재아동에 대한 새로운 정의를 제시하였는데, 영재아동이 되기 위해서는 평균 이상의 지적 능력, 과제집착력, 창의성의 세 가지 요인을 모두 갖추고 있어야 하고, 세 가지 특성은 거의 비슷한 비중으로 중요하게 작용해야 한다고 주장한다(전헌선 외, 2012).

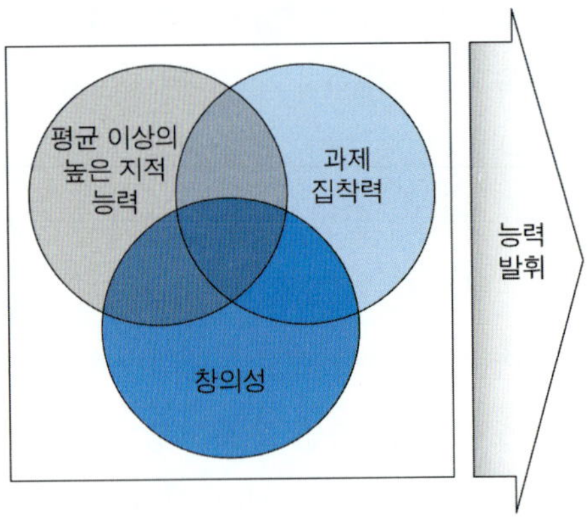

일반 수행영역
수학 · 사회과학 · 음악 · 시각예술 · 법 · 생활과학 · 물리과학 · 종교 · 운동예술 · 철학 · 언어예술

특수 수행영역
만화 그리기 · 미세사진 촬영 · 아동보육 · 천문학 · 도시계획 · 소비자 보호 · 여론조사 · 오염통제 · 요리하기 · 보석디자인 · 시 · 조류학 · 지도 제작 · 패션디자인 · 가구디자인 · 안무 · 뜨개질 · 항해 · 전기(일대기) · 희곡 쓰기 · 계통연구 · 영화제작 · 광고 · 조작 · 통계 · 소비설계 · 야생관리 · 지역사학 · 기상학 · 세트디자인 · 전기 · 가면극 · 농업연구 · 작곡 · 마케팅 · 동물학습 · 조경관리 · 게임디자인 · 영화비평 · 화학 · 저널리즘 · 인구통계학 · 전기음악

[그림 11-1] 렌줄리의 세 고리 모형

출처: 정대영(2011). 특수교육학. 창지사.

다시 말해 영재아동의 행동은 평균 이상의 일반 혹은 특수 능력, 높은 과제집착력(동기), 높은 창의성과 같은 세 가지 기본적인 인간특성의 상호작용으로 나타난다는 것이다. 영재와 재능아는 이러한 특성들을 소유하고 있거나 장차 발달시킬 가능성이 있는 아동으로서 인간이 수행하는 잠재적으로 가치 있는 분야에 이러한 특성들을 적용하는 아동들이다(Renzulli & Reis, 2003). 이 정의에서 특이한 점은 처음으로 과제집착력과 같은 비인지적 요인을 영재성의 한 요소로 포함시켰다는 것이다. 렌줄리는 영재는 이 세 요소를 모두 갖추고 있어야 하지만 이 세 가지 특성에서 모두 뛰어나야 할 필요는 없다고 강조한다. 즉, 한 특성에서는 적어도 상위 2% 이내에 속해야 하지만 나머지 특성에는 상위 15% 이내면 된다고 주장하였다.

다음으로 우리나라의 영재아동에 대한 정의를 살펴보면, 먼저 「영재교육 진흥법」에서 그 정의를 찾아볼 수 있다〈표 11-1〉. 구체적으로 2000년 1월 28일 제정된 「영재교육 진흥법」(일부개정 2017. 12. 19.) 제2조에서는 영재아동을 '재능이 뛰어난 사람으로서 타고난 잠재력을 계발하기 위하여 특별한 교육이 필요한 사람'이라고 정의하고 있다. 또한 「영재교육 진흥법」 제5조에서 영재교육기관의 장은 '일반 지능과 특수 학문 적성, 창의적 사고능력, 예술적 재능, 신체적 재능, 그리고 그 밖의 특별한 재능' 중 어느 하나의 사항에 대하여 뛰어나거나 잠재력이 우수한 사람 중에서 해당 교육기관의 교육 영역 및 목적 등에 적합하다고 인정하는 사람을 영재교육대상자로 선발한다는 영재아동의 판별기준을 제시하고 있다. 이것의 의미는 영재성 정의에 관한 지금까지의 다양한 관점이 어느 정도 종합적으로 수용된 광의의 개념으로 정의되어 있다는 것이다. 일반적으로 협의의 영재아동은 지적인 영재를 의미하고, 광의의 영재아동은 지적인 측면과 더불어 다양한 측면에서 뛰어난 능력이나 잠재력을 보이는 아동도 포함한다. 특히, 영재성의 범위를 폭넓게 개념화하고 있다는 점에서 '그 밖의 특별한 재능'이라는 사항은 그 의미가 매우 크다(권요한 외, 2015; 김이영 외, 2020; 이은주 외, 2014).

〈표 11-1〉 「영재교육 진흥법」의 제2조와 제5조

구분	내용
제2조 (정의)	이 법에서 사용하는 용어의 뜻은 다음과 같다. 1. "영재"란 재능이 뛰어난 사람으로서 타고난 잠재력을 계발하기 위하여 특별한 교육이 필요한 사람을 말한다. 2. "영재교육"이란 영재를 대상으로 각 개인의 능력과 소질에 맞는 내용과 방법으로 실시하는 교육을 말한다. 3. "영재교육기관"이란 영재학교, 영재학급 및 영재교육원을 말한다.

구분	내용
	4. "영재학교"란 영재교육을 위하여 이 법에 따라 지정되거나 설립되는 고등학교과정 이하의 학교를 말한다. 5. "영재학급"이란 「초 · 중등교육법」에 따라 설립 · 운영되는 고등학교과정 이하의 각급 학교에 설치 · 운영하여 영재교육을 실시하는 학급을 말한다. 6. "영재교육원"이란 영재교육을 실시하기 위하여 「고등교육법」 제2조에 따른 학교(이에 준하는 학교로서 다른 법률에 따라 설치된 학교를 포함하며, 이하 "대학 등"이라 한다) 등에 설치 · 운영되는 부설기관을 말한다. 7. "영재교육연구원"이란 효율적인 영재교육 운영을 위하여 필요한 각종 연구 · 개발 및 지원 업무를 수행하기 위하여 지정 및 설치 · 운영되는 기관을 말한다. 8. "영재교육특례자"(이하 "특례자"라 한다)란 이 법에서 정한 영재교육대상자 중에서 하나 또는 그 이상의 분야에서 타고난 재능과 잠재력이 현저히 뛰어나 특별한 교육적 지원이 필요한 사람을 말한다.
제5조 (영재교육대상자의 선정)	① 영재교육기관의 장은 다음 각 호의 어느 하나의 사항에 대하여 뛰어나거나 잠재력이 우수한 사람 중 해당 교육기관의 교육 영역 및 목적 등에 적합하다고 인정하는 사람을 영재교육대상자로 선발한다. 1. 일반 지능 2. 특수 학문 적성 3. 창의적 사고 능력 4. 예술적 재능 5. 신체적 재능 6. 그 밖의 특별한 재능 ② 영재교육기관의 장은 제1항에 따른 영재교육대상자를 선발할 때 저소득층 자녀, 사회적 취약 지역 거주자 등 사회적 · 경제적 이유로 잠재력이 충분히 발현되지 못한 영재를 선발하기 위하여 별도의 선발절차를 마련하는 등의 조치를 할 수 있다. ③ 제1항 및 제2항에 따른 영재교육대상자의 선발기준 및 선발절차 등 필요한 사항은 대통령령으로 정한다.

그리고 외국의 학자들이 제시한 영재에 대한 정의를 분석한 결과, 조석희(1980)는 영재성은 능력 또한 비체계적인 훈련을 통해서 나타나는 능력으로 영재는 그러한 능력이 매우 뛰어난 아동으로서 15~10%에 속하는 아동이라고 볼 수 있다고 하였다. 뛰어난 능력이 나타날 수 있는 분야는 지적, 창의적, 사회 · 정서적, 감각운동적, 기타 분야로 나눌 수 있다. 특수 재능은 영재성을 보이는 개인의 동기적 특성과 성격 및 환경적 요인이 긍정적으로 작용하여 비체계적으로 또는 체계적인 교육으로 인하여 특정 분

야의 재능을 연습, 훈련과 학습을 함으로써 이루어진 상위 15~20% 수준의 뛰어난 성취를 말하고 있다. 그리고 강충렬(1997)은 "영재란 어떤 분야에서 높은 수준의 창의적 성취를 이룩할 수 있는 가시적 또는 잠재능력을 가진 사람으로서 그 능력은 일반 지적능력, 분야 특수적 능력, 성취동기를 포함한다"고 하였다.

이상의 영재아동에 관한 연구들의 흐름에서 알 수 있듯이, 영재아동에 대한 정의는 처음에는 단일 요인인 지능만을 판단의 기준으로 하던 것과는 달리 점차 사회가 변화되는 것에 맞추어 최근에는 미술, 음악, 운동 그리고 가장 최근에는 의학영재까지 등장할 정도로 영재성에 포함된 능력과 요인의 범위가 매우 다양하고 광범위해지고 있는 추세이다.

2) 영재아동의 판별

영재교육에서 영재성을 검사하고 프로그램 대상자를 선정하기 위한 영재아동의 판별은 누가 영재아동이고 누가 영재아동이 아닌지의 여부를 확인하기 위한 것이 1차적인 목적은 아니다. 다시 말해 아동이 어떤 우수한 특성이 있는지를 정확하게 파악하고 개별적으로 판별된 특성을 최대한 개발시킬 수 있도록 노력하기 위해 영재교육 프로그램의 목표와 내용에 일치하는 적절한 대상자를 선발하기 위한 목적으로 이루어지는 것이 더욱 중요하다(이은주 외, 2014; 이소현, 박은혜, 2011). 영재아동에 대한 다양한 판별방법과 판별원칙 및 유의사항을 구체적으로 살펴보면 다음과 같다(김이영 외, 2020).

(1) 판별방법

영재아동을 판별하는 데 사용될 수 있는 다양한 평가방법을 살펴보면 표 11-2와 같다(Turnbull et al., 2010).

〈표 11-2〉 영재아동의 판별 평가방법

평가방법	우수성을 암시하는 결과
개별 지능검사	상위 2~3%에 속한다.
개별 학업성취검사	하나 혹은 그 이상의 영역에서 상위 2~3%에 속한다.
창의성 검사	전문가가 학생의 성과물을 특별한 창의성이 있다고 평가하거나, 창의성 평가에서 매우 높은 점수를 받는다. 그러나 학업성취 측면에서 반드시 뛰어날 필요는 없다.
우수성 체크리스트	교사, 부모, 또래 등 대상아동을 잘 아는 사람이 작성한다. 체크리스트 개발자가 설정한 점수대에 따라 우수성을 판단한다.
일화기록	하나 혹은 그 이상의 영역에서 높은 능력을 보이는 기록이 있다.
교육과정 중심 평가	학교 교육과정 중 하나 혹은 그 이상의 영역에서 또래보다 높은 수준으로 수행한다.
관찰	모범생이거나 반대로 학급의 과제에 지루함을 느껴 행동문제를 보일 수도 있다. 완벽주의 학생이라면 불안감을 보일 수도 있다. 학교 외의 다른 곳에서도 관찰이 이루어져야 한다.
예체능 평가	해당 분야의 전문성이 있는 사람에 의해 예체능 수행이 평가되도록 한다. 이 분야에서 우수하다고 판정되기 위해 학업수행이 반드시 뛰어날 필요는 없다.
리더십 평가	또래 추천, 부모 추천, 교사 추천 등이 주로 사용된다. 그러나 자기 추천도 리더십의 좋은 예측 징후가 되기도 한다. 학과 외 활동에서의 리더십도 종종 효과적인 징후가 된다. 이 분야에서 우수하다고 판정되기 위해 학업수행이 반드시 뛰어날 필요는 없다.

출처: 이소현, 박은혜(2011). 특수아동교육 3판. 학지사.

그리고 영재아동의 특성을 찾아낼 수 있는 교사 체크리스트는 **표 11-3**과 같다(송준만, 유효순, 2004). 이 표를 가지고 얼마나 자주 그런 특성이 나타나는지를 검토하여 영재아동일 가능성을 알아볼 수 있다. 그러나 이 표에 나타난 특성이 모든 영재아동에게 다 나타나는 것은 아니라는 점을 유의해야 한다(전현선 외, 2012).

〈표 11-3〉 잠재된 영재아동의 특성을 찾아내기 위한 교사 체크리스트

	영재아동의 특성	드물게	자주
1	독특한 학습 스타일을 가지고 있다.		
2	대부분의 아동보다 빨리 배운다.		
3	더 일찍 발달한다.		
4	복합적인 질문을 하고 호기심이 강하다.		
5	복잡하고 자세한 설명을 한다.		
6	관계를 빨리 파악한다.		
7	정보를 새로운 방법으로 조직한다.		
8	한 문제에 대해 많은 해결책을 발견한다.		
9	보통 이상으로 기억력이 좋다.		
10	추상적인 사고과정을 사용한다.		
11	사실적인 자료에서 모호성을 찾아낸다.		
12	방대한 어휘력을 가진다.		
13	자신을 잘 표현한다.		
14	다양한 흥미를 가진다.		
15	문제를 해결하고 새로운 것을 발견하는 것을 즐긴다.		
16	독립적으로 일하기 좋아한다.		
17	또래보다 더 오랜 주의집중력을 가지고 있다.		
18	흥미 있는 영역은 끈질기게 파고든다.		
19	상당히 발달된 유머감각이 있다.		
20	완벽주의사 기질이 있다.		
21	자기보다 나이 많은 아이나 어른과 함께 있기를 더 원한다.		
22	원기가 아주 왕성하다.		
23	개인적인 가치를 강하게 드러낸다.		
24	자신과 타인에 대하여 매우 민감하다.		
25	높은 수준의 자의식을 보인다.		

출처: 전헌선 외(2012). 특수교육학개론. 양서원. pp. 345-346 재인용.

또한 렌줄리가 개발한 영재아동의 행동특성을 평정하기 위한 척도(Scales for Rating Behavioral Characteristics of Superior Students: SRBCSS)를 살펴보면 **표 11-4**와 같다(Davis & Rim, 2004).

〈표 11-4〉 영재아동의 행동특성 평정척도

아동 이름		아동 나이	개월	작성 날짜	
작성하는 사람			아동을 알게 된 기간		

작성요령

이 척도는 아동의 학습과 동기, 창의성, 그리고 리더십 영역의 특징을 알아보기 위해 고안된 것입니다. 이 척도는 네 가지 서로 다른 행동의 차원을 나타내는 도구이므로 각각의 척도에서 얻은 점수를 총점으로 합산하면 안 됩니다. 진술문을 주의 깊게 읽고 다음의 기준에 따라 가장 적절한 곳에 ○표 하세요.

- 만일 이 특성을 거의 또는 전혀 관찰하지 못했다면 = 1
- 만일 이 특성을 가끔씩 관찰할 수 있었다면 = 2
- 만일 이 특성을 꽤 많이 관찰할 수 있었다면 = 3
- 만일 이 특성을 거의 항상 관찰할 수 있었다면 = 4
- 기타 의견이 있으면 각 문항 아래에 있는 여백에 적어 주십시오.

채점

- 각 열마다 ○표 한 수를 더하여 '열별 총점' 적기
- 각 열별 총점에 가중치를 곱하여 '열별 가중치 총점' 적기
- 열별 가중치 총점을 모두 합하여 '차원별 점수' 적기
- 아래에 점수 기입

학습특성	점	동기적 특성	점
창의적 특성	점	리더십 특성	점

	1부: 학습특성	거의 또는 전혀 관찰하지 못함	가끔씩 관찰	꽤 많이 관찰	거의 항상 관찰
1	같은 연령의 아동에 비해 유창하고 정교하며 표현력이 풍부한 언어적 행동특성을 가지고 있고 의미 있는 방식으로 용어를 사용하는 등 뛰어난 어휘력 수준을 보인다.	1	2	3	4
2	다양한 주제에 대한(또래가 보이는 일반적인 관심의 수준을 넘어서는) 폭넓은 정보를 가지고 있다.	1	2	3	4
3	사실적인 정보를 회상하고 숙달하는 속도가 빠르다.	1	2	3	4
4	어떤 일에 대한 이유와 방법을 발견하려고 하며 귀찮을 정도로 질문을 많이 하고, 사물을 작동하는 방법을 알려고 하는 특성을 가지고 있으며 인과관계에 대한 통찰력이 빠르다.	1	2	3	4
5	사람이나 사물 또는 사건 간의 차이점과 유사점을 알고 민첩하게 일반화에 이를 수 있고 중요한 원리를 포착해 내는 능력이 있다.	1	2	3	4
6	이야기를 듣거나 영화를 볼 때 다른 사람이 보거나 느끼지 못하는 부분을 더 볼 수 있는 날카롭고 민감한 관찰자이다.	1	2	3	4
7	전기, 자서전, 백과사전, 지도 등 어려운 자료를 피하지 않고 어른 수준의 책을 선호하며 독서량이 많다.	1	2	3	4
8	논리적이고 상식적인 답을 확인하여 스스로 근거를 찾으려고 애쓰며 복잡한 내용은 각각의 부분으로 분리하여 이해하려고 노력한다.	1	2	3	4
	세로 점수 합				
	가중치	1	2	3	4
	가중치를 곱한 점수				
	총점				

	2부: 동기적 특성	거의 또는 전혀 관찰하지 못함	가끔씩 관찰	꽤 많이 관찰	거의 항상 관찰
1	어떤 주제나 문제에 열중하고 과제가 완성될 때까지 지속한다.	1	2	3	4
2	일상적인 일에는 쉽게 지루해 한다.	1	2	3	4
3	처음부터 흥미를 느끼고 시작한 일에는 외적인 동기유발이 별로 필요 없다.	1	2	3	4
4	자신의 결과물이나 속도에 쉽사리 만족해하지 않고 자기비판을 통해 완벽을 추구하려고 한다.	1	2	3	4
5	교사의 지도를 거의 요구하지 않고 독립적으로 작업하는 것을 좋아한다.	1	2	3	4
6	또래의 수준과는 다른 차원의 문제, 즉 종교, 정치, 성, 인종 같은 어른 수준의 문제에 관심이 있다.	1	2	3	4
7	자기신념을 굽히지 않으며 자신의 주장이 강하다.	1	2	3	4
8	사람이나 사물 또는 상황을 조직화하고 구조화하는 것을 좋아한다.	1	2	3	4
9	종종 사람이나 사건 또는 사물에 대해 평가하고 판단하고 옳고 그름, 선과 악에 관심이 있다.	1	2	3	4
	세로 점수 합				
	가중치	1	2	3	4
	가중치를 곱한 점수				
	총점				

	3부: 창의적 특성	거의 또는 전혀 관찰하지 못함	가끔씩 관찰	꽤 많이 관찰	거의 항상 관찰
1	모든 것에 끊임없이 질문하고 매사에 호기심을 보인다.	1	2	3	4
2	어떤 문제나 질문에 대한 아이디어나 해결방안을 많이 제시하며 종종 독특하고 슬기로운 방안을 제안한다.	1	2	3	4
3	자신의 의견을 거침없이 표현하고, 간혹 자신의 견해와 일치하지 않을 때는 과격하고 맹렬하게 반응하며 집요하다.	1	2	3	4
4	모험심이 강하다.	1	2	3	4
5	재치 있는 말, 공상 그리고 상상을 많이 하며 어떤 제도나 체제를 개조하고 향상시키고 수정하기도 한다.	1	2	3	4
6	같은 상황을 보고도 다른 사람이 느끼지 못하는 유머를 찾아내는 날카로운 유머감각을 보인다.	1	2	3	4
7	자신의 불합리성이나 모순점 또는 취약점을 솔직하게 드러내고 정서적으로 민감함을 보인다.	1	2	3	4
8	아름다움에 대해 민감하다.	1	2	3	4
9	관습에 따르지 않고 무질서를 수용하며 남과 다르다는 것에 두려움을 느끼지 않는다.	1	2	3	4
10	비판적인 검토 없이 권위적으로 결정하는 것을 수용하지 않으며 건설적인 비판을 좋아한다.	1	2	3	4
	세로 점수 합				
	가중치	1	2	3	4
	가중치를 곱한 점수				
	총점				

4부: 리더십 특성		거의 또는 전혀 관찰하지 못함	가끔씩 관찰	꽤 많이 관찰	거의 항상 관찰
1	약속을 중시하고 이를 잘 지키며 책임감이 강하다.	1	2	3	4
2	또래 사이에서뿐만 아니라 어른에게도 당당해 보인다.	1	2	3	4
3	또래가 좋아한다.	1	2	3	4
4	교사나 또래와 언쟁하려 하지 않으며 그들과 잘 어울리고 협동적이다.	1	2	3	4
5	언어적 표현력이 유창하고 이해력이 높으며 자신을 잘 표현할 수 있다.	1	2	3	4
6	사고와 행동에 융통성이 있으며 새로운 환경에 잘 적응한다.	1	2	3	4
7	사교적이어서 다른 사람과 어울리는 것을 좋아한다.	1	2	3	4
8	일반적으로 자신과 연루된 활동을 지휘하거나 다른 사람을 지배하려는 경향이 있다.	1	2	3	4
9	사회적 활동에 참여한다.	1	2	3	4
10	모든 종목의 운동경기를 즐겨하며 체육활동에서 남보다 뛰어나다.	1	2	3	4
	세로 점수 합				
	가중치	1	2	3	4
	가중치를 곱한 점수				
	총점				

출처: 이은주 외(2014). 특수아동의이해 제2판. 공동체. pp. 85-89.

(2) 판별원칙 및 유의사항

영재아동의 판별원칙과 유의사항에 대해 살펴보면 표 11-5와 같다(강대옥 외, 2012; 권요한 외, 2015).

〈표 11-5〉 판별원칙 및 유의사항

- 영재아동에 대한 일관성 있는 정의와 판별이 이루어져야 한다.
- 영재아동으로 판별하기 위해서는 다양한 자료를 수집해야 한다.
- 영재아동의 판별방법은 단일 판별보다는 복합 판별과정(다단계 판별방법)을 사용해야 한다.
- 영재아동의 판별은 일회성으로 이루어져서는 안되고 지속적으로 이루어져야 한다.
- 영재아동의 정의에 따른 적절한 판별준거를 마련해야 한다. 즉, 판별대상에 따라 적합한 방법을 사용해야 한다.
- 영재아동의 판별은 가급적 조기에 실시되어야 한다.
- 영재아동에게 맞는 수준 높은 검사를 활용해야 한다.
- 영재아동의 나이에 따라 판별의 초점이 달라져야 한다.
- 배타성의 철학이 아닌 포괄성의 철학에 따라 영재아동을 판별해야 한다. 포괄성의 철학에는 잠재적인 영재성을 가진 아동이 영재교육을 받지 못하는 것을 막기 위하여 가급적이면 영재성을 가진 아동을 포함시키려고 하는 생각이 전제되어 있다.
- 영재아동 판별검사에서 얻은 자료와 정보는 지속적으로 활용되어야 한다.

2. 영재아동의 특성

영재아동의 신체적 특성과 인지적 특성, 그리고 사회 · 정서적 특성은 또래의 아동과 많이 다르다. 대부분의 부모는 자녀가 무언가 남다르다고 느끼더라도 대개는 '과연 내 아이가 진짜 영재일까?'라는 반문을 계속하게 된다. 그렇게 생각하는 여러 가지 이유 중에서 한 가지는 영재아동에게 나타나는 '발달의 비동시성' 때문이다. 발달의 비동시성이란 발달에 있어 각각의 영역이 다르게 발달하는 경향을 의미한다. 영재아동의 특성을 이해하기 위해서 일반적 특성과 심리적 · 정서적 특성에 대해 살펴보면 다음과 같다(김이영 외, 2020; 박경림, 2011).

1) 일반적 특성

교사와 부모는 영재아동의 다양한 행동특성을 올바로 파악하여 그들의 잠재되어 있는 우수한 능력을 개발시키는 방향으로 지원해 주어야 한다. 데이비스와 림(Davis & Rim, 2004)은 지금까지 이루어진 많은 연구 결과에서 공통적으로 발견되고 빈번하게 나타나는 영재아동의 일반적 특성을 표 11-6과 같이 긍정적 특성과 부정적 특성으로 제시하고 있다(전헌선 외, 2012; 정대영, 2011; 이신동 외, 2009; Webb et al., 2006; Hardman et al., 2006).

〈표 11-6〉 영재아동의 긍정적 특성과 부정적 특성

구분	내용
긍정적 특성	• 유아기와 그 이후에 보이는 민감성 • 조기에 보이는 빠른 속도의 학습 • 빠른 속도의 언어발달(취학 전 책 읽기 등) • 뛰어난 언어능력 • 학습을 즐김, 지적 자극에 대한 강한 욕구, 강한 지적 호기심 • 우수한 학업성적, 풍부한 지식 기반 • 우수한 분석력, 예리한 관찰력, 우수한 기억력 • 우수한 추론능력과 문제해결력 • 추상적 사고, 복합적 사고, 논리적 사고, 통찰력 있는 사고 • 상위인지능력 우수 • 능숙한 상징체계 조작 • 고차적 기술의 사용, 효율적 전략 • 넓은 인식의 폭 • 높은 초인지 수준 • 높은 흥미 수준 • 논리성과 정확성에 대한 요구 • 상상적, 창의적 문제해결

구분	내용
	• 광범위한 흥미, 새로운 주제에 대한 흥미, 넓은 관심 분야 • 높은 호기심, 많은(탐구적) 질문 • 다양한 잠재능력 • 작업에 대한 높은 야망 • 높은 민첩성 • 높은 지적 · 신체적 활동 수준 • 높은 동기, 집중력, 인내력, 지속성, 과제지향성 • 정보 공유 • 도움 활동 • 능동적 참여 • 강한 감정이입, 높은 도덕적 사고, 정의감, 정직성 • 강한 내적 통제력 • 사회문제에 대한 인식, 도덕과 생존에 대한 조기 관심 • 독립적, 자기주도적 • 탁월한 유머감각 • 상상적, 창의적 문제해결, 실험정신 • 새로운 것 시도 • 자신감, 강한 자기주장 • 반성적 자아개념, 긍정적 자아개념 • 내향성 경향
부정적 특성	• 지적 발달의 불균형 • 지적 차이 때문에 원만하지 않은 대인관계 • 특히, 무관심한 영역에서 나타나는 미성취 • 비순응성, 타인의 생각에 대한 동조의 어려움 • 지나친 완벽주의 • 스트레스 • 지나친 자기비판 • 회의감, 부정적인 자아개념 • 다양한 좌절감과 분노 • 우울감

출처: 이은주 외(2014). 특수아동의 이해 제2판. 공동체.

2) 심리적 · 정서적 특성

영재아동들은 일반아동들과 다른 지적 · 정의적 특성을 지니고 있다. 즉, 영재아동은 자신이 흥미를 가지는 일에는 오랜 시간 몰입하고 지속적으로 진행하려고 하는 특성을 가지고 있다. 또한 영재아동은 자신에 대해 긍정적인 자아개념을 가지고 있는 편이며 외부의 통제가 없어도 자신을 스스로 통제하는 성향을 지니고 있다(박경림, 2011).

일반적으로 영재아동들은 일반아동에 비해서 지적으로 뛰어나서 자신감을 가지고 있으며, 자신을 보다 긍정적으로 생각하고 즐겁게 학교생활을 할 것이라는 생각이 전반적인 사람들의 생각이다. 또한 터먼(1947)의 추수 연구 중의 하나인 영재아동들에 관한 정신건강과 적응상태 연구결과에서 영재아동은 정서적으로 비교적 안정된 편이고 또래에게 인기가 좋고 행복한 편으로 학교에서는 주로 리더 역할을 하며 일반아동보다 신경증이나 정신병이 없는 편이라고 하였다. 즉, 사회성이 부족하거나 사회부적응이나 정서불안 유형의 문제는 나타나지 않았으며 성인이 되어서도 사회 · 정서적 적응도는 영재아동의 80%가 만족할 정도를 나타냈다고 보고하였다.

그동안의 영재아동의 정서적 특성에 대한 연구들을 종합해 보면, 영재아동과 일반아동과의 또래 관계에서 성격적 차이가 나타나며, 영재아동들은 일반적으로 또래보다 우수하며 영재아동들은 일반아동에 비해 더 독립적이고, 내재적으로 동기화되어 있으며 융통성이 있고 심리학적으로 더 잘 적응한다고 하였다(Olszewski-Kubiliius & Kulieke, 1989).

또한 국내 연구결과에 의하면, 영재아동은 심리적으로 더 안정되어 있어 학교나 가정에서 받는 스트레스가 적으며 일반아동에 비해 적응도 잘한다고 하였으며(박성옥, 이진숙, 2003), 집중과 끈기가 있고 낙천적이어서 또래로부터 인기가 있으며 윤리적이고 감수성이 예민하다고 보고하고 있다(이상희, 2004). 즉, 영재아동은 어떤 환경에서도 현명하게 대처하려고 노력하며, 사회참여 의식이 강하고 자신에 대하여 긍정적으로 지각하고 가치롭고 쓸모 있는 인간으로 생각하여 현실을 잘 수용하고 매사에 자신감을 가지고 행동하는 경향이 높다. 성격적인 측면에서도 활동적이고 사려성이 깊으며 지배성과 리더십이 강하다고 보는 것이 전반적인 견해이다.

그러나 영재아동이 정서적으로 취약하다고 주장하는 학자들도 있다. 이들은 영재아동의 특성으로 인하여 영재아동이 여러 가지 문제를 가지고 있으며 이를 위하여 특별한 서비스를 받아야 한다는 입장이다. 이 입장은 'Terman 신화(Whimore, 1980)'를 부정하는 입장으로서 영재아동은 우월하고 무엇이든지 잘한다는 편견과 높은 기대가 특정 영역에서만 국한된 재능을 가진 영재아동에게 모든 면에서 언제든지 우수하도록 압박감을 주기 때문에 그 결과 영재아동은 정서적인 어려움을 경험할 수 있다고 하였다. 영재아동의 사회·정서적 욕구의 측면에서 영재아동의 상담에 노력을 기울인 최초의 사람은 홀링워스(Hollingworth)이다. 홀링워스(1942)는 영재아동의 내재된 마음에 관심을 둔 최초의 과학자-임상자 모델로서 'children above 180 IQ'에서 영재아동의 우수한 지능과 미성숙의 결합으로 인하여 생기는 사회적 적응상의 어려움을 주장하였다. 다시 말해 개선을 위한 노력을 기울이기 어렵고, 정서적으로 성숙하기도 전에 먼저 인류의 운명이나 문명의 정당성과 같은 높은 단계의 도덕 및 윤리적 문제에 직면하게 되기 때문에 높은 재능을 가진 영재아동의 경우 주변에서 특별한 관심을 가지고 도와주지 않으면 고립되어 대인관계에 어려움이 생긴다고 하였다.

또한 일부의 연구에서는 지적으로 매우 뛰어난 영재아동의 행동특성과 학습부진아동들의 행동특성이 비슷한 양상을 보이고 있다고 보고한다. 구체적으로 셰이위츠(Shaywitz) 등의 연구에서 지적으로 매우 뛰어난 영재아동과 학습부진아동은 행동척도(과잉행동, 충동성)에서는 유의미한 관계는 없었지만 인지척도에서는 높은 유의미한 관계가 나타난다고 보고하였다. 반면에 학습부진아동과 적정수준의 영재아동 집단 간에는 행동척도와 인지척도 모두에서 유의미한 관계를 보였다. 이러한 결과는 지적으로 매우 뛰어난 영재아동은 지적 성장을 위한 탐구와 실험정신의 추구로 높은 수준의 활동성을 보이며, 이들이 이러한 높은 활동 수준과 충동성으로 기인되는 어려움을 극복하는 데 있어서 가정과 학교에서 특별한 지도와 교육을 제공할 필요가 있음을 시사한다.

이상에서 살펴본 것과 같이, 영재아동은 일반아동과 많은 부분에서 다른 심리적, 정서적 특징을 가지고 있으며, 그것이 영재아동이 학교생활을 하는 데 긍정적으로 작용할 수도 있고 부정적으로 작용할 수도 있다. 그러므로 이러한 영재아동들의 특성을 잘 살펴 긍정적인 방향으로 작용할 수 있도록 도와주고, 사회에 보다 적응을 잘하고 자신의 능력을 마음껏 발휘하여 훌륭한 리더가 될 수 있는 환경을 만들어 주는 것이 필요하다.

3. 영재아동에 대한 교육적 접근

지금까지 영재아동의 영재교육을 위해서 여러 가지 교수학습 모형이 제시되어 왔다. 이러한 수업모형은 제안자의 교육적 철학이나 영재성 개념에 대한 견해차에 따라서 강조점을 달리하고 있다. 이들 수업모형은 표 11-7과 같은 유형으로 분류될 수 있다.

〈표 11-7〉 유형에 따른 수업모형

유형	학습모형
심화학습	• 렌줄리의 3단계 심화학습 모형 • 펠드후센(Feldhusen)의 3단계 심화모형 • 퍼듀(Purdue)의 3단계 심화모형
자율적, 자기주도적 학습	• 트레핑거(Treffinger)의 자기주도적 학습 모형 • 베츠(Betts)의 자율학습 모형

유형	학습모형
인지적, 정의적, 감각운동영역 통합학습	• 클라크(Clark)의 통합적 교육모형 • 윌리엄스(Williams)의 인지적 · 정의적 교수학습 모형
교과별 통합	• 카플란(Kaplan)의 변별적 교육과정 모형 • 제이콥스(Jacobs)의 통합 교과 개념 모형
재능별 교육	• 테일러(Taylar)의 다중 재능 접근 모형 • 길포드(Guliford)의 지능 구조(SOI)모형
창의적 문제해결	• 아이삭센과 도르발(Isaksen & Dorval)의 창의적 문제해결(CPS) 모형 • 파네스(Parnes)의 창의적 문제해결 모형

그중 대표적인 것들은 렌줄리의 3단계 심화학습 모형(Enrichment Triad Model), 트레핑거의 자기주도적 학습 모형(Self-Directed Learning Model), 아이삭센과 도르발의 창의적 문제해결 모형(Creative Problem Solving), 베츠의 자율학습 모형(Autonomous Learner Model), 테일러의 다중재능접근 모형(Multiple Talent Approach Model), 윌리엄스의 인지적 · 정의적 교수학습 모형(Cognitive-Affective Model) 등이 있다(권성민, 2021; 김경란, 2011; 김홍원, 2000).

1) 렌줄리의 3단계 심화학습 모형(ETM)

렌줄리는 미국 코네티컷 대학 교수이자 미국 연방 정부의 국립 영재교육연구소 소장으로서 영재아동을 평균 이상의 일반지능(general intelligence), 창의성(creativity), 과제집착력(task commitment)을 가지는 사람으로 정의하고, 심화학습을 통한 영재교육 모형을 제시하였다. 3단계 심화학습 모형이 영재교육에 널리 사용되는 이유는 3단계 심화학습 모형의 3단계에 프로젝트[2]가 들어가기 때문에 영재들의 창의적 개인 연구능력을

2) 프로젝트 학습이란 '특정 주제에 대한 심층연구로서, 소집단의 아동들이 학습할 가치가 있는 특정 주제에 대하여 서로 협력하면서 심층적으로 연구하는 목적지향적 학습활동'이다. 프로젝트의 수업은 교사가 제시한 문제의 정답을 찾는 데 있지 않고 동료학생 또는 교사와 함께 주제에 관련된 탐구 문제들에 대해 해답을 얻고자 협력하면서 주제에 대한 보다 많은 것을 깊이 있게 학습해 나가는 탐구활동을 의미한다.

훈련시키기 위한 방법으로 매우 효율적이기 때문이다.

렌줄리에 의하면 3단계 심화학습 모형(Enrichment Triad Model)의 1, 2단계는 교실수업에 대한 적용력이 커서 영재아동뿐만 아니라 일반학생들을 대상으로 할 수도 있으며, 영재학생들에게는 스스로 3부 심화학습 모형의 3단계인 프로젝트를 할 수 있도록 하기 위한 준비단계라고 한다. 그러나 시간이 충분히 주어지고 꾸준히 훈련을 받으면 영재아동이 아니라도 모든 학생이 3단계 심화학습 모형의 3단계인 프로젝트를 수행할 수 있다. 비록 영재아동이 아니라 하더라도 훈련에 의해 프로젝트의 수행능력을 갖춘 학생은 앞으로 대학진학 후 학문연구 및 사회생활에 필요한 기능을 습득하여 자기주도적으로 문제를 해결할 수 있는 인재로 성장할 수 있다는 것이다.

이 모형은 영재아동들에게 학습 선택의 자유와 개별화 교수의 학습환경을 제공해 주는 것을 기본원리로 삼고 있다. 렌줄리가 제시하고 있는 정규 교육과정과 심화학습 활동에 대한 구체적인 가정들은 **표 11-8**과 같다.

〈표 11-8〉 **렌줄리의 학습활동에 대한 가정**

- 모든 학생들은 누구나 한두 가지의 기본 능력들을 완전히 학습하여 자신이 사는 문화에 효과적으로 적용할 수 있어야 한다. 완전 학습과정은 가능한 한 재미있고, 적절하며 합리적인 것이어야 한다.
- 재능이 있는 학생들은 보통 학생들보다는 정규 교육과정을 빠르게 습득할 수 있다. 기본 교육과정을 빨리 이수할 수 있는 학생들에게는 교육과정을 압축하여 지도하여야 한다.
- 학생의 흥미는 모든 심화학습 활동에서 중요하게 고려되어져야 한다.
- 심화학습 경험과 활동들은 정규 교육과정 주제와 통합되어져야 하지만 수준은 정규 교육과정 수준 이상이 되어야 한다.
- 심화학습은 대부분 어떠한 환경에서도 가능하며, 이를 통해 수행 측면에서 뛰어난 잠재력을 지닌 학생들은 주제에 대해 더 심층적으로 연구할 수 있다.

2) 창의적 문제해결 모형(CPS)

창의적 문제해결 모형(Creative Problem Solving: CPS)은 문제해결자가 해결해야 할 문제를 직접 찾고, 해결방법을 창의적으로 모색하게 하여 여러 해결방안 중 가장 훌륭한 아이디어를 선택하는 과정을 통해 창의성을 증진시키는 모형이다(이신동 외, 2015). 또한 트레핑거와 아이삭센(2005)은 창의적 문제해결 모형(CPS)은 문제를 해결하는 과정에서 확산적 사고와 수렴적 사고[3]를 사용하여 문제를 파악하고 관련 자료를 탐색하여 다양한 아이디어를 생성해서 최선의 해결안을 선택하는 사고과정으로 정의하고 있다(임주연, 2013; 홍미영, 2012).

최근 들어 가장 대표적인 창의적 문제해결(CPS) 모형은 트레핑거 등(2000)의 창의적 문제해결(CPS) 모형이다(**그림 11-2**). 이 모형(버전 6.1)에서의 문제해결은 진보를 의미하는 것이며, 확산적 사고와 수렴적 사고의 조화, 문제해결을 위한 기회, 흥미, 흥미로운 가능성 등을 강조하고 있다. 문제해결자는 자신의 지식과 기술을 사용할 수 있고 필요한 요소와 과정을 선택하여 적용하는 것이 가능하기 때문에 개인이나 집단 모두에게 효과적이고 변형이 가능하다(임주연, 2013). 4개의 구성요소는 도전 이해하기(understanding the challenge), 아이디어 생성하기(generating ideas), 실행 준비하기(preparing for action), 접근방법 계획하기(planning your approach)로 구성된다(김선진, 2015; 김은지, 2019; 임주연, 2013; 조근영, 2013).

3) 확산적 사고와 수렴적 사고는 다양한 아이디어를 창의적으로 생성해 내는 사고의 유형이나 과정을 의미하며, 길포드에 의해 제안된 개념이다. 확산적 사고는 문제에 대하여 가능한 여러 가지 답을 다양하게 산출하도록 하는 사고의 유형으로, 자유로운 질문과 응답을 좋아하는 창의적인 유형을 말한다. 이러한 확산적 사고를 증진시키는 기법으로는 브레인스토밍(Brainstorming), 브레인라이팅(Brain writing), 마인드맵(Mind map), 연꽃 기법, 시네틱스, 강제결합법, 스캠퍼(SCAMPER), 육색사고모(six thinking hats) 기법 등이 대표적이다. 이에 반해 수렴적 사고는 주어진 문제를 해결하기 위한 다양한 대안을 분석·평가하여 최종적으로 가장 적합한 문제를 선택하는 사고의 유형이다. 수렴적 사고를 체계적으로 수행하기 위한 기법으로는 역브레인스토밍, 하이라이팅, 매트릭스, PMI, PPC, 고든법 및 SWOT 기법 등이 있다.

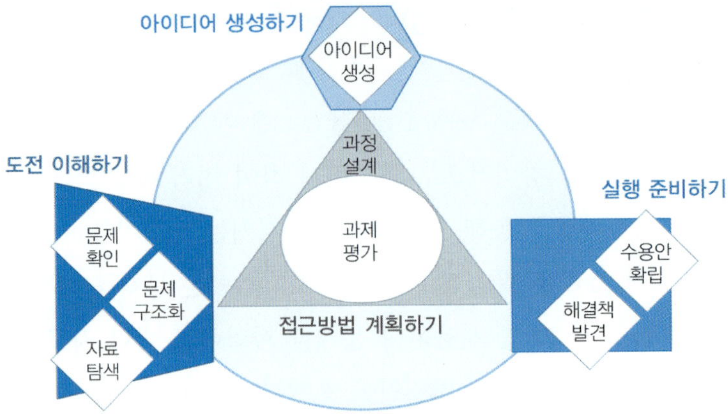

[그림 11-2] 창의적 문제해결 모형(버전 6.1)

첫째, 도전 이해하기 요소는 문제확인, 자료탐색 및 문제구조화의 3개의 단계로 이루어져 있으며, 이 과정에서는 광범위한 목표 기회를 조사하며 문제해결의 중요한 방향성을 설정하고 명확하게 생각의 초점을 맞추기 위하여 하나 혹은 그 이상의 단계를 사용하게 된다. 각 단계는 확산적 사고와 수렴적 사고가 반복적으로 나타난다. 문제확인의 단계는 폭넓고 간결하고 유익한 기회나 목적을 진술하는 단계로 가능한 기회나 도전을 고려하고 추구해야 할 목표를 발견하게 된다. 자료탐색의 단계는 문제해결과는 다른 관점의 다양한 자료를 검토하고 과제나 상황의 가장 중요한 요소에 초점을 맞추는 과정이다. 이 과정에서는 문제의 상황이나 문제의 핵심에서 알고 있는 것과 알고 싶은 것을 고려해야 한다. 문제구조화 단계는 주어진 문제상황에 대해 다양하고 독특한 질문을 생성한다. 이 단계에서는 '우리가 할 수 없다'와 같은 생각보다 '어떻게 하면 우리가......'와 같은 식의 생각에 초점을 맞추어 문제해결에 대한 동기나 흥미를 형성하는 단계이다.

둘째, 아이디어 생성하기 요소는 다양하고 창의적인 아이디어를 생성하는 데 목적이 있다. 이 과정은 과제를 해결하기 위해서 생각을 확장하여 고정관념을 깨는 데 도움을 준다. 브레인스토밍과 같은 방법으로 다양한 아이디어를 생성할 수 있다.

셋째, 실행 준비하기 요소는 해결책 발견과 수용안 확립의 단계로 이루어져 있다.

이 단계에서는 문제해결이 가능해 보이는 다양한 방법을 탐색하고 성공적으로 실행할 수 있도록 준비한다. 가장 성공적으로 문제해결이 가능한 방법을 창의적으로 생성한다. 해결책 발견의 단계는 창의적인 결과를 얻기 위해서 다양한 전략과 방법을 사용한다. 이 단계는 문제를 해결하기 위한 창의적인 아이디어를 문제해결이 가능한 실용적인 해결방법으로 바꾸는 데 도움을 준다. 수용안 확립의 단계는 문제해결에 도움을 주는 요인과 방해요인을 고려하여 계획을 세우게 된다. 이 단계는 창의적인 아이디어를 성공적으로 구현할 수 있게 하는 데 도움을 준다.

넷째, 접근방법 계획하기 요소는 과정설계와 과제평가의 단계로 이루어져 있다. 창의적 문제해결(CPS) 모형의 중심에 배치되는 이 단계는 창의적 문제해결(CPS) 모형을 적용하고 있는 동안 본래 목적에 맞게 과제를 해결할 수 있도록 계속 모니터하고 관리하여 수정하는 역할을 한다. 과정설계의 단계는 창의적으로 문제를 해결하기 위해 가장 적합하도록 과제에 대한 지식이나 창의적 문제해결(CPS) 모형의 구성요소 단계에 대한 계획을 세운다. 과제평가의 단계는 창의적 문제해결(CPS) 모형을 효과적으로 진행하기 위해서 가능한 해결책의 제약조건을 결정하게 된다.

창의적 문제해결(CPS) 모형은 일반적인 문제의 해결이 아니라 창의적으로 문제를 해결해야 할 때 활용할 수 있다. 또한 문제의 중요성에 따라 과정요소나 단계를 상황에 맞게 선택하고 연결시켜 사용할 수도 있다. 즉, 창의적 문제해결(CPS) 모형은 학생의 수준과 학교 현장의 상황에 맞춰 선택적으로 활용할 수 있기 때문에 학교에서 활용하기에 적합하다.

3) 트레핑거의 자기주도적 학습

트레핑거(1982)의 자기주도적 학습(Self-Directed Learning Model)은 학생들이 자신의 학습과정에 보다 많이 참여할수록 보다 더 효과적인 학습이 일어난다는 점과 학생들이 스스로 자신이 학습할 내용을 결정하면 동기유발이 잘된다는 이 두 가지 가정에 기초하고 있다. 이러한 가정은 학생들이 학습과정에 수동적으로 참여하는 것보다는 능동적으로 참여할 경우 훨씬 더 많이 배우고, 보다 오랫동안 기억하고, 자신감을 갖는다는 교육이론과 맥을 같이 하는 것이다. 자기주도적 학습모형은 4단계로 이루어져 있으며, 구체적인 내용은 **표 11-9**와 같다.

〈표 11-9〉 자기주도적 학습모형의 4단계

구분	내용
교사주도적 단계 (command style)	교사가 사전에 학습 전체 또는 개별 학생들이 해야 할 활동을 알려 주며, 학생들이 수행할 활동과 과제를 지시한다. 즉, 활동시간, 범위, 위치, 장소, 최종 산출물, 평가 등의 기준을 결정하고 유도한다.
1차 자기주도적 단계 (task style)	교사가 여러 유형의 과제나 학습활동을 학생들에게 제시한 후, 그중 하나를 선택하여 수행하게 한다.
2차 자기주도적 단계 (peer-partner style)	학생들이 좀 더 폭넓은 역할을 하게 한다. 즉, 자신의 학습활동, 목표, 평가 등을 결정하는 데 참여하는 등 좀 더 적극적인 역할을 한다. 교사는 '학생들이 무엇을 할 것인가'에 대한 창의적인 선택을 하도록 유도하며, 학생들이 배우게 될 내용을 결정하고 선택하는 과정에 관여한다. 예를 들어, 교사가 개별 활동이나 집단 활동과 관련된 주제나 프로젝트를 결정하는 과정에 참여한다.
자기주도적 단계 (self-directed style)	학생들이 학습방향에서부터 학습활동 및 학습시간까지 스스로 선택하게 하는 단계이다. 학생들은 또한 발전 정도를 스스로 평가한다. 이 모델 특징은 학생들이 스스로 학습하면서 교사의 도움을 받는 형식으로 계약서를 수시로 작성한다는 점이다. 즉, 계속적인 피드백이 이루어질 수 있는 교수학습 방법이다.

자기주도적 학습 프로그램은 학생 위주의 교수학습 구조를 사용함으로써 학습자 스스로 학습내용을 결정할 수 있게 하므로 동기유발이 잘 될 수 있다는 장점이 있다. 또한 교사, 또래 등과의 능동적이고 적극적인 상호작용을 하게 하여 사회성 발달을 촉진할 수 있고 학습계약서를 통해 학생의 자기주도적 학습을 보장받을 수 있다. 평가과정에서 교사 단독의 판정이나 평가가 아닌, 교사와 학습자가 서로 협의하여 평가함으로써 학습자 스스로의 참여를 높일 수 있다.

4) 베츠의 자율학습 모형

베츠(1985)의 자율학습 모형(Autonomous Learner Model)의 기본가정은 영재학생들에게 학습에 대한 정의적, 사회적, 인지적 측면을 통합한 학습환경을 제공한다면 영재학생들은 자발적으로 자신의 학습을 조직하고, 수행하고 평가할 수 있다는 것이다. 베츠의 자율학습 모형은 표 11-10과 같이 오리엔테이션, 자기개발, 심화학습활동, 세미나 및 심층적 연구 등과 같은 활동들을 강조한다.

〈표 11-10〉 베츠의 자율학습 모형의 활동들

구분	내용
오리엔테이션	오리엔테이션은 학생들에게 영재성의 개념과 자신의 흥미와 능력에 대한 기본적인 이해를 증진시킬 기회를 제공하는 것을 목적으로 한다.
자기개발	자기개발은 여러 가지의 다양한 학습 기능, 자신의 이해, 대인기능, 진로탐색 등을 촉진시킬 수 있는 활동과 경험을 제공하도록 고안되어져 있다.
심화학습 활동	심화학습 활동은 학생들이 자신의 학습경험을 선택하고 방향을 설정하며 책임감을 가질 수 있도록 하는 데 목적이 있다. 심화학습 활동에는 정보에 대한 탐색, 학생이 선택한 주제에 대한 탐구, 문화활동, 봉사활동, 여행 등이 있다.
세미나	세미나에서는 학생들이 새로운 지식에 대한 산출물을 만들어 낼 것을 강조한다. 학생들이 주제를 정하여 정보를 선택하고 연구를 하고 발표를 하고 자기평가를 하도록 한다. 학생들은 자기평가에 참여하고 개념을 토의하며 발표에 대한 효과를 평가하고 향후 세미나를 향상시킬 수 있는 방법들을 토론한다.
심층연구	심층연구는 개인 연구를 하는 데 필요한 기능, 능력, 태도 등을 길러 주는 것을 목적으로 한다. 학습자가 자신의 연구에 대한 중요한 책임을 가지고 있으나, 학습자를 도와주는 교사의 역할 또한 중요하다.

자율학습 모형은 영재아동들이 자발적인 학습자가 될 수 있도록 사회적, 정서적, 인지적 전략을 개발시킨다는 장점이 있다. 또한 학생들의 독립성과 선택을 강조하기 때문에 학생들이 스스로 자신의 주제를 선택할 수 있으며 행동에 대한 계획, 실행평가를 위한 결정을 할 수 있다는 장점이 있다. 그러나 이 모형은 참여할 수 있는 학생

들의 특성이 무엇이며, 이 모델의 효과가 무엇인지에 대한 연구가 부족하다. 또한 훈련되지 않은 교사들은 그들이 어떻게 학생을 도와야 할지 명확히 알기가 어려울 수 있다는 단점이 있다.

5) 테일러의 다중재능접근 모형

다중재능접근 모형(Multiple Talent Approach Model)은 각 사람은 다양한 분야에서 저마다의 지능을 갖고 있다는 점, 각 사람은 몇 가지의 분야에서 영재일 수 있다는 점, 잠재적으로 모든 아동들은 적어도 한 가지 재능 분야에서는 평균 이상일 수 있다는 점, 그리고 거의 모든 학습자는 재능에 중점을 둔 수업에서 바람직한 효과를 올릴 수 있다는 점을 기본 신념으로 하고 있다. 이러한 다중재능접근 모형은 유치원에서 학교를 졸업할 때까지 학생들의 창의성과 사고과정을 개발하는 데 가장 융통성 있는 접근법 중의 하나이다. 다중재능접근 모형의 여섯 가지 재능 요소를 살펴보면 표 11-11과 같다.

〈표 11-11〉 다중재능접근 모형의 재능 요소

구분	내용
학문적 재능	학문적 재능은 학교에서 매우 강조되어 온 재능이지만 다중재능접근에서는 이의 발달에 관한 언급이 없다. 대신에 테일러는 지식이 소유되어 활용되고 첨가되며 적절히 적용되며 변형되는 형태로 학습되어질 것을 강조한다. 테일러는 지식과 재능을 둘 다 개발할 필요를 강조하는데, 미래의 새로운 지식의 획득과 생산을 위해서 창의적 과정을 통해 지식이 목표 있는 도구나 자원으로 변화되어야 한다고 주장한다.
생산적 사고	수렴적, 확산적, 평가적 요소가 포함된 생산적 사고란 관련이 없을 것 같은 정보와 아이디어를 조합하여 새로운 해결책, 새로운 표현 방법, 새로운 집합이나 분류를 구성해 내거나 독창적인 생각이나 산물을 창조해 내는 능력으로 정의된다. 생산적 사고 재능에는 유창성, 융통성, 독창성, 정교화 등의 4요소가 포함된다.
의사소통 재능	의사소통 재능 발달은 학생들로 하여금 자신의 생각, 아이디어, 감정을 나누기 위해 언어적, 비언어적 표현을 사용하게 할 뿐만 아니라 표현의 풍부성, 정확성, 아이디어의 완벽성을 개발하도록 돕는 데, 그 목적이 있다.

구분	내용
예견 재능	이 재능은 원인과 효과를 평가하고 평가결과에 토대하여 앞으로 발생할 것을 결정하는 능력이다. 이 능력은 개념적 예견, 꿰뚫는 것, 사회적 자각 등의 세 요소로 구성된다. 개념적 예견이란 사건의 패턴이나 연쇄, 그 원인과 효과를 볼 수 있는 능력이다. 꿰뚫는 것은 조사하는 마음으로 드러난 것이나 피상적인 것을 뛰어넘어 상황의 모든 측면을 명확하게 보고 상황이나 조건이 어떻게 변화될 것인지를 예견하며 그러한 변화가 예측에 어떤 영향을 미칠 것인지를 이해하는 능력이다. 사회적 자각은 다른 사람들이 어떻게 반응하며 그들의 반응이 미래 사건에 어떻게 영향을 미칠지를 예견하는 기술이다.
의사결정 재능	자료를 분명하고 정확하게 평가하고 문제나 딜레마에 대해 몇 가지 대안을 생성해 내며, 각 해결책을 관련 기준에 비추어 보고 수행할 최고의 대안을 선택하는 능력으로 실험적 평가, 논리적 평가, 사려 깊은 판단으로 구성된다.
기획 재능	효과적으로 기획하는 능력은 목표설정, 조직화, 정교화, 사람과 문제에 대한 민감성, 잦은 결정을 포괄하는 지적인 과정이다. 이 능력의 발달을 위해 학생들이 복잡한 결정을 하기 전에 단순한 계획을 세우고 수행할 많은 기회가 주어질 필요가 있다.

다중재능접근 모형의 가장 큰 장점은 재능과 능력의 실제적 결합을 통하여 실제 세상의 활동과 관련성이 있다는 데 있다. 영재아동에 대한 다양한 관점은 대부분의 사람들에게 인간적인 공감을 갖게 하여 프로그램을 위한 대중적인 지지를 얻게 하며 모든 영재아동들을 긍정적으로 지각하게 해 주고 교육에 대한 실제적인 접근을 가능하게 한다. 이 모형은 재능 영역 간에 중복되고 겹쳐지는 것이 많을수록 어떤 특별한 재능을 개발하는 데 있어 순수하고 적합한 학습활동의 개발이 어렵고 그 재능이 있는 영재들을 구별하는 것 등이 어렵다는 단점이 있다.

6) 윌리엄스의 인지적 · 정의적 교수학습 모형

윌리엄스의 인지적 · 정의적 교수학습 모형(Cognitive-Affective Model)은 영재아동들을 위해서만 특별히 개발된 것은 아니며 일반아동들에게도 사용할 수 있는 모형이다. 이 모형은 인지적 측면과 정의적 측면을 개발하는 데 목표를 두고 있으며, 교과목, 교수방법, 인지적 · 정의적 학습내용이 3차원으로 구성되어 있다.

〈표 11-12〉 윌리엄스의 모형의 3차원 구성

구분	내용
차원 1	교과목 내용에 관한 것으로 언어, 수학, 과학, 사회, 음악, 미술의 여섯 가지로 분류되어 있다. 윌리엄스는 영재교육 프로그램에서는 교과목의 내용을 생태학, 해양생물 연구, 인간과 인구 증가, 심리학, 생애발달 등과 같은 분야로 대치할 수 있다고 하였다.
차원 2	교수전략과 교수모형에 관한 것으로 18가지의 교수방법들로 구성되어 있으며 이러한 교수방법으로는 역설, 속성, 유추, 격차, 참신한 질문, 변화의 사례, 습관의 사례, 조직적이면서도 무선적 탐색, 탐구기능, 애매성에 대한 참을성, 창의적 표현, 발달에의 적응, 천재들에 관한 연구, 평가 장면, 창의적 읽기 기능, 창의적 청취 기능, 창의적 쓰기 기능, 시각화 기능 등이 포함된다.
차원 3	윌리엄스 모형의 핵심적인 부분인 학생의 인지적 · 정의적 학습과정에 관한 것이다. 차원 3은 인지적 사고 과정인 유창성, 융통성, 독창성, 정교성과 정의적 과정인 호기심(의지), 과감성(격려), 복잡성(도전), 상상력(영감)으로 구성된 8가지 과정으로 나누어진다. 6가지의 교과목과 18가지의 교수전략, 그리고 8가지의 학생 형태는 8,644가지의 수업 양식을 만들어 낼 수 있다. 차원 1의 교과목과 차원 2의 교수방법이 상호작용하여 차원 3인 학생행위, 즉 인지적 · 정의적 학습과정을 유도할 수 있다.

인지적 · 정의적 교수학습 모형의 장점은 인지적 측면과 정의적 측면을 결합했다는 것이다. 또한 이 모형은 행동들을 구체적으로 잘 정의하고 있어 행동들이 관찰가능하고 측정이 가능하다는 장점이 있다. 이 모형은 직접적인 개방적인 질문을 통해 개념을 소개하는 교수전략에서 알 수 있는 바와 같이, 개방적인 학습경험과 교사의 질문을 강조한다는 장점이 있다. 그러나 이 모형은 교사가 18가지 전략과 학생의 8가지 행동을 개발하면 학생의 창의적 행동이 증가한다는 실증적 연구결과가 부족하다는 단점이 있다. 또한 이 모형은 총체적인 접근으로서는 통합성이 부족하며, 확산적 사고와 정의적 영역에 대한 개발도 충분하지 않다는 것이 단점이다.

Chapter

12

장애아동가족 지원의 이해

배울 내용

1. 장애아동가족 지원의 개념
2. 장애인가족에 대한 다면적 이해
3. 장애인가족의 장애태도에 대한 접근
4. 장애인가족에 대한 서비스
5. 장애인가족 지원서비스의 사례
6. 장애아동가족 지원의 향후 과제

학습목표

장애아동의 가족지원에 대한 지식을 습득하고 이를 바탕으로 교육 현장에서 적합한 가족지원 프로그램을 기획하고 실행할 수 있는 능력을 습득할 수 있다.

개　요

장애아동이 독립된 사회구성원으로 당당하게 생활하도록 돕기 위해서는 무엇보다 가족의 지원이 필수적이다. 그러나 장애아동이 있는 가족은 장애아동의 양육 부담 문제로 인한 경제적 어려움이나 대인관계의 어려움에 당면하게 된다. 장애아동에 대한 가족의 부정적 정서는 장애아동 교육에 가장 큰 방해물이다. 따라서 장애아동뿐만 아니라 가족까지 지원을 확대할 필요성이 있다. 이에 본 장에서는 장애아동의 가족지원에 대한 구체적인 개입방안을 살펴보고자 한다.

12
Chapter

장애아동가족 지원의 이해

1. 장애아동가족 지원의 개념

장애아동이 있는 가족 지원의 주요 목적은 장애인가족이 그 자신들로 하여금 비공식적인 지지망을 개발하여 보다 독립적인 삶을 구성할 수 있도록 도와주는 것이다. 장애아동이 있는 가족은 의도적이거나 비의도적인 것에 상관없이 장애아동이 존재한다는 것만으로도 상호 관련이 깊다.

장애아동에 대한 개입은 결국, 장애인가족 전체에 영향을 미치며, 이러한 가족에 대한 개입은 그 아동이 속해 있는 가족에게 상호영향을 미친다는 것이다. 또한 장애인이 있는 그 가족에 대한 개입방법은 아동에게만 독립적으로 초점을 맞추는 개입에 비해 더욱 효율적인 개입이 될 수 있다는 것이며, 가족 구성원들은 그 자신들을 위한 프로그램의 계획과 그에 대한 의사결정 및 서비스 전달 등 모든 개입 수준과 과정을 선택할 수 있고, 가족에 대한 개입의 목표설정과 서비스 내용의 우선순위를 결정할 때, 가족에게 모든 선택권과 결정권을 주어 가족이 필요로 하고, 원하는 목표와 우선순위에 맞추어 지원해야 한다는 것을 말하며, 가족에 대한 서비스나 지원의 흐름이 장애인가족과 가족 내 개별 구성원의 성장과 발달을 증진시키고, 이들의 기능을 강화시키는 방식으로 접근하여야 한다는 것이다(함석홍 외, 2006).

2. 장애인가족에 대한 다면적 이해

1) 가족체계이론

가족체계이론에 의하면 체계는 상호교류하므로 한 체계에서의 변화는 다른 체계에 영향을 준다고 전제하고 있다. 즉, 가족 구성원 한 사람의 행동이 전체 가족에게 영향을 미치며 반대로 전체 가족의 변화도 개별 구성원에게 상호영향을 미친다는 뜻이다. 가족의 내·외부 어딘가에서 시작된 파문은 가족체계 전체의 영향으로 나타난다는 것을 말한다. 가족체계이론에 따르면, 체계(System) 간에는 위계성이 있다고 전제한다. 가족체계는 하위체계들을 통해 그 기능을 수행해 나가는데, 가족에서 주된 하위체계로는 부부, 부모, 형제자매로 구성된 체계 구성을 말하는 것으로 그 이론의 주요 내용을 정리하면 다음과 같다.

첫째, 부부체계는 가족을 구성하기 위해 모인 남자와 여자를 말한다. 부부체계가 어떻게 기능하는가는 전체가족의 기능과 관련해 매우 중요한 의미를 가진다. 이 체계를 둘러싼 경계의 성격은 가족기능에 결정적인 요인이 된다. 따라서 부부체계의 경계는 자녀나 양가 부모형제, 그리고 타인의 간섭으로부터 이 체계를 보호할 수 있을 만큼 충분히 견고해야 한다는 것이다.

둘째, 부모체계는 부모가 자녀에 대하여 보호나 양육, 지도와 같은 역할을 할 때 나타난다. 부모체계를 둘러싼 경계는 부부체계를 침범하는 때가 아니면 자녀로 하여금 부모에 대해 접근할 수 있도록 해야 한다. 그리고 부모체계를 둘러싼 경계도 명확하기 때문에 양육역할에 대해 타인에 의한 간섭으로부터 부모를 보호할 수 있어야 한다. 부모체계에는 타인이 포함될 수도 있으나 양육 상황이 어떠하든 가족은 권위의 순위가 명확해야 한다.

셋째, 형제자매체계는 가족 내의 자녀들로 구성된다. 형제자매의 세계에서 아이들은 어떻게 협상하며 협동하고 어떻게 경쟁하는지를 배우며 성장한다. 아이들은 이 세계에서 어른들의 부당한 간섭 없이 자유로이 체험하고 습득할 기회를 가지는 것이 중요하다. 이러한 부모체계의 종류와 특성은 장애인 가족에게 중요한 의미를 제시한다. 즉, 장애인을 자녀로 둔 가족에게 있어 부부, 부모, 형제자매는 상시 존재할 수밖에 없는 상호협력, 상호지지, 상호갈등 등이 항상 존재할 수 있다는 것이다.

2) 장애인 가족의 하위체계

가족체계이론에서 부부관계, 부모관계, 형제자매관계의 상호연결고리를 이해했다면 하위체계에 존재하는 상호관련성을 이해하기 위하여 다음 5가지 질문은 매우 중요하며, 장애인가족을 이해하기 위한 중요한 질문항목이라고 볼 수 있다.

① 어머니 ↔ 아버지 간에는 장애인 자녀가 출생한 후 부모가 개인적으로나 부부로서 얼마나 삶에 잘 대처하는가의 문제와 자녀의 장애를 어떻게 수용하는가?

② 어머니 ↔ 장애인자녀 간에는 어머니의 우울, 죄책감, 자책이 있으며, 어머니가 장애인 자녀와 얼마나 밀착되어 있는가?

③ 부모 ↔ 비장애인자녀 간에는 얼마나 많은 관심을 비장애인자녀가 받는가? 비장애인자녀에게 장애인자녀를 보상하는 방식으로 비장애자녀를 활용하고 있는가의 문제와 장애가 있는 형제자매를 돌보는 책임을 비장애자녀에게 과하게 지우고 있지 않는가?

④ 아버지 ↔ 장애인자녀 간에는 아버지 역할에서 물러서 있지는 않은지 또는 심리적으로나 물리적으로 부모역할을 하고 있는가?

⑤ 장애인자녀 ↔ 비장애인자녀 간에는 죄책감과 수치, 장애에 대한 배타적 또는 친화적 감정이 있고, 장애가 있는 형제자매가 비장애인 형제자매에게 늘 도움을 받는 것이 당연시될 수도 있기에 비장애인 형제자매는 장애인 형제자매에게 양가감정의 문제는 없는가?

3) 가족과 가족 구성원들에게 미치는 영향

가족 구성원 중 한 사람이 장애를 가지므로 가족이 받는 영향력을 고려하는 것은 최근 수년간 점점 더 중요한 것으로 인식되고 있다. 기존의 문헌들이 대부분 부모에게 미치는 영향들에 대해 다루었지만, 연구의 상당수는 어머니를 대상으로 조사되었다. 즉, 아버지, 형제들과 다른 가족 구성원들에 대한 언급들은 어머니를 대상으로 한 연구에서 얻어진 것들이었는데, 어머니들이 다른 가족 구성원들의 반응에 대해서 인지하는 바는 항상 정확한 것은 아니라는 것이며, 가족들과 가족 구성원들에게 미치는 영향에 관한 광범위한 문헌들을 바탕으로 중요한 내용을 정리하면 다음과 같이 정리할 수 있을 것이다.

(1) 가족 전체에게 미치는 영향들

장애가 있는 구성원을 둔 가족들의 사회생활은 제약되는 경우가 많다는 것이다. 스포츠나 다른 클럽활동, 가족활동들에 참여하거나, 친구방문, 소풍, 가족모임에 참석하는 것과 같은 여가활동들은 종종 영향을 받게 된다. 많은 가족들이 해수욕장, 레스토랑, 대중교통수단과 같은 지역사회시설들을 사용하는 것에도 상당한 제약을 받는다. 또한 가족이 가질 수 있는 휴일의 종류에도 제약이 있으며, 사회적 제약의 정도는 아이들이 어리고, 신체적 장애나 행동 문제가 눈에 띄게 나타날 때, 장애의 정도가 심할 때 가장 크다는 것이다. 장애아동이 있는 가족들은 장애자녀로 인하여 매월 지출되는 추가비용을 부담해야 할 때가 많다. 대부분 추가 비용은 교통비, 의료비(65.9%), 보육과 교육비, 보호와 간병비(22%), 재활기관이용료, 통신비, 장애인보조기기 구입 및 유지비, 부모사후 및 노후대비비(22%), 기타 등으로 나타나고 있으나 의료비가 차지하는 비용이 여전히 높게 나타나고 있다. 특히, 장애아동이 있는 가족의 경우, 심리치료나 검사, 병원진료비, 보조기기 구입과 의약품 구입비, 전문상담 관련 비용이 추가 비용의 대부분을 차지하고 있으며, 이로 인한 경제적 부담이 가중되고 있는 것이 현실적인 과제이다(보건복지부 장애인실태조사, 2017).

한 부모가 아이를 돌보기 위해서 직장에 나가지 못하기 때문에 가족의 전체 수입은 일반 가정에 비하여 줄어들 수밖에 없는 것이 현실이다. 대부분의 국가들은 이러한 가족들을 지원하기 위한 다양한 재정적 지원정책을 마련해 놓고 있다(World report on disability, 2011). 그러나 우리나라의 장애인가족 관련 선행연구들에서는 많은 부모들이 그들이 받을 자격이 있는 혜택들을 받지 못하고 있는 것으로 나타나고 있다.

(2) 부부에게 미치는 영향

장애아동을 둔 부모들이 겪게 되는 잠재적인 결혼생활의 어려움에 관해서는 많은 선행연구들이 존재한다. 이러한 어려움들은 장애아동을 돌보기 위해 추가적으로 요구되는 것들과 다양한 다른 요인들과 관련된 것으로 구분된다. 배우자는 아동의 보호나 치료에 대해 이견이 일치하지 않을 수도 있고, 그들의 갈등을 해소하기 위한 충분한 시간을 갖지 못할 수도 있다.

특히, 전문가들을 만나고 가족들에게 다시 설명하는 사람이 보통 어머니이기 때문에 서너 명의 전문가들과 함께 일을 처리해야 하는 것도 부모의 긴장을 높일 수 있다. 또한 전문가들과 아이들에 대해 더 많이 관여하기 때문에 어머니들은 때때로 아버지보다 더 빨리 적응과정을 거치며, 이것이 갈등의 또 다른 원인이 되기도 한다. 성 관계(sexual relationships)에서의 어려움은 사생활의 부족, 피로, 각 배우자들이 느끼는 소외감, 다시 임신을 하면 장애아동을 출산할지도 모른다는 불안감에서 기인할 수 있다.

몇몇 연구들은 이런 가족 내에서의 결혼생활의 오해가 확산되는 것에 대해 연구했는데, 전반적인 연구 결과들은 높은 결혼 와해와 낮은 결혼 만족도를 보인 연구들이 있는 한편, 평균 수준의 결혼 만족도와 결혼 와해를 보인 연구 결과들도 있다. 일관적으로 보이는 한 가지 결과는 안정적이고 만족스러운 결혼은 부모들이 장애아동에 대처하는 데 겪는 스트레스를 감소시키는 것으로 보인다는 것이다. 이러한 결과들에 기초하여 일부 연구자들은 가족 안에서 장애아동이 있다는 것은 강한 결혼을 강화시키고 약한 결혼을 더 약화시킨다고 주장하기도 한다.

(3) 어머니에게 미치는 영향

많은 연구들은 장애아동의 가족 내에서 과중한 집안일과 아동을 보살피는 일은 어머니들이 맡고 있다는 것을 보여 준다. 장애를 가진 구성원이 가족생활의 이러한 측면에서 부담을 가중시킴에도 불구하고, 일반적으로 아버지들은 일반 가정의 아버지들보다 더 많은 기여를 하지 않는다고 생각한다. 또 다른 연구 결과에서는 장애아동의 어머니들은 일반아동의 어머니들보다 높은 수준의 스트레스를 보인다고 하고, 일부 연구들은 그 결과 일반 가정의 어머니들보다 장애아동의 어머니들이 스트레스와 관련된 신체적, 정신적 어려움을 호소하는 빈도가 높다는 것을 제시한다. 특히, 장애아동을 주로 돌보는 주양육자인 어머니는 아동의 장애로 인해 야기되는 긴장 및 스트레스 상황 속에서 장애아동의 죽음과 가족 구성원의 역할 및 생활양식의 변화, 경제적인 어려움, 다른 가족 구성원들의 끊임없는 요구에 대한 긴장감, 신체건강의 악화로 인한 불안감 등의 문제에 처하게 된다고 밝히고 있다(어용숙, 김문정, 2009).

(4) 아버지에게 미치는 영향

일반적으로 아버지들은 일상에서 장애아동을 돌보는 데 어머니들보다 적은 몫을 담당할 뿐 아니라 전문가들과도 더 적게 접촉한다. 이러한 요인들 때문에 아버지들은 어머니들보다 장애아동을 수용하고 적응하는 데 더 많은 시간과 어려움을 겪는다고 한다. 즉, 아버지들은 낮에는 직장에 가고 보통 집 밖에서 다른 관심사들을 가지기 때문에 그들의 정신건강은 어머니보다 덜 위협받는다. 그러나 아버지들은 종종 장애에 대해 완전히 직면하는 것을 회피하거나 상황에 대한 자신들의 진짜 감정을 숨기기 위해 아내를 내세우는 경우가 종종 있다. 사실 장애아동을 양육하는 아버지들에게 미치는 영향에 관한 문헌들은 전반적으로 부정적인 것들이 많다는 것이다. 아버지들은 장애를 받아들이는 데 어려움을 겪고 있고, 장애자녀가 중증장애인 경우에는 더욱 그러하다. 또한 아버지들은 장애아동을 가지지 않은 아버지들보다 더 높은 수준의 우울, 성격적 어려움, 부부관계에서의 문제들을 경험한다. 물론 최근에는 장애인식개선교육이나 복지제도의 발전, 미디어의 홍보가 확대되어 장애자녀를 가진 가정의 아버지가 협조적이며, 장애를 비관적 운명으로 생각하기보다는 희망적 미래로 보고 행복한 가정을 이루고자 노력하는 가정이 확대되고 있고, 이는 장애인실태조사에서도 장애인가족의 가족만족도가 점진적으로 높아지고 있는 것이 이를 뒷받침한다고 할 수 있다.

(5) 형제자매관계에 미치는 영향

장애아동의 형제자매에게 미칠 수 있는 부정적 영향에 관한 선행조사연구는 많이 보고되고 있으며, 그중 셀리그먼과 달링(Seligman & Darling, 1989)은 형제들의 부적응에 영향을 미치는 몇 가지 요인들을 제시하고 있는데, 그 내용을 정리하면 다음과 같다.

형제들은 과도하게 장애를 가진 형제를 돌봐야 할 책임을 가지거나, 혹은 장애아동으로 인한 부모의 실망을 보상하기 위해 매우 뛰어나야 한다는 부담을 느끼게 된다. 또한 부모가 자신들이 장애형제를 나중에 돌보기를 기대하지 않을까 하는 부담감을 가지며, 그러한 책임을 나누어질 배우자를 만날 수 있을 것인지 걱정도 한다. 또 다른 걱정은 '장애가 혹시 자신들에게도 나타나지 않을까?' 하는 미래에 대한 불안을 토로하기도 하며, 장래에 자신들도 결혼을 하면 장애아이를 출산할지 모른다는 유전으로 인한 불안감을 나타낸다는 것이다. 이러한 부정적인 반응의 선행연구들도 있지만 이와는 반대로 장애가 있는 가족 구성원을 둔 형제들의 적응에 미치는 긍정적인 영향을 보여 주는 몇 가지 연구들도 찾아볼 수 있다. 예를 들어, 많은 형제들이 교사나 사회복지사와 같이 남을 돕는 일을 하는 전문가들 중에서 직업을 고르는 것으로 나타났다. 다른 연구자들은 장애아동의 형제는 다른 사람들의 어려움에 대해 좀 더 통찰력과 참을성이 많으며, 인생에서 자신들의 목표에 대해 보다 확신하고, 더 높은 사회적 능력을 보이며, 나이보다 성숙한 경향이 있다고 보고하고 있다.

(6) 조부모에게 미치는 영향

가족에게 있어 지지가 되는 공통적인 자원은 장애아동의 조부모이다. 조부모는 쇼핑이나 아기 돌보는 것을 도와주고 재정적 지원을 해 줄 뿐 아니라 정서적 지지, 아동을 보살피는 데 있어서의 지도, 지역자원으로의 접근을 제공해 줄 수 있다. 그러나 몇몇 연구들은 많은 조부모들이 상황에 대해 적응하는 데 어려움을 겪으며 장애라는 현실을 부인하려 하거나 아이를 거부하는 경향이 있다고 밝히고 있다. 또 다른 연구에서는 아버지 쪽 조모가 며느리에 대해서 정상적인 아이를 출산하지 않았다고 분노한다는 것이다. 이러한 어려움들로 인해서 부모와 조부모와의 관계가 단절될 수 있으며, 이것은 가족 구성원들에게 큰 영향을 줄 수 있다. 사실 최근 심각한 학습장애가 있는 아이들의 부모를 연구한 결과에 의하면, 조부모로부터의 지지는 매우 낮은 것으로 밝혀졌다. 조부모들 중 소수만이 높은 수준의 지지를 제공하고 아버지 쪽 조부모보다 어머니 쪽 조부모로부터의 지지가 더 높았지만, 일반적으로 조부모들은 가족이 장애아동을 돌보는 데 매우 적은 지지만을 제공하는 것으로 나타났다.

3. 장애인가족의 장애태도에 대한 접근

1) 부정과 불신이 계속되는 부모

부정과 불신의 단계가 계속됨으로써 의사들이나 전문가의 의견을 불신하고 부정하고 싶어서 있을 수 없는 완전치유나 "정확한 진단"을 찾아 여러 의사들이나 전문가, 치료소 등을 찾아 방황하는 부모들이 있고, 이로 인해 결국은 돈을 진단에만 쓰고 현실적인 치료나 교육에 사용하지 못하는 경우가 많다. 이러한 방황의 시간과 태도는 장애아동의 정서발달에 영향을 미치기 때문에 관련 전문가들은 부모에게 솔직하게 말하고 너무 희망적이거나 비현실적인 미래희망을 부풀리는 상황을 만들어서는 안 된다고 조언한다.

2) 장애의 원인을 계속적으로 추구하는 부모

부모가 상황을 현실적으로 받아들이기 시작하면 자신의 아이가 장애를 가지고 있다는 사실에 분노를 하는 경향이 있다. 일단 장애를 인정하면서도 장애의 원인이 뭔가를 계속 추구하는 부모들이 있는데, 이것은 주로 자신의 죄책감 때문에 오며, 장애를 부정하고 싶은 심리와 원인을 찾음으로써 내 잘못인가 아닌가, 어떤 사람의 잘못인가를 가려내려는 심리 또는 원인을 찾으면 완전히 치유할 수 있다는 잘못된 견해에서 비롯된다.

부모가 정당하게 전문가에게 화를 내든지 아니면 적응으로 나아가기 위해서 부모는 이 분노를 표현할 필요가 있다. 그러므로 전문가는 경청하는 기술을 사용해서 부모가 자신의 분노 감정을 표현하고 찾아내도록 기꺼이 격려해 주어야 한다.

3) 가정불화

감정의 소용돌이 속에 지속적인 책임 추구와 죄악감 때문에 가정불화와 가정파탄을 불러올 수도 있는데, 이런 가정은 장애아에게 일관성 없는 태도와 불규칙한 양육 방법 등을 강요함으로써 아동들이 정서적으로 불안정하게 될 가능성이 있다. 부모가 정신적으로 건강해야 장애아동을 양육하고 교육할 수 있으며 일생을 통해 필요한 적절한 도움을 줄 수 있으므로 상담을 통해 부모에게 적절한 심리적인 지원을 해야 한다.

4) 장애자녀에 대한 과잉보호와 어린아이 취급의 문제

어떤 부모들은 분노의 반대 기제로서 죄책감 때문에 혹은 자기가 장애아를 출산했다고 하는 사실에 대한 분노를 부정하는 방법으로서 장애아를 과잉보호하고 철저히 헌신적인 태도를 취함으로써 장애아이를 의존적으로 만들고 결과적으로 그 아이의 발전을 저해시켜 자립생활을 방해하는 요인을 만들기도 한다. 부모와 상담을 통해 과잉보호는 재활을 더디게 할 수 있으므로 가정, 학교 등에서 장애자녀가 스스로 할 수 있는 지도 방법과 생애주기에 맞는 교육의 필요성에 대해서 부모교육을 실시하여야 하고 지속적인 장애인부모가 부모를 상담하는 동료상담을 실시하여 이러한 문제를 개선하고 상담치료를 병행하는 것이 중요하다.

5) 방임과 학대

장애아에 대한 분노와 이로 인한 우울 때문에 장애를 증오하고 장애아이를 방임하거나 학대하여 심지어는 완전한 포기, 방치하는 상태로서 장애아의 교육이 가능한

데도 불구하고 거주시설이나 기타 폐쇄된 곳에 방치하는 경향을 보이는 부모들이 있을 수 있다. 이때에는 양육에 대한 성공사례에 대한 부모교육을 안내하거나 비슷한 장애 유형을 둔 부모 자조모임 또는 장애인부모 동료상담을 받게 하는 것이 매우 유익하다.

6) 지속적인 마음의 상처

장애는 "낫지 않는 불치병"으로 치부하여 많은 장애아 부모들은 계속적으로 마음의 상처를 받으며, 창피함과 죄책감 등으로 가정 내의 불화와 긴장이 고조되고, 심지어는 부모들 사이까지도 나쁘게 되며, 온 집안이 큰 소용돌이 속에 빠질 수 있다. 장애자녀를 둔 부모는 심리적 안정을 찾았다가도 전문가, 이웃 등에게서 마음의 상처를 받아 불안한 상태로 돌아올 수도 있으므로 이에 대한 지속적인 관심과 개입(Intervention)이 필요하다.

7) 장애인가족에 대한 장애부모동료상담의 접근

자폐성장애인 부모의 양육경험연구에서 양육과정의 어려움을 생애수기별로 신체, 심리, 교육, 관계, 경제, 사회제도 등으로 나누어 고찰하였으며, 자폐성장애인 어머니의 경험을 중심으로 볼 때, 장애자녀의 출산과 조기개입을 통한 조기상담 및 치료가 가능한 케어시스템이 필요하다고 전제하고 있다. 즉, Social Care의 차원에서 사회적 지지와 장애자녀를 출산한 경험을 가진 장애부모의 동료상담 지원의 조기개입 필요성(정종화, 김용성, 2014)을 시사하고 있는 것이다.

이 연구에서 자폐성장애인 어머니의 양육 경험을 생애주기별 6단계(임신기 → 출산기

→ 학령전기 → 학령기 → 청소년기 → 성인기)로 구분하여 장애부모로서 살아온 세월들은 값진 교훈이었으며, 그러한 자녀양육 경험은 상담이라는 전문지식을 추가함으로써 롤 모델을 이룰 수 있다는 것이다. 즉, 장애자녀를 가진 어머니의 생애 경험 분석을 통하여 제시할 수 있는 것은 장애에 대한 정확한 전문지식과 그에 대응하는 상담소가 지역사회에서 존재하여야 한다는 것이고, 그러한 장애자녀의 어머니를 위한 자조모임 같은 Social Networking이 존재하여 상호지지와 협력을 이루어야 한다는 것이다.

또한 장애를 가진 부모를 대상으로 장애인부모동료상담교육을 실시한 결과, 장애부모동료상담교육을 이수한 그룹이 교육을 이수하지 않은 부모의 그룹보다 자기효능감, 자아존중감, 장애부모정체감에서 그 효과를 입증하고 있다(정종화, 우후남, 2016).

이처럼 장애인 자녀를 출산한 장애부모는 가정과 사회에서 다양한 경로로 스트레스에 시달리고 있으며 이를 개선하기 위한 부모교육의 접근이나 장애인부모의 경험과 기술을 바탕으로 하는 동료상담의 접근을 통하여 상시 직면하는 심리적 스트레스를 완화하고 사회적 지지망을 확대하여 나아갈 수 있도록 하여야 한다.

4. 장애인가족에 대한 서비스

1) 경제적 지원

장애자녀를 둔 가족의 경제적 부담 경감을 위해 실시되고 있는 대표적 정책으로는 '장애아동수당', '장애인자녀교육비 지원', '한부모가족을 위한 양육비 및 교육비 지원제도' 등을 들 수 있으며, 이들은 현금급여의 형태로 제공된다. 이 외의 정책들은 장애인의 경제적 부담 경감을 위해 세제감면이나 이용료 할인방식으로 제공된다. 그러나 감면이나 할인제도의 경우는 장애인 가구의 경제적 부담 경감제도로서의 취지가 무색하게 소득이 상대적으로 더 많거나 교통 및 문화시설을 더 많이 이용할수록 감면과 할인혜택이 더 커져 결과적으로 더 많은 지원을 받게 되는 문제점을 안고 있다.

2) 교육적 지원

「장애인 등에 대한 특수교육법」 제11조(특수교육지원센터의 설치 · 운영)와 동법 시행령 제7조(특수교육지원센터의 설치 · 운영)에 근거하여 운영되고 있는 특수교육지원센터는 지역 중심의 특수교육지원체계 구축으로 특수교육대상 학생에 대한 지원을 확대하며 가정 · 시설 및 일반학교의 일반학급에 배치되어 있는 장애학생의 특수교육 관련 지원을 하고 특수교육지원센터 시설 및 인력 확보를 통해 운영의 내실화를 꾀하는 것을 목적으로 운영되고 있다.

또한 「장애인 등에 대한 특수교육법」 제28조(특수교육 관련 서비스), 동법 시행령 제23조(가족지원) 등에 의거하여 특수교육대상학생의 교육을 효율적으로 실시하기 위해 상담 지원, 가족 지원, 치료 지원, 보조인력 지원, 보조공학기기 지원, 학습보조기기 지원, 통학 지원 및 정보접근 지원 등의 특수교육 관련 서비스를 제공하고 있는데, 이의 일환으로 가족지원서비스를 제공하도록 하고 있다.

3) 의료적 지원

"장애아동 재활치료지원사업"은 성장기의 정신적 · 감각적 장애아동의 기능 향상과 행동발달을 위한 적절한 재활치료서비스 지원 및 정보 제공과 높은 재활치료 비용으로 인한 장애아동 양육가족의 경제적 부담 경감이 목적이다. 2007년 지역사회서비스 혁신사업의 일환으로 도입된 이후 2009년 1월부터 본격적으로 시행되었다. 이 사업은

만 18세 미만의 뇌병변, 지적, 자폐성, 청각, 언어, 시각장애아동을 대상으로 언어 · 청능치료, 미술 · 음악치료, 행동 · 놀이 · 심리운동치료 등 재활치료서비스 제공(장애아동 및 부모의 수요에 따라 사업 실시기관이 자율적으로 결정), 장애 조기 발견 및 발달진단서비스, 중재를 위한 부모상담 서비스를 제공한다. 구체적 지원대상으로는 전국가구 평균소득 100% 이하 가구의 아동이 해당되며, 서비스대상자의 소득 수준에 따라 바우처 지원책 및 본인부담금이 차등화된다(보건복지부 장애아동 재활치료지원사업, 2017).

「장애인 등에 대한 특수교육법」 제28조, 동법 시행령 제24조에 의거하여 실시되는 정책이자 특수교육 관련 서비스의 일환으로 특수교육대상자의 교육을 효율적으로 실시하기 위해 치료 지원을 실시하고 있다. 지원대상으로 '2008년 개정 특수학교교육과정'의 연차적 적용에 따라 2009년은 유치원과정 및 초등학교 1~2학년생, 2010년에는 유치원과정 및 초등학교 1~4학년 및 중 1학년에게 치료 지원을 제공하고 2013년에는 유치원에서 고등학교까지 전 학년에 제공하고 있다. 특수교육지원센터에서의 교육적 진단을 통해 치료 지원의 제공 여부, 치료 지원 대상 학생에 대한 치료 지원의 종류 및 내용을 결정한다.

4) 사회 · 정서적 지원

장애인복지관은 가족의 사회 · 정서적 긴장을 지원하기 위한 다양한 형태의 프로그램을 운영하고 있다. 서울시복지재단(2005)이 서울지역의 장애인복지관을 대상으로 실시한 조사 결과에 따르면, 가족대상 프로그램 중에는 특히 아동이 장애인인 가족에게 제공되는 프로그램이 많은 것으로 나타났다. 또한 장애아동 및 청소년의 부모교육 및 지원 프로그램도 대다수가 실행하고 있었다. 가족 관련 프로그램은 가족 지원 프로그램, 배우자에 대한 프로그램, 장애인부모를 대상으로 하는 교육 및 프로그램, 장애인의 형제자매를 대상으로 하는 프로그램의 형태로 운영되고 있다.

장애자녀를 둔 가족을 대상으로 한 프로그램으로는 부모상담 및 교육, 가족캠프, 형제자매 지원 프로그램 등을 들 수 있다. 구체적으로 장애인복지관은 부모교육, 장애인가족 지원(장애형제 기능강화, 부모스트레스 대처훈련, 장애인의 자녀 지원 등), 부모회 육성, 장애인부모교육 등의 사업을 운영할 수 있도록 예시를 포함하고 있다.

장애인부모 관련 단체에서도 장애자녀를 둔 가족의 사회·정서적 지원을 위한 프로그램을 운영하고 있다. 특히, 전국장애인부모연대와 한국장애인부모회가 주축이 되어 운영하고 있는 장애인가족지원센터는 장애자녀 때문에 고통받고 있는 가족을 위한 사회·정서 프로그램을 운영하고 있다. 센터의 주요 사업으로는 가족관계 지원사업, 가족기능강화사업, 인식개선사업 등이 있으며, 사회·정서적 프로그램으로는 가족상담, 비장애형제 지원모임, 가족휴식 지원, 장애부모동료상담 및 상담가 양성사업, 사례관리 등의 세부사업이 있다.

5) 돌봄서비스

"장애인활동 지원제도"는 혼자서 일상생활과 사회생활을 하기 어려운 장애인에게 활동 지원급여를 제공하여 장애인의 자립생활을 지원하고 그 가족의 부담을 줄이기 위함을 목적으로 실시되고 있다. 활동 지원 급여는 수급자에게 제공되는 활동보조, 방문목욕, 방문간호 등의 서비스이다. 따라서 가족의 돌봄부담을 덜어 주기 위한 목적으로 시행되는 제도라기보다는 장애인 스스로 생활할 수 있는 영역이 확대됨으로써 가족의 돌봄이나 지원 부담을 덜어 주는 간접적 효과를 얻을 수 있는 제도이다. 신청자격은 만 6세 이상 65세 미만의 소득 수준이나 장애 유형에 관계없이 누구나 신청할 수 있다. 「장애인복지법」상 등록장애인 1~3급의 장애인으로서 장애인생활시설 등에서 생활하는 장애인, 노인장기요양급여 이용 장애인 등은 신청할 수 없다.

"장애아가족양육지원사업"은 상시적인 돌봄이 요구되는 장애아가정의 돌봄부담 경감 및 이를 통한 가족안정성 강화와 지역사회 내 자원봉사자 등을 돌보미로 활용함으로써 이웃과 함께하는 가족 돌봄문화 정착 및 장애아동에 대한 사회적 인식 전환을 목적으로 실시하고 있다. 이 사업은 「건강가정기본법」 제25조(가족부양의 지원) 제2항 '국가 및 지방자치단체는 질환이나 장애로 가족 내 수발을 요하는 가족 구성원이 있는 가정을 적극 지원하며, 보호시설을 이용할 수 있도록 전문보호시설을 확대하여야 한다'에 의거하여 추진되고 있는 사업이다. 돌봄서비스의 대상은 전국가구평균소득 100% 이하인 만 18세 미만 자폐성·지적·뇌병변 장애아 등 모든 중증장애아와 생계·주거를 같이하는 가정이다. 휴식 지원 프로그램의 경우는 소득기준 상관없이 만 18세 미만의 모든 장애아동가족으로 돌봄서비스를 받지 않는 가정도 참여가 가능하고, 돌봄서비스를 받는 가정을 우선 지원한다(2017년 장애아가족양육지원사업).

장애자녀로 인한 사회생활에 제약을 느끼는 부모와 가족을 위한 몇 종류의 도우미 사업도 전개되고 있다. 중앙정부 차원에서 실시하고 있는 사업 이외에 중증장애인가정도우미사업, 아이돌보미사업 등의 명칭으로 실시되고 있다. 제주도에서 실시 중인 중증장애인가정도우미사업, 천안·울산지역의 아이돌보미사업, 경남장애인부모회가 운영하고 있는 장애인도우미뱅크사업, 한국장애인부모회의 외출지원가정도우미사업 등이 지방자치단체와 민간단체에서 실시하고 있는 돌봄 지원 서비스이다(백은령, 2014).

5. 장애인가족 지원서비스의 사례

미국은 50개 모든 주에서 장애인가족 지원서비스를 실시하고 있는데, 크게 7개의 가족 지원서비스 범주로 분류하고 있다. 이는 교육적 지원, 물질적 지원, 정서적 지원, 비공식적 지원, 교육 관련 지원, 건강 관련 지원, 대안적 보호 지원(Trivette, Dunst, & Boyd, 1995)이 대표적이다. 이것은 트리벳(Trivette) 등이 수행한 선행연구를 바탕으로 점진적으로 제도화한 것으로 볼 수 있으며, 그 내용을 정리하면 다음과 같다.

1) 교육적 지원서비스

서비스	내용
행동관리	가족 구성원이나 주 보호자가 요구하는 발달장애인의 부적절한 행동을 통제 또는 수정하거나 사회적 행동을 촉진할 수 있는 여러 형태의 훈련을 포함한다.
조기개입 취학 전 서비스	위기에 처해 있는 아동과 발달장애아와 가족을 위한 조기개입 및 취학 전 서비스들이 포함된다. 조기개입은 신생아부터 3세까지가 주요 대상이며 취학 전 서비스는 5세까지 아동을 교실기반 프로그램에 위탁한다.
교육과 특수교육	공립학교와 기타 교육기관에서 발달장애아동에게 제공되는 일반교육과 특수교육서비스, 언어치료, 물리치료, 작업치료 등과 같은 관련 서비스들을 포함한다.
처치와 치료적 서비스	작업치료, 물리치료, 언어치료, 의사소통치료와 같은 발달장애인에게 제공되는 전문적 서비스를 포함한다.

2) 물질적 지원 서비스

서비스	내용
장비개조 서비스	발달장애인에게 필요한 장비, 시설 등의 설계, 개조 등을 포함한다.
건축물/주택 개조서비스	일상생활에 장애가 될 수 있는 경사로, 출입문과 같은 부분을 고쳐 주는 서비스를 의미한다.
현금보조/재정적 지원	발달장애인에 대한 재정급여와 가족이나 가족 구성원을 위한 서비스 현금 지급, 바우처 등을 포함하지만 사회보장수입, Katie Beckett, 식권과 같은 재정적 지원은 포함되지 않는다. 장애생계수당, 간호수당, 장애근로수당 등 각종 수당제도와 소득 지원이 있다.
이송서비스	발달장애인이 필요로 하는 서비스나 활동을 할 수 있도록 이동을 돕는 서비스가 포함된다.

3) 정서적 지원서비스

서비스	내용
개인/가족상담	개별적 가족 구성원이나 발달장애인에게 제공하는 개별상담과 둘 이상의 가족 구성원들에게 제공하는 집단상담과 같은 것들을 포함한다.
부모/가족/형제지원	부모, 형제, 다른 가족 구성원들 간의 상호작용을 촉진하기 위한 지지집단을 포함한다.
부모 간 지원	발달장애자녀를 둔 부모들 간의 정보적, 정서적, 도구적 지지의 비공식적 · 공식적 교환을 포함한다. 부모집단은 비슷한 욕구를 가진 다른 가족을 만나 자원, 일상생활의 문제 및 개인적인 생각을 논하며, 부모집단은 미국의 장애 관련 법률과 제도를 제정하는 데 큰 영향을 미쳤다.
여가활동서비스	발달장애인과 그 가족을 위한 게임, 예술, 개인별 및 팀별 스포츠 등을 포함하는 여가활동을 포함한다.

4) 비공식적 지원서비스

서비스	내용
옹호서비스	발달장애인과 그 가족을 위한 다양한 기술적 · 법률적 원조, 훈련, 대변 등을 의미한다. 법적 권리, 특수교육법, 서비스전문가와의 생산적 상호작용, 장애인과 그 가족이 서비스나 급여를 찾는 것을 원조하는 것 등을 포함한다.
사례관리	발달장애인과 그 가족이 사회적, 의료적, 여가활동, 교육적, 기타 다양한 서비스에 대한 접근성을 획득하는 것을 돕는 것을 의미한다. 서비스 조정, 사후관리, 개별적 행동계획 실행, 전환계획의 수립과 실행 등을 포함한다.
지역사회 아웃리치	지역사회 프로그램, 기관과 그 직원들에게 공공 인식을 증진하고 적극적인 지역사회참여를 촉진하며 발달장애인과 그 가족을 지원하도록 정보와 원조도움을 제공하는 것을 의미한다. 이것은 발달장애인과 가족(그룹홈, 가족지지 집단들)을 위한 기회와 지역사회 중심 서비스 개발을 촉진하는 것을 포함한다.
진단과 평가서비스	발달장애인의 장애 원인, 진단, 기능과 능력에 관한 상세한 정보를 제공할 수 있는 진단 또는 평가서비스(의학적, 심리학적, 교육적 등)를 의미한다.

서비스	내용
후견인/미래계획	발달장애인을 위한 장기계획(전환계획, 교육, 주거, 독립생활, 고용, 후견인, 재정 등)과 관련된 충고와 원조를 포함한다.
정보와 의뢰서비스	발달장애인과 그 가족이 필요한 서비스를 획득할 수 있도록 가용한 자원에 대한 정보를 제공하는 서비스를 의미한다.
부모/가족훈련	부모와 가족 구성원들의 발달장애인에 대한 이해를 돕고 적절하게 보호할 수 있도록 훈련하는 것을 의미한다.

5) 건강 관련 지원서비스

서비스	내용
가정건강원조/보철장비서비스	보철장비(의치, 치과기구), 가정건강보조기구(맞춤칫솔이나 치아교정기)의 제공이 해당된다.
가정건강서비스	의료적, 간병에 초점을 둔 간병보호, 가정건강보호서비스 등을 발달장애인과 그 가족들에게 가정 내에서 제공하는 것을 의미한다.

6) 교육 관련 지원서비스

서비스	내용
생활훈련 서비스	장애인들이 자조, 자기관리, 사회적 행동들을 적절하게 할 수 있도록 계획된 활동 프로그램을 의미한다.
지원고용 서비스	고용활동을 할 수 있도록 지원하는 것으로 지역사회를 기반으로 이루어진다.
생활지원 서비스	가족 구성원이 아닌 타인으로부터 지원을 통해 주택이나 아파트에서 생활할 수 있도록 필요한 기술을 촉진시키는 프로그램이다.
직업/재활 서비스	사회기술, 대인관리기술, 직업적 / 직무훈련과 같이 독립적 고용을 유지할 수 있도록 돕는 서비스이다.

7) 보호 지원서비스

서비스	내용
주간보호서비스	가정 외부의 기관 중심으로 발달장애인에게 치료와 생활서비스를 제공할 수 있도록 장기간 배치하는 프로그램으로 아동과 성인에게 제공한다. 학령전기나 학령기에 제공되는 교육적 개입과 언어치료와 같은 관련 서비스는 포함되지 않는다.
위탁보호	발달장애인을 인증된 대리가족보호에 배치하는 것을 의미한다.
그룹 홈	사감이나 입주인력의 보호 아래 둘 이상의 발달장애인이 생활할 수 있도록 하는 지역사회 중심의 거주 프로그램을 의미한다.
가사도우미 수발자 케어서비스	건강 관련 보호보다는 가사일, 식사준비, 개인관리 등과 같은 원조를 의미한다.
가정 내 휴식 돌봄서비스	발달장애인을 위한 일시적 보호를 제공하는 것으로 훈련된 인력에 의한 돌봄서비스이다.
휴식 (가정 외 서비스)	특별하게 훈련된 인력에 의한 집단세팅에서의 일시적인 가정 외 보호를 의미한다.

8) 장애인가족을 위한 동료상담서비스 지원

장애인가족에 대한 접근은 생애주기별로 다양한 접근이 필요한데 출생할 때부터 영유아기, 아동기와 학령기 그리고 성인기와 노년기에 따르는 장애인 가족에 대한 접근은 그 방법과 내용이 다양하다. 특히, 생애 처음으로 장애인가족이 되면 심리적인 충격과 이에 따르는 가정환경의 다양한 변화는 경험하지 못한 가족으로서는 알기 어렵고 인터넷과 방송, 다양한 전문 책자들이 있지만 이러한 정보 제공만으로는 좀처럼 안정을 찾기 쉽지 않은 것이 현실이다. 따라서 선행 경험은 비지시적 상담기법으로 매우 중요하고 이러한 상담 방법은 어떤 접근보다 효과적일 수 있다.

장애인부모가 장애인부모를 상담해 주는 동료상담의 효과 연구에서도 다양한 효과가 검증되었다. 동료상담교육을 받은 집단이 교육을 받지 않은 집단보다 장애인부모 정체감, 자기효능감, 자아존중감, 대인관계 변화, 스트레스 수용 면에서 통계적으로 유의미한 차이가 나타났으며, 초점집단인터뷰(FGI) 조사결과에서도 장애인부모동료상담을 통하여 심리적 변화의 효과를 경험하였다고 진술(정종화, 우후남, 2016)하고 있다. 장애인부모의 자아존중감과 자기효능감의 선행연구에서도 임기현(2003)은 '중증 장애인들에게 동료상담 프로그램을 실시하여 그 효과성을 측정함은 장애인들의 사회자립도, 자아존중감, 동료들의 사회적 지지를 향상시키는 데에 있다'고 하였고, 이어진, 정경미와 진혜경(2010)은 '장애아동을 양육하는 어머니의 사회적 지지는 낮아진 자아존중감과 자기효능감을 높여 주고, 부정적인 감정을 적게 경험하게 해 주며, 높은 양육효능감을 유지할 수 있도록 도와준다고 하였다. 김현중(2012)도 "가족의 전적인 사랑, 수용, 지지가 개인의 자기효능감과 대처전략 향상에 도움을 준다"고 하였고, 반두라(Bandura, 1993)는 "자기효능감은 개인이 자신의 행동과 환경을 선택하는 데 있어 영향을 주는데 자기효능감이 높은 사람은 환경 변화에 유연하게 대처하며 자신에게 유리한 환경을 만든다"고 하였다.

최근의 장애인부모상담에서 "인간중심상담"이라 지칭되는 칼 로저스(Carl Roges)에 의한 이 이론은 인간은 합리적이고 사회화되며 건설적이고 전진적이고 항상 자아실현을 위해 힘쓴다는 것이 그의 기본적인 인간관이므로 상담이나 심리치료는 인간의 잠재력과 능력을 개발하는 데 기반을 두어야 한다고 주장한다(Kim, 1991).

장애인부모동료상담 교육과정을 이수한 사람과 그렇지 않은 장애인부모들을 대상으로 조사한 연구(최하나 외, 2018)에서 이들은 다음과 같이 구술한다.

"장애인부모동료상담은 장애인부모들에게 새로운 복음이었다. 장애인부모동료상담은 교과서적인 조언보다 참여자들이 힘든 과정을 헤쳐 온 생생한 경험과 노하우가 문제해결의 원동력이 되었고 내담자들은 일반상담보다 동료애를 느끼며 편하게 자신을 개방하고 정보까지 얻을 수 있어 일석이조(一石二鳥)의 역할을 톡톡히 해내고 있었다. 내담자들은 참여자들의 경험을 통해 예후를 알 수 있어 절망이 희망으로 바뀌어 갔고, 심리상담은 물론 장애자녀에게 맞는 맞춤정보를 제공하고 있었다. 대부분의 내담자들은 장애자녀양육스트레스로 인한 자신의 심리정서적인 지원보다는 자녀들의 미래를 담보할 수 있는 현실적인 정보를 더 많이 요구하였다. 또한 내담자들은 참여자들의 현재 상황을 확인하며 모델링을 하기도 하였고, 장애초기에 접어든 내담자들의 경우 참여자들의 상담을 통해 조언을 얻어 응급처치를 한 후에 문제의 원인을 병원에 가서 상담하는 경우가 많았다"

위와 같이 장애인 부모들은 선행 경험의 상담을 통하여 당면한 문제에 대하여 알게 되고 그것을 수용하는 자세를 배우게 되어 보다 효율적으로 일상생활에 복귀할 수 있으며 이러한 과정을 통하여 장애인 자녀 양육을 효과적으로 도모할 수 있다는 효과가 있다고 기술하고 있다. 중증장애인 부모를 대상으로 하는 조사에서 동료상담의 효과를 연구한 연구(정종화, 우후남, 2016)는 동료상담의 효과를 다음과 같이 정리하고 있다.

첫째, 장애인부모정체감, 자기효능감, 자아존중감, 대인관계변화, 스트레스 수용 측면에서 통계적으로 유의미한 차이로 나타났으며, 이러한 변화는 장애인부모동료상담교육의 효과를 입증하는 데 기여한 것으로 평가된다. 따라서 장애인부모동료상담교육을 장애인부모 대상으로 적극적으로 확대 실시하고 이 교육을 받은 장애인부모들이 장애인가족지원 상담가로서 장애인가족상담 활동에 참여하는 것은 매우 효과적인 방안으로 활용될 수 있을 것이다.

둘째, 장애인부모동료상담교육을 이수한 장애인부모대상 인터뷰 조사결과를 중심으로 향후 활성화 방안에 대하여 제언하면, 3년간의 교육과정을 이수한 장애인부모들이 정부인정 상담자격을 취득할 수 있는 연계방안과 함께 장애인부모동료상담의 실습이 가능한 장애인복지관, 장애인가족지원센터, 발달장애인지원센터, 특수학교 및 특수교육지원센터 등의 실습처 발굴 등이 중요하며, 이와 함께 실습매뉴얼 개발도 필요하다고 제언했다.

셋째, 향후 장애인부모동료상담 활성화를 위해서는 보건복지부 법정단체인 장애인부모회를 중심으로 중앙회에 동료상담분과위원회를 설치하여 전국적인 네트워크를 형성하고 이를 실천할 수 있는 인프라 구축이 시급하다고 하였다. 또한 장애인부모동료상담교육을 지속적으로 확대실시하고 이 교육을 이수한 장애인부모들을 전국의 특수교육지원센터나 특수학교, 장애인가족지원 기관이나 상담소에 배치하여 전문상담을 지원하는 역할을 할 수 있도록 시스템을 구축할 필요가 있다고 하였다.

넷째, 「발달장애인 권리보장 및 지원에 관한 법률」에서 장애인부모동료상담을 규정하고 있는 바 향후 장애인가족지원 방안의 하나로 제도화되어 양성교육기관의 지정, 자격인증, 상담사 배치 등에 관하여 세부적인 지침이 마련되어야 하며, 이를 통하여 장애인부모의 취업연계 활성화와 장애인가족지원 시스템구축에 기여할 수 있을 것이다.

6. 장애아동가족 지원의 향후 과제

현대사회는 다양한 가족 구성원의 다변화된 다양성을 인정하며 우리 사회에서 살아간다. 가족의 형태나 지원 모형도 시대적 패러다임에 따라 다르게 진행되고 연구결과도 다양하게 나타나고 있다. 특히, 장애인자녀를 양육하는 환경이나 제도에 따라 장애인가족이 처하는 상황은 매우 다르게 나타날 수 있는데, 그러한 가족 지원의 패러다임 속에서 우리나라의 장애인가족 지원의 과제를 정리하면 다음과 같다.

첫째, 장애아이를 양육하는 환경의 개선과 이를 위한 제도개선이 이루어져야 한다. 구체적으로는 생애주기별로 사회복지에서 주장하는 요람에서 무덤까지의 복지서비스를 장애인가족에게도 적용하여 차별 없이 지원이 이루어져야 한다. 대부분의 가족들은 장애아이를 출산한 문제를 가족의 문제나 개인의 문제로 보는 경향이 강하고 그것은 개발도상국이나 전통적 가족책임주의를 고수하는 사회에서 강하게 나타나고 있다. 1차적 책임을 가족 구성원이 지는 가족책임주의가 그것이다. 그러나 이제는 사회책임주의로 변화되어야 한다. 왜냐하면 장애가 태어나는 원인은 대부분이 사회적 원인이 크기 때문이다. 환경의 문제, 약물의 문제, 사고의 문제 등이 그 이유로 선천적인 원인보다 후천적 장애 원인이 압도적으로 많다. 이를 위하여 생애주기별로 장애아이를 출산했을 때의 의료비용이나 검사비용, 치료비용 등이 확대 지원되어야 하고, 건강보험 적용도 확대되어야 할 것이다. 특히, 유아기와 학령기에는 돌봄 지원서비스의 확대가 필요하고 치료바우처 등의 확대가 반드시 병행되어야 한다.

둘째, 대인관계 회복을 위한 전인적 상담서비스의 지원이 필요하다. 지금까지 학습한 것처럼 장애자녀가 가정에 존재한다는 것만으로도 가족은 여러 어려움에 직면할 수밖에 없는 것이다. 따라서 상담이 지속적으로 이루어져야 하고 지역사회 가까운 곳에서 방문, 대면상담 등이 전인적으로 지원되어야 한다. 대표적인 것이 장애인부모가 상담해 주는 동료상담이 절대적인 지지를 바탕으로 필요하고, 전문적인 행동치료를 위한 상담서비스가 필요할 것이다. 또한 발달장애인 등 특수한 전문성이 필요한 경우에는 발달장애인지원센터의 도움과 함께 전문상담센터나 의료기관의 도움이 필요하고 의료비 지원 등의 부가적인 서비스가 필요하다.

셋째, 장애인가족지원센터의 확대가 절실히 필요하다. 앞에서 살펴본 것처럼 미국 등의 선진국에서는 장애인가족지원센터가 각 주마다 설치되어 운영되고 있으며, 장애인가족지원 사업을 수행하고 있다. 2016년 장애인가족지원사업이 「장애인복지법」에 명문화되기는 했지만 각 지역마다 장애인가족지원센터를 설치하고 서비스를 전국적으로 통일성 있게 시행하기 위해서는 많은 시간이 필요하다. 따라서 상담서비스를 먼저 구축하고 지방자치단체가 점진적으로 확대 추진하는 방향으로 진행되어야 할 것이다. 다행히 장애인가족지원센터가 전국적으로 100여개 이상(2020년 현재 정부 지자체 지원, 미지원 포함) 설치되고 있어 이 센터에 장애인부모동료상담사를 배치하기 시작하였고 전국적으로 교육도 이루어지고 있어 향후 희망적인 가능성을 볼 수 있을 것이다.

마지막으로 가족을 이루면서 장애를 가진 자녀를 낳고, 장애부모가 될 것을 생각하고 준비하는 사람은 없을 것이다. 장애는 평생 지속되는 것이며 쉽게 극복해 가기 어려운 문제이기 때문에 개인의 발달과 가족의 생의 주기에 따라 계속 새로운 도전과제에 직면하게 된다. 장애인가족 중에는 적극적으로 장애에 대처하고 성공적으로 극복해 가는 가족이 있는 반면, 그렇지 못한 가족도 있다. 따라서 우리 사회가 장애가족을 따스한 마음으로 보듬을 수 있는 여유로운 시민의식과 장애인식개선이 지속적으로 확대되어야 할 것이다.

참고문헌

강대옥, 강병일, 김기주, 김남진, 김창평(2012). **특수교육학개론**. 서울: 학지사.

강순희, 김연진, 김이영, 김재현, 김중기, 김현실, 배경란, 시옥진, 이용환, 장지현(2022). **영유아발달**. 경기: 수양재.

강우진(2011). 청각장애청소년이 갖는 대인관계성향이 사회성 발달에 미치는 영향. **특수아동교육연구, 13**(3), 143-161.

강위영, 나운환(2001). **직업재활개론**. 서울: 나눔의 집.

강위영, 정대영(2011). **학습장애아동 교육**. 서울: 형설출판사.

강정숙, 민병란(2006). 청각장애아동과 건청아동의 의사소통 기능에 관한 연구. **언어청각장애연구, 11**(3), 179-192.

고은(2014). **의사소통장애아교육**(제2판). 서울: 학지사.

고창준(1995). **진행성 근이영양증**. 서울: 대한의학협회.

공주대학교 특수교육연구소(2010). **특수아동 교육의 이해**. 경기: 양서원.

공주대학교 특수교육연구소(2011). **특수아동 교육의 이해**. 경기: 양서원.

곽금주, 박혜원, 김청택(2001). **K-WISC-Ⅲ 검사**. 서울: 도서출판 특수교육.

곽승철 외(2010). **자폐성장애아동 교육**. 서울: 학지사.

곽행숙(2003). 장애인과 비장애인의 통합교육 프로그램에 관한 연구: 특수학교 재량활동 시간을 중심으로. 조선대학교 정책대학원 석사학위논문.

교육과학기술부(2014). 특수교육통계.

교육부 특수교육정책과(2019). 2019 특수교육 연차보고서.

교육부(2014). 2014 특수교육실태조사.

교육부(2023). 2023 특수교육통계.

교육부, 국립특수교육원(2020). 2020 특수교육통계.

구본권(2005). **지체장애아동교육**. 서울: 시네마프레스.

국립특수교육원(1996). KISE 학습장애 선별척도.

국립특수교육원(2001). 특수교육 교육과정(시안) 주요 개정 내용.

국립특수교육원(2007). 특수교육기관 진로 · 직업교육 실태 및 요구 조사.

국어학회(2000). **국어학 35**. 서울: 태학사.

권기덕, 김동연(1981). 視覺損傷兒의 豫防과 敎育을 위한 그 豫備的 考察. 한사대학 학생지도연구소, 5, p.13.

권성민, 김민경, 김재명, 김정민, 남궁선혜, 류하나, 윤혜영(2021). **유아교과교육론**. 경기: 양성원.

권요한, 김수진, 김요섭, 박중휘, 이상훈, 이순복, 정은희, 정진자, 정희섭(2015). **특수교육학개론**(제2판). 서울: 학지사.

권유진(2014). 자폐스펙트럼장애와 발달지체의 변별 진단에서 CBCL 1.5-5. DSM 전반적 발달문제척도의 유용성. 숙명여자대학교 대학원 석사학위논문.

김경란(2011). 렌줄리(Renzulli)의 3단계 심화학습 모형을 적용한 수학 영재 수업 연구. 서울교육대학교 교육대학원 석사학위논문.

김경숙, 백유순, 최민숙(2003). **장애유아 통합교육방법**. 경기: 양서원.

김동일(2000). **기초학습기능 수행평가체제-읽기검사(BASA-Reading)**. 서울: 학지사.

김동일, 김희주, 고혜정(2016). 빈칸채우기검사의 연구 동향: 척도유형과 특성을 중심으로. **학습장애연구**, 13, 29-54.

김동일, 손승현, 전병운, 한경근(2010). **특수교육학개론: 장애 · 영재아동의 이해**. 서울: 학지사.

김명환(2011). 영재의 정의와 특성. 특수과학교육연구회, **특수학생의 과학교육**, pp. 278-298. 경기: 볼록미디어.

김미삼, 전진아, 이윤경(2012). 자폐범주성장애아동과 지적장애아동의 초기 의사소통 행동 비교. **자폐성장애연구**, 12(2), 1-20.

김미숙, 김향지(2014). **증보 교사를 위한 특수아동의 이해와 교육**. 서울: 창지사.

김미옥, 이미선(2013). 청각장애인의 의사소통 경험. **한국사회복지학**, 65(2), 155-177.

김병하, 김욱희, 권순우(2005). 청각장애 학생에게 있어서 읽기의 의미와 가정에서의 지원활동. **특수아동교육연구**, 7(1), 337-357.

김선중(1994). 지체장애인의 스포츠참가 경험과 스포츠태도의 관련성에 관한 연구. 이화여자대학교 석사학위논문.

김선진(2015). 유아의 창의 · 인성 함양을 위한 창의적 문제해결 프로그램 개발 및 효과. 성균관대학교 일반대학원 박사학위논문.

김성민, 임장현, 장지은, 이정은(2016). **장애유아를 위한 AAC활동**. 서울: 학지사.

김수진(2012). **교사와 부모를 위한 청각장애 아동 교육**. 서울: 학지사.

김승국(2006). **특수교육학**. 서울: 양서원.

김승국, 김옥기(1985). **사회성숙도 검사**. 서울: 도서출판 특수교육.

김영욱(2014). **청각장애아동교육의 이해**. 서울: 학지사.

김영태(1996). 그림자음검사를 이용한 취학전 아동의 자음정확도 연구. **말-언어장애연구**, 1, 7-33.

김영태, 김경희, 윤혜련, 김화수(2003). **영 · 유아언어발달검사**. 서울: 도서출판 특수교육.

김영태, 성태제, 이윤경(2002). **취학전 아동의 수용언어 및 표현언어 발달척도**. 서울: 서울장애인종합복지관.
김영한, 김정현, 김하경, 박선희, 박정식, 엄태식, 이미순, 임채식, 조재규, 홍정숙(2016). **신특수교육개론**. 서울: 태영출판사.
김영화(2011). **사춘기 뇌가 위험하다**. 서울: 해피스토리.
김원경, 신진숙, 박현옥, 김용욱, 김미숙, 윤광보, 김경화, 김정현, 강창욱, 박정식, 김정연, 곽승철, 한홍석, 박미혜, 변찬석, 홍종관(2010). **최신 특수교육학개론**(개정판). 경기: 양서원.
김원경, 조홍중, 허승준, 추연구, 윤치연(2009). **최신특수교육학**(제2판). 서울: 학지사.
김유, 안성우, 박원경(2007). 단순언어장애 초등학생의 학습능력에 관한 연구. **언어치료연구**, **16**(4), 75-102.
김은경(2011). 자페스펙트럼 장애 의심 영아의 18, 24, 30개월 초기 사회적 의사소통 특성. **자폐성장애연구**, **11**(2), 25-47.
김은지(2019). 창의적 문제해결모형(CPS)을 활용한 주크박스 뮤지컬 교수·학습 방안 연구: 자유학년제를 중심으로. 전남대학교 교육대학원 석사학위논문.
김이영, 김지영, 김태강, 김현정, 성연승, 정순주, 정종화(2020). **특수교육학개론**. 경기: 양성원.
김이영, 김태인, 김현정, 송명숙, 이지민, 한석실(2015). **아동관찰 및 행동연구**. 경기: 정민사.
김이영, 백경숙, 전재선, 최윤희, 한용기, 홍성훈(2016). **교육심리학**. 경기: 양성원.
김이영, 오성숙, 이시진, 이우언, 이은미, 채혜선(2016). **영유아발달**. 경기: 양성원.
김이영, 이우언, 배기효, 김병찬, 정선화, 정왕용(2016). **정신건강론**. 경기: 양성원.
김정권, 이상춘, 여광응, 조인수(1993). **정신지체아 지도의 이론과 실제**. 서울: 성원사.
김정휘, 주영숙, 문정화, 문태형(2004). **영재학생을 위한 교육**. 서울: 박학사.
김종현(2016). **특수아동의 이해와 지도를 위한 특수교육학개론**. 서울: 창지사.
김종현, 윤치연, 이성현, 이은림(2010). **특수아동의 이해와 지도**. 경기: 공동체.
김진우(1995). **언어, 그 이론과 응용**. 서울: 탑출판사.
김청송(2015). **사례 중심의 이상심리학: DSM-5**. 경기: 싸이북스.
김홍원(2000). **영재 교수-학습방법**. 서울: 한국교육개발원.
김홍원(2003). 영재 교수-학습 방법의 성격과 영재 교수-학습 자료의 개발. **수학교육논문집**, 17, 1-16.
김화수, 김영태(2006). 단순언어장애 아동의 읽기특성 변인. **언어청각장애연구**, **11**(3), 47-63.
김희규 외(2010). **특수교육학개론**. 서울: 학지사.
노명완, 이차숙(2002). **문식성연구**. 서울: 박이정출판사.
노진아, 홍은숙, 이미숙, 박현주, 정길순(2011). **장애영유아가족지원**. 서울: 학지사.
대한간호학회(1996). **간호학 대사전**. 서울: 한국사전연구사.
대한뇌전증학회(2020). 뇌전증 환자를 위한 길잡이.
문봉오(2000). 부모의 청각장애 유무에 따른 청각장애학생의 의사소통 특성 및 사회 정서적만족도. 단국대학교 특수교육대학원 석사학위논문.

문장원, 정병종(2018). 행동장애아동의 문제행동 개선을 위한 기능분석 모델 고찰. **정서·행동장애연구, 34**(1), 283-300.

민성길(2012). **최신정신의학**(제5판). 서울: 일조각.

민용아, 김진호(2013). 자폐성 장애아동과 부모의 상호작용 중재 특성에 관한 국내 실험 연구고찰. **특수아동교육연구, 15**(3), 337-361.

박경림(2011). 영재아동과 일반아동의 스트레스와 스트레스 대처행동 비교. 고려대학교 교육대학원 석사학위논문.

박경숙, 윤점룡, 박효정(1989). **기초학습기능검사**. 서울: 도서출판 특수교육.

박계신(2001). 상황이야기 중재와 자폐성 아동의 사회적 행동 연구. 대구대학교 대학원 박사학위논문.

박성옥, 이진숙(2003). 영재와 일반아동의 스트레스 및 대처행동 비교연구. **미래유아교육학회지, 10**(3), 225-245.

박성익, 조석희, 김홍원, 이지현, 윤여홍, 진석언, 한기순(2003). **영재교육학원론**. 서울: 교육과학사.

박순길, 박현옥, 조정연(2014). **특수아동의 이해와 교육**. 서울: 학지사.

박순희(2011). 시각장애 수준과 성별이 시각장애 학생의 인지 전략과 메타인지 전략 활용에 미치는 효과. **시각장애연구, 27**(2), 1-18.

박순희(2014). **시각장애아동의 이해와 교육**(제3판). 서울: 학지사.

박승희(1999). 일반학급에 통합된 장애학생의 수업의 질 향상을 위한 교수적 수정의 개념과 실행방안. **특수교육학연구, 34**(2), 29-71.

박은혜(1996). 보완·대체의사소통 분야에 관한 연구 동향 분석. **언어청각장애연구,** 1, 177-193.

박은혜, 김정연(2010). **지체장애 학생 교육**. 서울: 학지사.

박전해(1988). 청각장애학생의 사회·정서발달 특성 연구. 대구대학교 대학원 석사학위논문.

박정식(2005). 특수학교 전환교육 실행수준과 촉진 방안. 대구대학교 대학원 박사학위논문.

박형욱(2011). 원예치료가 공동생활시설 내 지적 장애인의 재활 및 삶의 질 향상에 미치는 영향. 제주대학교 대학원 석사학위논문.

박혜원(2001). 지적 영재유아 판별의 절차와 과제. **영재교육연구, 11**(2), 105-124.

박혜원, 곽금주, 박광배(1996). **한국 웩슬러 유아지능검사(K-WPPSI)**. 서울: 도서출판 특수교육.

박호주, 이보연(2014). 동화를 활용한 집단놀이 프로그램이 경도 지적장애아동의 자기효능감에 미치는 효과. **놀이치료연구, 18**(1), 15-27.

백은령(2014). 발달장애인 가족지원 방안 모색을 위한 기초연구, **총신대논업,** 34, 276-299.

법제처(2011). 장애인 등에 대한 특수교육법 시행규칙.

법제처(2011). 장애인 등에 대한 특수교육법 시행령.

법제처(2011). 장애인 등에 대한 특수교육법.

변호걸, 남경욱, 김응범, 이병혁, 권미은(2016). **특수교육의 이해**. 서울: 동문사.

보건복지부(2009). 장애인 복지법 시행규칙.

보건복지부(2013). 보건복지부 고시 제 2013-56호. 장애등급판정기준.

보건복지부(2013). 보건복지부 고시 제 2013-56호. 장애등급판정기준.

보건복지부(2014). 장애인실태조사.

보건복지부, 한국보건사회연구원(2020). 2020년 장애인 실태조사.

서문자, 강현숙, 임난영, 오세영, 권혜정(2000). **재활의 이론과 실제**. 서울: 서울대학교출판부.

서은정(2016). 미술중심 융합교육 프로그램이 지적장애학생의 자기표현력과 자기 효능감 향상에 미치는 효과. 영남대학교 교육대학원 석사학위논문.

서재복, 박숙희, 이국행, 이정원, 이희현, 임은미, 정덕호, 최지영, 최지은, 허진휴(2010). **학부모를 위한 영재교육**. 서울: 원미사.

성학기(2001). 초등부 청각장애아동과 건청 아동의 학년별 문자 이해력 비교 분석. 대구대학교 특수교육대학원 석사학위논문.

손혜숙, 김승옥, 신현정(2019). **영유아발달 및 지도**. 경기: 양서원.

송정선(2008). 전환사정 실천사항에 대한 교사인식수준과 기준개발. 대구대학교 대학원 박사학위논문.

송준만, 유효순(2004). **특수아교육**. 서울: 한국방송통신대학교출판부.

신민섭, 조수철, 홍강의(2006). **한국판 학습장애평정척도**. 서울: 학지사.

신석호, Sergeant, J. (2014). 자폐스펙트럼장애와 주의력 결핍/과잉행동장애의 신경심리학적 특이성과 공통점. 한국자폐학회 창립 20주년 기념 학술대회 자료집(pp. 3-41). 한국자폐학회.

신진숙(1997). 한국조직의 재구조화에 따른 우리나라 통합교육의 과제. **특수교육학회지, 18**(3), 39-56.

신현기, 변호걸, 김호연, 정인호, 전병운, 정해동, 강영택, 성수국, 마주리, 유재연(2005). **특수교육의 이해**. 서울: 교육과학사.

심현섭, 김영태, 김진숙, 김향희, 배소영, 신문자, 이승환, 이정학, 한재순, 윤혜련, 김정미, 권미선(2011). **의사소통장애의 이해**(제2판). 서울: 학지사.

약업신문(1996). 근이영양증 희귀질환 6. **의약정보**, 205(96.4), 147-149.

양문봉, 신석호(2011). **자폐스펙트럼장애 A to Z**. 서울: 시그마프레스.

어용숙, 김문정(2009). 양육스트레스가 임파워먼트가 장애아동 주 양육자의 삶의 질에 미치는 영향. **아동간호학회지, 15**(4), 409-416.

영재교육진흥법 법률 제13939호(일부개정 2016. 02. 03.).

영재교육진흥법(일부개정 2017. 12. 19.).

오연호(2008). 장애아 통합교육에 관한 교사들의 인식: 유치원 교사들을 중심으로. 단국대학교 행정법무대학원 석사학위논문.

원성옥(2002). 이해점검 읽기 지도와 어휘이해 읽기 지도가 청각장애학생의 읽기 능력에 미치는 영향. **언어청각장애연구, 7**(30), 210-232.

원성옥(2013). 수화의 언어학적 특징. **새국어생활, 23**(2). p. 27.

유경옥(2015). 자폐스펙트럼장애 아동동 어머니의 자기효능감 증진을 위한 집단미술치료 사례연구. 이화여자대학교 대학원 석사학위논문.

유석종(2008). **안내견 보행**. 경기: 삼성화재 안내견학교.

유수옥(2005). **유아특수교육론**. 서울: 학지사.

유수옥(2013). **특수유아교육**. 서울: 창지사.

유은영, 정민예, 박홍석, 김수정, 김정란, 임윤정(2007). 직업재활을 위한 장애 유형별 보조공학기기 수요도 조사. **대한작업치료학회지, 11**(3), 25-36.

유효순(2013). **영아발달**. 서울: 창지사.

윤선오, 김우호, 서보준(2013). **특수교육학 개론 및 지도**. 경기: 양서원.

윤여홍(2000). 영재의 심리적 특성과 정서발달을 위한 상담. **한국심리학회지: 일반, 19**(1), 79-101.

윤치연(2003). **발달장애의 이해**. 서울: 형설출판사.

이경화, 박숙희(2004). **유아영재교육**. 서울: 동문사.

이규식, 국미경, 김종현, 김수진, 유은정, 권요한 외(2010). **청각장애아 교육**. 서울: 학지사.

이미숙, 구신실, 노진아, 박경옥, 서선진(2016). **예비교사를 위한 특수교육학개론**(제2판). 서울: 학지사.

이상희(2004). 영재아동과 일반아동의 차이: 성취목표, 사회적지지, 스트레스 및 학교 생활적응을 중심으로. 한양대학교 교육대학원 석사학위논문.

이소현(2020). **유아특수교육**(2판). 서울: 학지사.

이소현, 박은혜(2006). **특수아동교육**. 서울: 학지사.

이소현, 박은혜(2011). **특수아동교육: 통합학급 교사들을 위한 특수교육 지침서**. 서울: 학지사.

이소현, 박은혜(2014). **특수아동교육**. 서울: 학지사.

이승희(2014). DSM-5의 자폐스펙트럼장애에 관한 10문 10답. **정서·행동장애연구, 30**(3), 1-33.

이신동, 이정규, 박춘성(2009). **최신영재교육학개론**. 서울: 학지사.

이신동, 이정규, 박춘성(2015). **최신영재교육학개론**. 서울: 학지사.

이어진, 정경미, 진혜경(2010). 발달장애 아동의 섭식문제가 양육스트레스에 미치는 영향과 양육자의 사회적 지지에 대처방식의 매개효과. **정서 · 행동장애연구, 26**(1), 181-208.

이은정(2011). 정서 및 행동장아동과 자폐아동의 전환교육에 대한 학부모 인식 분석. 대구대학교 대학원 박사학위논문.

이은주, 최지은, 박숙희(2014). **특수아동의 이해**(제2판). 경기: 공동체.

이정은(2019). 지적장애아동 부모의 양육스트레스와 사회적 고립감의 관계에서 양육불안의 매개효과: 사회자본의 조절된 매개효과를 중심으로. 신라대학교 일반대학원 박사학위논문.

이지은(2010). 뇌성마비 아동의 앉기와 서기자세에서 골반 주변근 활성 특성. 단국대학교 특수교육대학원 석사학위논문.

이지현(2016). 근이영양증아동의 그룹수중운동 참여경험에 대한 현상학적 연구. 연세대학교 교육대학원 석사학위논문.

이현주, 신종호(2009). **영재아동 바로 알기**. 서울: 학지사.

임경옥, 박경화, 조현정(2017). **특수교육학개론**. 서울: 학지사.

임기현(2003). 중증장애인의 동료상담 프로그램의 효과성 연구. 가톨릭대학교 대학원 석사학위논문.

임안수(2008). **시각장애아 교육**. 서울: 학지사.

임연신(2022). 자폐스펙트럼장애유아의 제한적이고 반복적인 행동과 관심 유형 및 특성에 관한 후향적 연구. 단국대학교 대학원 박사학위논문.

임은정(2013). 장애인 보조공학 서비스 실태와 활성화 방안에 관한 연구. 전주대학교 석사학위논문.

임은주, 정문자(2010). 의사소통장애 아동의 문제행동에 영향을 미치는 요인. **언어청각장애연구, 15**(1), 79-93.

임주연(2013). 중학교 대자인 수업에서 CPS모형 적용이 창의적 표현력에 미치는 영향. Treffinger의 CPS 모형 6.1을 중심으로. 이화여자대학교 교육대학원 석사학위논문.

장선철(2002). **특수유아의 이해와 교육**. 서울: 동문사.

장애인 등에 대한 특수교육법[법률 제14160호(평생교육법) 일부개정 2016. 5. 29.]

장애인실태조사(2014). 한국보건사회연구원.

전경원(2006). **유아종합 창의성 검사**. 서울: 학지사.

전경원, 권미은(2015). **특수아동의 이해**(제3판). 서울: 창지사.

전헌선, 오세철, 박재국, 한경임, 노선옥, 박순길(2006). **중복 · 지체부자유아 치료 교육**. 경북: 대구대학교 출판부.

전헌선, 윤치연, 공나영, 김성화, 도명애, 박순길, 서석진, 서영란, 송호준, 양경애, 이수진, 이정남, 최성욱(2012). **특수교육학개론**. 경기: 양서원.

전헌선, 한경임, 노선옥(2004). **뇌성마비아 언어 치료 교육**. 경북: 대구대학교 출판부.

정대영(2011). **특수교육학**. 서울: 창지사.

정대영, 김영익, 박은미(2012). **특수아동지도**. 경기: 양서원.

정종화(2015). 장애인가족지원을 위한 정책 실천방향. 국회의원 이명수 의원실 주최 국회정책세미나 자료집(2015년 10월 26일).

정종화, 김용성(2014). 자폐성장애인의 지역사회 케어서비스 연구: 장애 어머니의 양육경험을 중심으로. **재활복지, 18**(1), 215-239.

정종화, 우후남(2016). 장애인부모 동료상담교육의 효과성 비교 연구. **한국사회복지교육**, 34, 71-94.

정주영, 신현기(2001). 경도 장애 초등학생의 통합교육 방법으로서 교수적합화에 대한 이론적 접근. **정서학습장애연구, 17**(2), 251-283.

조근영(2013). 초등 과학과 디지털 교과서 활용을 위한 창의적 문제해결 수업모형 개발 및 적용. 서울교육대학교 교육대학원 석사학위논문.

조명한(1985). **언어심리학: 언어와 사고의 인지심리학**. 서울: 민음사.

조석희(1980). **영재의 심리적 특성에 관한 연구**. 서울: 한국교육개발원.

조석희 외(1996). **영재교육의 이론과 실제**. 서울: 한국교육개발원.

조용태, 이근매(2008). **학습장애평정척도**. 서울: 마인드프레스.

조윤경, 강지현, 이경아(2014). **특수아상담 및 가족지원**. 경기: 공동체.

조윤경, 김수진(2014). **유아교사를 위한 특수아동의 이해**. 경기: 공동체.

조은영, 김현미, 송동호, 천근아(2017). 고기능 자폐 스펙트럼 장애 아동의 K -WISC-IV 프로파일 분석 및 융합적 적용. **한국융합학회논문지, 8**(7), 341-348.

조인수(2002). **전환교육과 서비스**. 경북: 대구대학교 출판부.

조인수, 이응훈(2012). **전환교육 실행방략**. 서울: 박학사.

질병관리본부(2016). 뇌성마비 운동치료.

총신대학교 부속유치원 편(2011). **장애유아 통합교육과정: 하나, 둘, 셋, 단계별 따라 하기**. 서울: 학지사.

최금란(2009). 자폐스펙트럼장애 아동의 인지 · 정서적 능력향상을 위한 미술치료프로그램 개발 및 효과 연구. 관동대학교 대학원 박사학위논문.

최기창, 유경훈(2010). **특수교육학개론**. 서울: 태영출판사.

최성규(1997). **청각장애아의 심리**. 서울: 도서출판 특수교육.

최진혁, 김대용, 김보람(2016). 스크립트활용 중재가 자폐성장애유아의 언어적 의사소통에 미치는 영향. **자폐성장애연구, 16**(2), 133-150.

최창호(1996). 자아정체감 성장 프로그램이 청각장애 고등학생의 자아 정체감 및 적응력에 미치는 효과. 단국대학교 대학원 석사학위논문.

최하나, 정종화, 김은재(2018). 장애인부모 동료상담사의 현장상담 활동경험에 관한 질적 사례연구. **재활복지, 22**(2), 127-159.

특수교육학 용어사전(2009). 국립특수교육원.

한국교총 영재교육원(2008). 영재교육의 기초. 한국교총 원격교육연수원.

한국보건사회연구원(2014). 2014년 장애인 실태조사.

한국보건사회연구원(2018). 2017년 장애인 실태조사.

한국청각언어장애교육학회(2012). **청각장애아동교육**. 경기: 양서원.

한국특수교육연구회(2009). **최신 특수아동의 이해**. 경기: 양서원.

한국특수교육학회(2008). 특수교육 대상자 개념 및 선발기준.

한국해부생리학 교수협의회(2003). **인체해부학**(개정판). 서울: 현문사.

함석홍, 김주영, 김교연, 이주은(2006). **가족지원 프로그램의 실제**. 서울: 서울장애인종합복지관.

함완숙(2003). 지체장애인의 운동경험, 장애유형 및 등급에 따른 신체의미와 신체만족에 관한 조사 연구. 이화여자대학교 대학원 석사학위논문.

허수영, 강효신(1998). 진행성근이영양증(筋異營養症)을 중심으로 한 근위축(筋萎縮)의 동의학적 고찰. **동서의학, 23**(1), 48-61.

허웅(1995). **국어 음운학, 우리말 소리의 오늘 · 어제.** 서울: 샘문화사.

홍미영(2012). 창의적 문제해결을 위한 이러닝 지원시스템 설계원리 개발연구: CPS모형을 중심으로. 서울대학교 대학원 박사학위논문.

홍창의(1997). **소아과학.** 서울: 대한교과서주식회사.

황정규(2000). **교육학개론.** 서울: 교육과학사.

황정현(2012). 지적장애를 수발하는 시각장애 아동의 인지발달 특성연구. 단국대학원 박사학위논문.

AAMR(2002). *Definition, classification, and systems of supports* (10th ed.). Washington, DC: Author.

American Association on Mental Retardation.(2002). "American Association on Mental Retardation. Mental retardation: definition, classification, and systems of supports". (10th ed.). pp. 3-48. Washington, DC: Author.

APA(1994). The Diagnostic and Statistics Manual of Disorder(DS-Ⅳ).

American Psychiatric Association.(2000). Diagnostic and statistical manual of mental disorders (4th ed., Test-Revised). Washington, DC: Author.

American Psychiatric Association.(2015). **정신질환의 진단 및 통계편람**(제5판). [Diagnostic and statistical manual of mental disorders (5th ed.)] 권준수 외 역. 서울: 학지사(원저출간: 2013).

American Psychiatric Association.(1994). *Diagnostic and Statistical Manual of Mental Disorders* (4th ed.). Washington, DC: Author.

Aronen, E. T., & Arajarvi, T. (2004). Effects of early intervention in psychiatric symptoms of young adults in low-risk and high-risk families. In M. A. Felman(Ed.), *Early intervention: The essential readings* (pp. 214-235). Malden, MA: Blackwell Publishing Ltd.

ATA(2004). The Assistive Technology for Individuals with Disabilities Act of 2004, October 25, 2004.

Bailey, A., Phillips, W., & Rutter, M. (1996) Autism: Towards an integration of clinical, genetic, neuropsychological, and neurobiological perspectives. *Journal of Child Psychology and psychiatry, 37*(1), 89-126.

Bailey, D. B., & Winton, P. J. (1987). Stability and change in parents' expectations about mainstreaming. *Topics in Early Childhood Special Education, 7*(1), 73-88.

Bandura, A. (1993). Perceived self-efficacy in cognitive development and functioning. *Educational Psychologist,* 28, 117-148.

Bauer, S. (1995). Autism and the Pervasive Developmental Disorders: Part 2. *Pediatrics in Review,* 16, 168-176.

Binger, C., & Light, J. (2006). Demographics of preschoolers who require AAC. *Language, Speech, and Hearing Services in Schools,* 37, 200-208.

Bleuler, E. (1911). *Les schizophre'nies. Analytica, 52.* Paris: Navarin,

Botto, L. D., Moore C. A., Khoury, M. J., & Erickson, J. D. (1999). Neural-tube defects. *N. Engl J. Med,* 341, 1509-1519.

Braithwaite, D. O. & Braithwaite, C. A. (2000). Understanding communication of persons with disabilities as cultural communication. In L. A. Samovar & R. E. Porter (Eds.), *Intercultural communication* (pp. 136-145). Belmont, CA: Wadsworth.

Brill, R. G., MacNeil, B., & Newman, L. R. (1986). Framework for appropriate programs for deaf children. *American Annals of the Deaf,* 131, 65-77.

Bucalos, A. B., & Lingo, A. S. (2005). what kind of "managers" do adolescents really need? Helping middle and secondary teachers manage classrooms effectively. *Beyond Behavior, 14*(2), 9-14.

Burns, R. C. & Kaufman, S. H. (1972). *Actions, Styles and Symbols in Kinetic Family Drawings(KFD).* N.Y.: Brunner/ Mazel, Inc.

Canitano, R., Luchetti, A., & Zappella, M. (2005). Epilepsy, Electroencephalographic Abnormalities, and Regression in Children With Autism. *Journal of Child Neurology, 20*(1), 27-31.

Chomsky, N. (1986). *Knowledge of language: Its nature, origin and use.* New York: Praeger.

Cole, P. G., & Chan, L. K. S. (1990). *Methods and strategies for special education.* New York: Prentice Hall.

Cruttenden, A. (1979). *Language in infancy and childhood: a linguistic introduction to language acquisition.* NY: St. Martin's Press.

Cullinan, D. (2004). Classification and definition of emotional and behavioral disorder. In R. B. Rutherford, Jr., M. M. Quinn, & A. R. Mathur(Eds.), *Handbook of research in emotional and behavioral disorders* (pp. 32-53). New York: Guilford.

Davis, G. A., & Rim, S. B. (2004). *Education of the gifted and talented* (5th ed.). Boston: Allyn & Bacon.

Demonet, J. F., Taylor, M. J., & Chaix, Y. (2004). Developmental dyslexia. *The Lancet,* 363, 1451-1460.

Desselle, D. D. (1994). Self-esteem, family climate, and communication patterns in relation to deafness. *American annals of the deaf, 139*(3), 322-328.

Esposoto, B. G., & Reed, T. M. (1986). The effects of contact with handicapped persons on young children's attitudes. *Exceptional Children,* 54, 224-229.

Fletcher, J. M., Lyon, G. R., Barnes, M., Stuebing, K. K., Francis, D. J., Olson, R. K., Shaywiz, S. E., & Shaywitz, B. A. (2002). Classification of learning disabilities: An evidence based evaluation. In R. Bradley, L Danielson, & D. P. Hallhan(Eds.), *Identification of learning disabilities: Research to practice* (pp. 185-250). Mahwah MJ: Erlbaum.

Folstein, S. E., & Rosen-Sheidley, B. (2001). Genetics of autism: complex aetiology for a heterogeneous disorder. *Nature Review Genetics,* 2, 943–955.

Fombonne, E. (1999). The epidemiology of autism: a review. *Psychological Medicine.* 29, 769-786.

Fombonne, E. (2009). Epidemiology of pervasive developmental disorders. *Pediatric research,* 65, 591-598.

Friend, M, & Bursuck, W. D. (2006). *Including Students with Special Needs: A Practical Guide for Classroom Teacher* (4th ed). Boston: Allyn & Bacon.

Fuchs, D., & Fuchs, L. (1998). Researchers and teachers working together to adapt instruction for diverse learners. *Learning Disabilities Research and Practice, 22*(2), 129-136.

Gagliardi, B. (1991). The family's experience of living with a child with Duchenne muscular dystrophy. *Applied Nursing research,* 4, 159-164.

Gagné, F. (1985). Transforming gifts into talents: The DMGT as a development theory. In N. Colangelo & G. A. Davis(Eds.). *Handbook of gifted education* (3rd ed.), (pp. 60-74). Needham Heigts, MA: Allyn & Bacon.

Gallaudet Research Institute(2000). *Regional and National Summary Report of Date from the 2000-2001 Annual Survey of Deaf and Hard of Hearing Children and Youth.* Washington, DC: Gallaudet University.

Goyette, C. H., Conners, C. K., & Ulrich, R. F. (1978). Normative data on revised Conners Parent and Teacher Rating Scales. *Journal of Abnormal Child Psychology, 6*(2), 221–236.

Groos, M. U. M. (2004). *Exceptional gifted children* (2nd ed.). London: Routledge Falmer.

Grosenick, J. K., George, N. L., George, M. P., & Lewis, T. J. (1991). Public school services for behaviorally disordered students: Program practices in the 1980s. *Behavioral Disorders, 16*(2), 87-96.

Grossman, G. M. (1983). International trade, foreign investment, and the formation of the entrepreneurial class. *American Economic Review, 74*(4), 605-614.

Gupta, V. B. (2004). History, definition, and classification of autistic spectrum disorders. In V. B. Gupta (Ed), *Autistic spectrum disorders in children* (pp. 1-16). New York, NY: Marcel Dekker Inc.

Hallahan, D. P., & Kauffman, J. M. (2003). *Exceptional learners: Introduction to special education* (9th ed.). Boston: Allyn & Bacon.

Hallahan, D. P., Kauffman, J. M., & Pullen, P. (2009). *Exceptional learners: Introduction to special education* (11th ed.). Boston: Allyn & Bacon.

Hallahan, D. P., Lloyd, J. W., Kauffmna, J. M., Wiess, M., & Martinez, E. A. (2005). *Learning dis-*

abilities: Foundations, characteristics, and effective teaching. NY: Pearson Education, Inc.

Hardman, M. L., Drew, C. J., & Egan, M. W. (2006). *Human exceptionality: School, community, and family* (9th ed.). Boston: Allyn & Bacon.

Heflin, L. J., & Alaimo, D. F. (2014). **자폐스펙트럼장애 학생 교육의 실제.** [Students with autism spectrum disorders: effective instructional practices] (신현기, 이성봉, 이병혁, 이경면, 김은경 역). 서울: 시그마프레스(원저출간: 2007).

Helpern, A. S. (1994). The transition of youth with disabilities to adult life: Apposition statement of the Division on Career Development and Transition. *The Council for Exceptional Children Career Development for Exceptional Individuals,* 17, 115-124.

Henderson, J. L., & Weiner, C. P. (1995). Congenital infection. *Current Opinion in Obstetrics and Gynecology,* 7, 130-134.

Heward, W. L. (2000). *Exceptional children: An introduction to special Education.* 6/e. Upper Saddle River, NJ: Prentice Hall, Inc.

Heward, W. L. (2008). *Exceptional children: An introduction to special education* (9th ed.). Upper Saddle River, NJ: Merrill/Prentice-Hall.

Hollingworth, L. S. (1942). *Children above 180 IQ.* Yonkers, NY: World Book.

Howard, P. J. (2000). *The owner's manual for the brain* (2nd ed.). Marietta, GA: Bard Press.

Hulit, L. M., & Howard, M. R., & Fahey, K. R. (2010). *Born to talk: An introduction to speech and language development* (5th ed.). Boston: Allyn and Bacon.

Hunt, P., Soto, G., Maier, J., & Doering, K. (2003). Collaborative teaming to support students at risk at students with severe disabilities in general education classrooms. *Exceptional Children,* 69, 315-332.

IDEA(2004). Individuals with Disabilities Education Improvement of Act of 2004. Public Law 108-446. 108th cogg., 2nd sess(Dec. 3, 2004).

Idol, L. (2006). Toward inclusion of special education students in general education: A program evaluation of eight schools. *Remedial and Special education, 27*(2), 77-94.

Kaiser, B., & Rasminsky, J. S. (2013). **유 · 아동기 문제행동 예방 및 지도(제3판).** [Challenging behavior in young children: Understanding, preventing, & responding effectively, 3rd Edition] (이병인, 윤미경, 이지예, 강성리 역). 서울: 시그마프레스(원저출간: 2011).

Kanner, L. (1943). Autistic disturbances of affective contact. *Nervous child, 2*(3), 217-250.

Kauffman. J. M., & Hahhahan. D. P.(Eds). (2005). *The illusion: comprehensive critique of a current special education bandwagon* (2nd ed). Austian, TX:Pro-Ed.

Kavale, K. A., & Forness, S. R. (1995). Social skill deficits and learning disabilities: A meta-analysis. *Journal of Learning Disabilities, 29*(3), 226-237.

Kavale, K. A., Mathur, S. R., & Mostert, M. P. (2004). Social skills training and teaching social behavioral to students with emotional and behavioral disorders. In R. B. Rutherford, Jr., M. M. Quinn, & A. R. Mathur(Eds.), *Handbook of research in emotional and behavioral disorders* (pp. 446-461). New York: Guilford.

Kellems, R. O. & Morningstar, M. E. (2010). Tips for Transition. *Exceptional Children, 43*(2), 60-68.

Kerr, M. M., & Nelson, C. M. (1989). *Strategies for Managing Behavior Problems in the Classroom* (2nd ed.). Columbus, OH: Merrill.

Kim, S. Y. J. (1991). Carl Rogers: On becoming a person. *The Korean Nurse, 30*(4), 44-46.

Kirk, S. A., & Chalfant, J. C. (1984). *Academic and developmental learning disabilities.* Denver: Love Publishing Co.

Kirk, S. A., & Gallagher, J. J. (1986). *Educating exceptional children.* Bostion, MA: Houghton Mifflin.

Kuder, S, J. (2007). *Teaching students with language and communication disabilities* (3rd ed.). Botson: Allyn & Bacon.

Kulik, J. (2003). Grouping and tracking. In N. Colangelo & G. A. Davis(Eds.). *Handbook of gifted education* (3rd ed.), pp. 268-281. Boston: Allyn & Bacon.

Lang, H. G. (2003). Perspectives on the history of deaf education. In M. Marschark & P. E. Spencer (Eds.), *Oxford handbook of deaf studies, language, and education* (pp. 9-20). NY: Oxford University Press.

Lenneverg, E. H., Rebelsky, F. G., & Nichols, I. A. (1965). The vocalization of infants born to deaf and hearing parents. *Human Development,* 8, 23-37.

Lewis, R. B., & Doorlag, D. H. (2011). *Teaching special students in general education classrooms* (8th ed.). Englewood, NJ: Merrill.

Lord, C., & Paul, R. (1997). Language and Communication in autism. In D. J. Cohen & F. R. Volkmar(Eds.), *Handbook of autism and pervasive developmental disorders* (2nd ed.) (pp.195-225). New York, NY: John Wiley & Sons, Inc.

Lowenfeld, B. (1980). *Psychological problems of children with severely impaired vision Psychology of Exceptional Children and Youth.* Englewood Cliffs, NJ: Prentice Hall Inc.

Marschark, M., Lang H., & Albertini, J. (2002). *Educating deaf student: From research to practice.* NY: Oxford University Press.

McAnally, P. L., Rose, S., & Quigley, S. P. (2004). *Language learning practices with deaf children* (3rd ed). Austin, TX: PRO-ED.

Meadow, K. P. (1985). Social and psychological effects of hearing loss in adulthood: A literature review. In H. Orleans(Ed.), *Adjustment to adult hearing loss* (pp. 35-57). San Diego, CA: College-Hill.

Melcher, J. W. (1976). Law, litigation, and handicapped children. *Exceptional Children, 43*(3), 231-224.

Millar, D. C., Light, J. C., & Schlosser, R. W. (2006). The impact of augmentative communication intervention on the speech production of individuals with developmental disabilities: A research review. *Journal of Speech, Language, and Hearing Research,* 49, 248-264.

Miller, M, & Kewman, D. (1986). Training of color and form identification in cortical blindness: A case study. *Archives of Physical Medicine and Rehabilitation,* 67, 479-483.

Mirenda, P. (2001). Autism, augmentative communication, and assistive technology: What do we really know? *Focus on Autism and other Development Disabilities,* 16, 141-151.

Moores, D. F. (2001). Educating the Deaf: Psychology, *Principles, and Practices* (5th ed.). Boston: Houghton Mifflin.

Morgan, D. M., & York, M. E. (1981). Ideas for Mainstreaming Young Children. *Young children, 36*(2), 18-25.

Napier, G. (1973). Special subject adjustments and skills. In B. Lowenfeld(Ed.), *The visually handicapped child in school* (pp. 221-277). New York: American Foundation for the Blind.

National Joint Committee on Learning Disabilities(1998). Letter to NJCLD member organizations.

National study of inclusive education(1995). *Graduate school and University Center, National Center on Educational Restructuring and inclusion.* New york: City University of New York.

Nirje, B. (1969). The normalization principle and its human management implications. In R. Kugel, & W. Wolfensberger(Eds.), *Changing patterns in residential services for the mentally retarded.* Washington, D.C.: President's Committee on Mental Retardation.

Northern, J. L., & Downs, M. P. (2002). *Hearing in Children* (5th ed.) (p. 18). Philadelphia: Lippincott Williams.

Odom, S. L., & McEvoy, M. A. (1990). Mainstreaming at the preschool level: Potential barriers and tasks for the field. *Topics in Early Childhood Special Education, 10*(2), 48-61.

OECD(2000). Special needs education: Statistics and indicators.

Olszewski, P. (2002). Parenting practices that promote talent development, creativity, and optimal adjustment. In M. Neihard, S. M. Reis, N. M. Robinson, & S. M. Moon(Eds.), *The social and emotional development of gifted children: What do we know?.* (pp. 205-212). Waco, TX: Prufrock Press.

Owens, R. E., Jr. (2009). *Language disorders: A functional approach to assessment and intervention* (5th ed.). Boston: Allyn and Bacon.

Oxford, M., Spieker, S., & Robinson, N. M. (2006). Preschool antecedents of high ability and academic achievement: Findings from the NICHD Study of Early Child Care and Youth Development. Unpublished manuscript.

Ozgen, H. M., Hop, J. W., Hox, J. J., Beemer, F. A., & van Engeland, H. (2008). "Minor physical anomalies in autism: a meta-analysis". Mol Psychiatry. doi: 10.1038/mp. 2008. 75.

Paul, P. V. (2009). *Language and Deafness* (4rd ed.). Sudbury, MA: Jones & Bartlett Publishers.

Paul, P., & Quiqley, S. (1990). *Educations and Deafness.* White Plains, N.Y.: Longman.

Peckham, C. S. (1986). Hearing impairment in childhood. *British Medical Bulletin,* 42, 145-149.

Pedretti, L. W., & Early, M. B. (2001). *Occupational therapy: Practice skills for physical dysfunction* (5th ed.). St. Louis: Mosby Inc.

Ramos-Ford, H., & Gardner, H. (1997). Giftedness from a multiple intelligences perspectives. In N. Colangelo & G. A. Davis(Eds.). *Handbook of gifted education* (2nd ed.), Boston: Allyn & Bacon.

Renzulli, J. S. (1986). The three-ring conception of giftedness: A developmental model for creative productivity. In R. J. Sternberg & J. E. Davidson, *Conceptions of Giftedness.* New York: Cambridge University Press.

Renzulli, J. S. (2003). Conception of giftedness and its relationship to the development of social capital. In N. Colangelo & G. A. Davis(Eds.). *Handbook of gifted education* (3rd ed.), (p. 76). Needham Heigts, MA: Allyn & Bacon.

Renzulli, J. S.. & Reis, S. M. (2003). The schoolwide enrichment model: Developing creative and productive giftedness. In N. Colangelo & G. A. Davis(Eds.). *Handbook of gifted education* (3rd ed.), (pp. 184-203). Boston: Allyn & Bacon.

Robb, A., & Reber, M. (2007). Behavioral and psychiatric disorders in children with disabilities. In M. L. Batshaw, L. Pellegrino & N. J. Rosen(Eds.), *Children with disabilities* (6th ed.) (pp. 297-311). Batimore: Paul H. Brookes.

Rutter, M., Bailey, A., Bolton, P., & Le Couteur, A. (1994). Autism and Known Medical Conditions: Myth and Substance. *Journal of Child Psychology and Psychiatry, 35*(2), 311-322.

Salend, S. J. (2005). *Creating inclusive classroom: Effective and reflective practices for all students* (5th ed.). Upper Saddle River, NJ: Pcarson/Mcrrill Prentice Hall.

Sarason, S, B., & Doris, J. (1979). *Educational handicap. public policy and social history.* New york: Free Press.

Saunders, M. D. (2001). Who's getting the message? Helping your students understand in a verbal world. *Teaching Exceptional Children, 33*(4), 70-74.

Schultz, J. J. (1994). Inclusion: The debate continues. *Instructor, 104*(4), 55-56.

Schwartz, C., & Frohner, R. (2005). Contribution of demographic, medical, and social support variables in predicting the mental health dimension of quality of life among people with multiple sclerosis. *Health & Social Work, 30*(3), 203-212.

Seligman, M., & Darling, R. B. (1989). *Ordinary families, special children: A systems approach to childhood disability.* New York: The Guilford Press.

Shapiro, B. K., Church, R. P., & Lewis, M. E. B. (2002). Specific learning disabilities. In M. L. Batshaw(Ed.), *Children with disabilities* (5th ed.) (pp. 417-442). Baltimore: Paul H. Brooks.

Shepard, L. (1987). The new push for excellence: Widening the schism between regular and special education. *Exceptional Children*, 53, 327-329.

Simpson R. L., & Myles B. S. (2010). **자폐 아동 및 청소년 교육.** [Educating children and youth with autism (2nd ed.)] (이소현 역). 서울: 시그마프레스(원저출간: 2008).

Skinner, B. F. (1953). *Science and human behavior.* New York: Free Press.

Smith, C. R. (2004). *Learning disabilities instruction of students and their environments* (5th ed). Boston, MA: Allyn and Bacon.

Smith, Y. E. C., Polloway, E. A., Patton, J. R., & Dowdy, C. A. (2006). *Teaching students with special needs: In inclusive settings* (4th ed.). Boston: Allyn & Bacon.

Sternberg, R. J. (1986). A three-facet model of creativity. In R. J. Sternberg(Ed.). *The nature of creativity: Contemporary psychological perspectives* (pp. 125-147). New York: Cambridge University Press.

Sternberg, R. J. (1997). A triarchic view of giftedness: Theory and practice. In N. Colangelo & G.A. Davis(Eds.). *Handbook of gifted education* (2nd ed.). Boston: Allyn & Bacon.

Stoel-Gammon, C. (1988). Prelinguistic vocalizations of hearing-impaired and normally hearing subjects: A comparison of consonantal inventories. *Journal of Speech and Hearing Disorders, 53*(3), 302-315.

Stoel-Gammon, C., & Otomo, K. (1986). Babbling development of hearing-impaired and normally hearing subjects. *Journal of Speech and Hearing Disorders,* 51, 31-41.

Stone, W. L., Lemanek, K. L., Fishel, P. T., Fernandez, M. C., & Altemeier, W. A. (1990). Play and imitation skills in the diagnosis of autism in young children. *Pediatrics, 86*(2), 267-272.

Traxler, C. B. (2000). The Standard Achievement Test, ninth edition: National norming and performance standards for deaf and hard of hearing students. *Journal of Deaf Studies and Deaf Education, 5*(4), 337-348.

Treffinger, D. J., Isaksen, S. G., & Dorval, K. B. (2000). *Creative problem solving: an introduction* (3rd ed.). Waco. TX: Prufrock Press.

Trivette, C. M., Dunst, C. J., Boyd, K., & Hamby, D. W. (1995). Family-oriented program models, helpgiving practices, and parental control appraisals. *Exceptional Children, 62*(3), 237-248.

Trybus, R., & Karchmer, M. A. (1977). School achievement status of hearing impaired children: National data on achievement status and growth patterns. *American Annals of the Deaf,* 122, 62-69.

Turnbull, H. R., & Turnbull, A, P. (1990). The unfulfilled promise of integration: Does Part ensure different rights and Part B of the Education of the Handicapped Act? *Topics in Early Childhood Special Education, 10*(2), 18-32.

Turnbull, A. P., & Turnbull, H. R. (2001). *Families, professionals, and exceptionality: A special partnership* (4rd ed.). Columbus, OH: Charles E. merill.

Turnbull, R., Turnbull, A., & Weymeher, M. (2010). *Exceptional lives: special education in today's schools* (6th ed.) (p. 470). Upper Saddle River, NJ: Merill.

Tye-Murray, N. (2004). *Foundations of aural rehabilitation;Children, Adult, and their Family Members* (2nd ed.). NY: Thomson.

Urwin, C. (1993). Dialogue and cognitive funcationing in the early langage development of 3 blind children. In A. Mills(ED.), *Language acquisition in the blind child* (pp. 142-161). San Diego, CA: College-Hill Press.

Vaughn, S., & Bos, C. S. (2009). *Strategies for teaching students with learning and behavior problems* (7th ed.). Boston: Allyn and Bacon.

Vaughn, S., & Klimgner, J. K. (1998). Students' perceptions of inclusion and resource room settings. *Journal of special Education, 32*(2), 79-88.

Volkmar, F. R., & Klin, A. (2000). Pervasive developmental disorders. In B. J. Sadock & V. A. Sadock(Eds.), *Comprehensive textbook of psychiatry* (Vol. Ⅱ) (pp.2659-2678). Philadelphia, PA: Lippincott Williams & Wilkins.

Volkmar, F. R., & Nelson, D. S. (1990). Seizure disorders in autism. Journal of the American Academy of Child and Adolescent. *Psychiatry,* 29, 127-129.

Voltz, D. L., Sims, M. J., Nelson, B., & Bivens, C. (2005). MECCA: A framework for inclusion in the context of standards-based reform. *Teaching Exceptional Children, 37*(5), 14-19.

Walker, H. M., Ramsey, E., & Gresham, F. M. (2004). *Antisocial behavior in school: Strategies and best practices* (2nd ed.). Pacific Grove, CA: Brooks/Cole.

Webb, J. T., Tolan, S. S., & Meckstroth, E. A. (2006). **영재교육백서**. [Guiding the gifted child: a practical source for parents and teachers] (지형범 역). 서울: 두드림 (원저출간: 1982).

Weick, K. E. (1985). Sources of order in underorganized systems: Themes in recent organizational theory. In Y.S. Lincoln(Ed.), *Organizational theory and inquiry: the paradigm revolution* (pp.106-136). Beverly Hills, CA: Sage.

Whaley, L. F., & Wong, D. L. (1995). *Nursing care of infants and children* (5th edition). St. Louis, MO: Mosby Year Book.

White, D. A., & Breen, M. (1998). Edutainment: Gifted education and the perils of misusing multiple intelligence. *Gifted Child Today, 21*(2), 12-17.

White, S. W., Oswald, D., Ollendick, T., & Scahill, L. (2009). Anxiety in children and adolescents with autism spectrum disorders. *Clinical Psychology Review, 29*(3), 216–229.

Will, M. (1986). *Educating children with learning problems: A shared responsibility.* Washington, DC: Office of Special Education and Rehabilitative Services.

Wolffe, K. E. (2000). Growth and in middle childhood and adolescence. In M. C. Holbrook, & A. J. Koenig(Eds.), *Foundations of Education, Vol. 1: History and theory of teaching children and youths with visual impairments* (2nd ed.) (pp. 135-160). New York: American Foundation for the Blind.

World report on disability(2011). World Health Organization. (ISBN 978 92 4 068521 5, PDF).

국가건강정보포털 http://health.cdc.go.kr

국가법령정보센터 http://www.law.go.kr

사회복지법인 시각장애인복지재단 http://hsb.or.kr

제주시 장애인 보조공학 서비스센터. www.jatc.co.kr

한국실명예방재단. http://www.kfpb.org

찾아보기

저/자/소/개

■ 김이영

계명대학교 대학원 심리학박사

현, 수성대학교 유아교육과 교수

〈저서〉 정신건강론, 영유아발달, 교육심리학 외

■ 권미영

대구대학교 대학원 문학박사

현, 대구대학교, 창원대학교 등 강사

〈논문〉 장애학생을 위한 STEAM기반 경제교육 프로그램 개발: 초등 특수학급을 중심으로,
발달장애인을 위한 평생교육의 STEAM 기반 기초문해교육 프로그램 개발 연구,
통합교육 속의 장애학생에 대한 예비교사의 인식과 경험 외

■ 김영란

한양대학교 대학원 석사

현, 국공립 청구어린이집 원장
삼육보건대학교 외래강사

〈저서〉 보수교육교재, 키즈티쳐빌 서로를 배려하는 장애아보육 외

■ 김태강

조선대학교 대학원 교육학박사

현, 남부대학교 유아교유과 교수

〈논문〉 예비특수교사 교육을 위한 디지털 리터러시 역량 수준 연구,
A Study on Research Trends in『Audiology and Speech Research』Using Keyword Network Analysis,
대학생의 청각건강신념과 청각장애인에 대한 인식 연구 외

■ 김현정

전남대학교 일반대학원 유아교육학과 박사

현, 남부대학교 유아교육과 교수

〈저서〉 일상생활 속 수학놀이, 유아언어교육, 협력적 접근을 위한 장애아동 통합교육 외

■ 문은주

경북대학교 대학원 교육학박사

현, 수성대학교 유아교육과 교수

〈저서〉 학교폭력 예방 및 학생의 이해, 교육평가 외

■ 정종화

일본사회사업대학 대학원 박사 과정 졸업

현, 삼육대학교 사회복지학과 교수
한국케어매니지먼트학회 회장

〈저서〉 사회복지법제론, 장애인복지와 개발, 동료상담의 이론과 실제 외

특수교육학개론

1판 1쇄 발행 — 2024년 8월 1일
1판 1쇄 발행 — 2024년 8월 5일

저　　자 - 김이영 권미영 김영란 김태강
김현정 문은주 정종화
발 행 인 - 강철원
발 행 처 - 양성원
주　　소 - 경기도 파주시 검산로 173번길 29-12
전　　화 - 031-946-3861(代)
팩　　스 - 031-946-3864
이 메 일 - tnwpub@naver.com
홈페이지 - tnwpub.co.kr
출판등록 - 2015년 8월 31일 제 2015-000211 호

ISBN 979-11-6126-586-5

정가 22,000원